Wolfgang Kraushaar
Israel: Hamas – Gaza – Palästina

Wolfgang Kraushaar, geb. 1948, promovierter Politikwissenschaftler, arbeitete von 1987 bis 2014 am Hamburger Institut für Sozialforschung und von 2014 bis 2023 an der Hamburger Stiftung zur Förderung von Wissenschaft und Kultur. Seine Forschungsschwerpunkte sind Protestbewegungen und der linke Terrorismus. Zu seinen Standardwerken zählen *Die Bombe im Jüdischen Gemeindehaus* (2005), *Die RAF und der linke Terrorismus* (2006) sowie *Die 68er-Bewegung International* (2018). Zuletzt erschien: *Keine falsche Toleranz! Warum sich die Demokratie stärker als bisher zur Wehr setzen muss* (2022) in der Europäischen Verlagsanstalt.

Wolfgang Kraushaar

Israel: Hamas – Gaza – Palästina

Über einen scheinbar unlösbaren Konflikt

„Zuerst verwirren sich die Worte,
dann verwirrt sich das Denken.
Und wenn sich das Denken verwirrt,
dann gerät die Politik in Unordnung.
Und wenn das passiert, stürzt der Himmel ein."

Dem Konfuzius zugeschriebene Weisheit

Europäische Verlagsanstalt

Bibliografische Information der Deutschen Nationalbibliothek
Die Deutsche Nationalbibliothek verzeichnet diese Publikation in der Deutschen Nationalbibliografie; detaillierte bibliografische Daten sind im Internet über http://dnb.d-nb.de abrufbar.

Umschlaggestaltung: Sacha Hartgers, Amsterdam
Satz: Christian Wöhrl, Hoisdorf
Signet: Dorothee Wallner nach Caspar Neher »Europa« (1945)

Printed in Germany
ISBN 978-3-86393-177-3
Auch als E-Book erhältlich, ISBN 978-3-86393-656-3

Informationen zu unserem Verlagsprogramm finden Sie im Internet unter www.europaeischeverlagsanstalt.de

Inhalt

1. Der 7. Oktober: Was war geschehen?

Es geschah an einem Samstag, also an Schabbat – einen Tag nach dem Beginn des Jom-Kippur-Kriegs fünfzig Jahre zuvor, am jüdischen Feiertag Simchat Tora. Die Operation *Al-Aqsa-Flut* begann um 6:30 Uhr. Zunächst wurden vom Gaza-Streifen aus Unmengen an Raketen auf den Süden und die Mitte Israels abgefeuert. Sie überforderten rasch das Flugabwehrsystem Iron Dome und reichten so weit, dass sie selbst in Tel Aviv einschlugen. Damit wurde der seit 2014 mit Israel vereinbarte Waffenstillstand gebrochen. Dieser Angriff dürfte wohl, wie Militärexperten vermuten, eher der Ablenkung als irgendeinem strategischen Ziel gedient haben. Denn zur gleichen Zeit flogen Drachenflieger und motorisierte Gleitschirme über den Grenzzaun. Auch lenkbare Kamikazedrohnen, wie sie bereits in der Ukraine eingesetzt wurden, sollen dabei eine nicht unwichtige Rolle gespielt haben. Dann drangen die Angreifer der Hamas und des Islamischen Dschihad auf israelisches Gebiet vor. Zumindest was die zur Bewachung der Grenzanlagen vor Ort befindlichen Soldaten anbetraf, hatten sie überaus leichtes Spiel. Denn es waren nur wenige Dutzend, die sich an diesem Morgen dort aufhielten. Entlang der kilometerlangen Grenzvorrichtung verteilt konnten sie keinen wirksamen Widerstand leisten.

An insgesamt 29 Stellen durchbrachen die Terror-Kommandos den für kaum überwindbar gehaltenen, mit Sensoren, Kameras und Radargeräten ausgestatteten, sechs Meter hohen Metallzaun.[1] Dies geschah, indem sie mit Sprengstoff Lücken aufsprengten und diese anschließend mit Bulldozern weiter

1 Dabei sollen sie immer wieder einen Vers aus dem Koran zitiert haben, in dem es heißt: „Überrascht sie durch die Tore. Wenn ihr das tut, werdet ihr euch behaupten." *Frankfurter Rundschau* vom 3. Dezember 2023.

vergrößerten.[2] Als erstes griffen sie die Grenzposten an, um so die Kommunikation zu unterbinden, mit der man hätte Alarm schlagen können, danach die Militärstützpunkte und die nächstgelegenen Dörfer und Kibbuzim. Jetzt begann eine erbarmungslose Jagd auf Menschen, egal welchen Alters, welchen Geschlechts und welcher Hautfarbe. Betroffen waren keineswegs nur Israelis, sondern auch Ausländer und Beduinen.

Die meisten Opfer gab es bei einem von jungen Leuten in der Negev-Wüste veranstalteten Musikfestival, einer Rave-Party mit dem Titel „Universo Parallelo". Allein dort, ganz in der Nähe des Kibbuz Re'im und nur fünf Kilometer vom Gaza-Streifen entfernt, wurden 260 ahnungslose Raverinnen und Raver ermordet und Dutzende von ihnen entführt. Und in einem der Kibbuzim wurden über hundert Menschen, darunter auch Babys und kleine Kinder, umgebracht. Insgesamt wurden über 1100 Todesopfer gezählt, mehr als 3000 Verletzte und rund 240 in den Gaza-Streifen Verschleppte. An keinem anderen Tag sind seit dem Holocaust so viele Jüdinnen und Juden getötet worden wie am 7. Oktober.

Es dauerte eine erhebliche Zeit, bis das ganze Ausmaß des an den Wehrlosen verübten Massakers deutlich geworden und die Bestialität, mit der die Täter ihre Opfer hingemeuchelt hatten, bis ins Bewusstsein vorgedrungen war. Erst zwei, drei Wochen später fügten sich die Elemente des Schreckens zu einem Gesamtbild der Gräueltaten. So fand man bei einigen der von den Israelis getöteten Angreifern Zettel vor, auf denen Anweisungen zu lesen waren. Eine von ihnen lautete: „So viele wie möglich töten und Geiseln nehmen." Ausgerüstet waren die Eindringlinge zum Teil mit Panzerfäusten, Handgranaten und Molotow-Cocktails sowie mit Munition und Proviant für

2 Allein diese 65 Kilometer lange hypermoderne Grenzanlage, mit der 140.000 Tonnen Stahl verbaut worden waren und unter der sich ein bis tief ins Erdreich versenkter Betonsockel befindet, um den Bau von Tunneln zu verhindern, hatte den jüdischen Staat eine Milliarde Dollar gekostet. Und erwies sich am Ende doch nur als Illusion, die keinen wirklichen Schutz zu bieten in der Lage war.

mehrere Tage. Außerdem hatten sie Body-Cams dabei, um ihre Schreckenstaten zu filmen. Einige von ihnen entwendeten ihren Opfern sogar zuerst deren Smartphones, nahmen ihre Gräuel damit auf und luden sie anschließend auf Social-Media-Seiten hoch, um den Lebenden auch noch mit dem Tod ihrer Angehörigen und Freunde zu drohen.

Zum Ort des Grauens wurde vorübergehend die in einer nahe Tel Aviv gelegenen Stadt namens Ramle befindliche Militärbasis Shura. Dort hatte man Kühlcontainer aufgestellt, um die Toten identifizieren zu können, bevor sie an ihre Familien und Verwandten gegeben und bestattet werden konnten. Der Militärrabbiner Haim Weisberg berichtete einem Journalisten von Anblicken, die kein Mensch ertragen könne, von denen die Welt aber erfahren müsse.[3] Die Hamas, erklärte er nüchtern, habe offenbar alles unternommen, um zu verhindern, dass man die Leichen habe zuordnen können. Augen seien mit Messern herausgeschnitten, Gliedmaßen abgetrennt und Genitalien abgeschnitten worden. Unschuldige Menschen wären „bis zur Unkenntlichkeit massakriert" worden. Von manchen Körpern seien nur noch schwarze Klumpen übriggeblieben. Am meisten erschüttert habe ihn eine Computertomographie. Darauf sei eine größere und eine kleinere Wirbelsäule zu entdecken gewesen. „Es war eine Mutter, die ihr Kind im Arm hatte. Sie wurden bei lebendigem Leib verbrannt." Alle würden nun eine Therapie benötigen, ganz Israel brauche eine Therapie.

Unübersehbar sind bei alledem auch die Schreckensmale einer Form sexualisierter Barbarei, mit der sich die Täter an ihren weiblichen Opfern ausgetobt hatten. Die israelische Architektin Shari Mendes, die in derselben Militärbasis die Aufgabe wahrnahm, ermordete Soldatinnen zu identifizieren, berichtete später auf Einladung des Auswärtigen Amtes in Berlin von den Bildern des Schreckens: „Von Frauen", fasste eine Journalistin ihre Schilderung zusammen, „denen mehrfach ins Gesicht ge-

3 Franca Wittenbrink, Anblicke, die kein Mensch ertragen kann, *Frankfurter Allgemeine Zeitung* vom 27. Oktober 2023.

schossen worden ist. In die Augen, in die Nase. Von Gesichtern, die blutüberströmt waren, so stark, dass sie kaum noch zu erkennen waren. Von Frauen mit verbrannten Gliedmaßen. Von Frauen, deren Unterwäsche voller Blut war. Frauen, denen in die Brust, in die Vagina geschossen worden war. Frauen, denen das Becken gebrochen worden war. Frauen, die Spuren von brutalster Vergewaltigung, von Folter aufwiesen."[4] All dies weist nach Einschätzung einer Angehörigen der israelischen Polizei darauf hin, dass es sich nicht etwa um situativ bedingte Affekttaten gehandelt habe. Sexualisierte Gewalt sei vielmehr „ein systematisch geplanter Teil der Attacke" gewesen.[5]

Je detaillierter die Informationen ausfielen, umso massiver wurden die Schockwellen, die die israelische Bevölkerung erschütterten. Zugleich suchte man nach Worten, nach einem Begriff für die Barbarei. Einer der ersten, der von einem Pogrom sprach, das am 7. Oktober verübt worden sei, war der israelische Historiker Moshe Zimmermann, Sohn Hamburger Juden, der zeitweilig auch in Deutschland gelehrt hat. Doch auch dieser Terminus blieb nicht unwidersprochen. Mit Omer Bartov etwa hat einer seiner Kollegen darauf hingewiesen, dass Pogrome immer Minderheiten gegenüber verübt worden seien. Das träfe in diesem Fall jedoch nicht zu, weil sich der Mordangriff gegen die Bevölkerung eines Staates insgesamt gerichtet habe.

4 Erica Zingher, Kampf um Anerkennung des Horrors. Sexualisierte Gewalt der Hamas, *die tageszeitung* vom 8. Februar 2024.

5 So Mirit Ben Mayor, Oberkommissarin und Kommunikationsleiterin der israelischen Polizei. Ebenda.

2. Warum konnte es geschehen?

Ganz offenkundig waren weder das israelische Militär noch die Geheimdienste auf einen solchen aus unmittelbarer Nähe vorgetragenen massiven Angriff vorbereitet. Obwohl seit Jahrzehnten bekannt war, dass die Hamas nichts anderes als die Auslöschung Israels verfolgte, hatte man sich in der Illusion bewegt, dass sie in militärisch-operativer Hinsicht gar nicht dazu in der Lage sein würde, eine derartige Attacke durchzuführen. Selbst ein Experte wie der aus der *Likud*-Partei hervorgegangene nationale Sicherheitsberater Tzachi Hanegbi hatte noch Anfang Oktober in einem Rundfunkinterview erklärt, dass man nichts befürchten müsse, da die Hamas mittlerweile „sehr, sehr zurückhaltend" eingestellt sei. Die Regierung Netanyahu hatte sich stattdessen auf die angespannte Sicherheitslage im Westjordanland und an der Grenze zum Libanon konzentriert. Und selbst eine nur wenige Tage zuvor von einem ägyptischen Nachrichtendienst erteilte Warnung verhallte offenbar folgenlos.

Sicherheitsexperten waren sich rasch einig, dass ein derartig orchestrierter, gleichzeitig zu Land, über die See und aus der Luft durchgeführter Angriff nur nach monatelanger Planung und unterstützt von Instrukteuren anderer Streitkräfte wie der Hisbollah etwa in die Tat hatte umgesetzt werden können.

Dabei dürfte allerdings auch eine Rolle gespielt haben, dass die Hamas den Eindruck mangelnder Kampfbereitschaft zuvor offenbar gezielt verstärkt hatte. Ein Insider erklärte zwei Tage später gegenüber der Nachrichtenagentur *Reuters*: „Die Hamas nutzte in den vergangenen Monaten eine beispiellose Geheimdienst-Taktik, um Israel in die Irre zu führen. Öffentlich erweckte sie den Eindruck, sie sei nicht bereit, sich auf einen Kampf oder eine Konfrontation mit Israel einzulassen.

Währenddessen bereitete sie diesen massiven Einsatz vor."[1] Und dieses Kalkül schien vollständig aufgegangen zu sein.

Nun erinnerte man sich plötzlich daran, dass ein hochrangiger Offizier der eigenen Armee, Oberst Yehuda Vach, schon vier Jahre vor dem Überfall der Hamas, ausgerechnet an einem anderen 7. Oktober, dem des Jahres 2019, nachdrücklich vor einer derartigen Attacke gewarnt hatte. Insbesondere wegen des von dem ultramodernen Metallzaun ausgehenden Effekts, sich in Sicherheit wiegen zu können. Diese Anlage vermittle den dort eingesetzten Soldaten, hatte er zu Bedenken gegeben, ebenso wie den in der Nähe angesiedelten Bewohnern das Gefühl, dass ihnen nun nichts mehr passieren könne. Gerade das aber würde den auf der anderen Seite agierenden Feind dazu verleiten, „Soldaten zu entführen und Zivilisten in der Nähe des Zauns anzugreifen."[2]

Auch die *New York Times* hatte ein 40 Seiten umfassendes Dokument bekannt gemacht, das den Codenamen „Jericho-Mauer" trug und in dem der am 7. Oktober von der Hamas verfolgte Gefechtsplan – wie es heißt – „mit erschreckender Präzision" skizziert worden war.[3] Das alles soll in höchsten israelischen Sicherheitskreisen, den Geheimdiensten ebenso wie dem Militär, bereits ein Jahr zuvor bekannt gewesen sein. Angesichts der Prägnanz dieser Information blieb selbst der israelischen Regierungssprecherin Tal Heinrich offenbar nichts anderes übrig, als in einem CNN-Interview einzuräumen, dass es keinen Zweifel mehr daran gebe, dass – so wört-

1 Insider packen aus / Hamas nutzte „Beispiellose Geheimdienst-Taktik", *Spiegel-Online* vom 10. Oktober 2023.

2 Alexander Sarovic, So hat die Hamas Israels Grenzanlage überwunden, *Spiegel-Online* vom 14. Oktober 2023.

3 Ronen Bergman / Adam Goldman, Israel Knew Hamas's Attack Plan More Than a Year Ago, *New York Times* vom 30. November 2023; vgl. Marcus Giebel, Codename „Jericho-Mauer": Israel kannte den Hamas-Angriffsplan – und ignorierte ihn, *Frankfurter Rundschau* vom 3. Dezember 2023.

lich – „der Angriff vom 7. Oktober ein Versagen unsererseits" gewesen sei.[4]

Resultat war jedenfalls, dass das von einer israelischen Regierung nach der anderen abgegebene und von Netanyahu ein ums andere Mal erneuerte Sicherheitsversprechen auf einen Schlag null und nichtig geworden war. Als hätte eine unsichtbare Hand mit einem Mal den Riegel einer Tür zurückgezogen und die sich dahinter befindenden Schutzsuchenden dem Gefühl einer nicht abzuwehrenden Gefahr ausgesetzt, so wurde die ganze Gesellschaft in Angst, Panik und Schrecken versetzt.

Als mögliches Motiv für den Überfall der Hamas wurde auch in Erwägung gezogen, ob man damit nicht vielleicht den Annäherungsprozess zwischen Israel und den Golfstaaten torpedieren wollte, wie er sich in dem am 15. September 2020 in Washington von Premierminister Netanyahu in Anwesenheit des damaligen US-Präsidenten Donald Trump mit den Vereinigten Arabischen Emiraten und Bahrain unterzeichneten „Abraham-Abkommen" niedergeschlagen hatte. Mit dieser Normalisierung ihrer zwischenstaatlichen Beziehungen, habe man, so hatte es in Trumps Worten blumig geheißen, eine Zukunft wählen wollen, „… in der Araber und Israelis, Muslime, Juden und Christen zusammenleben, beten und träumen können, Seite an Seite, in Harmonie, Gemeinschaft und Frieden."[5] Das war in der Tat ein starkes Stück, dass sich damit ausgerechnet Trump als Friedensstifter im Nahen und Mittleren Osten gerieren wollte. In den Augen des Iran und den mit ihm kooperierenden Terrorgruppen wie der Hisbollah dürfte das ein überaus feindlicher Akt gewesen sein. Die Hamas könnte mit ihrem Massaker vom 7. Oktober also zugleich versucht haben, Unfrieden zu säen, um das von Israel mit den Golf-

4 „New York Times"-Bericht: Israel soll seit einem Jahr von Angriffsplänen der Hamas gewusst haben, *STERN.de* vom 1. Dezember 2023.

5 Zitiert nach: Benjamin Hammer / Carsten Kühntopp, Abkommen zwischen Israel und Golfstaaten. Friedensdeal oder Risiko für die Region?, *Deutschlandfunk* vom 23. Oktober 2023.

staaten abgeschlossene Abraham-Abkommen ins Wanken zu bringen.

Ein solcher Gedanke wirft zugleich die Frage auf, ob hinter dem Überfall vom 7. Oktober nicht auch der Iran stecken könnte, der die Hamas vielleicht nur benutzt und als Schachfigur auf seinem strategischen Feld eingesetzt hat. Denn dass das Mullah-Regime die Hamas ebenso wie die Hisbollah im Libanon finanziell und logistisch unterstützt, ist ja bekannt. Wie im Falle des Stellvertreterkrieges, den sich die beiden Länder beispielsweise im Südjemen geliefert haben, ist nicht auszuschließen, dass sich Vergleichbares nun auch mit Israel abspielt. Der Gaza-Krieg wäre dann in einem anderen, viel weiter reichenderen Konflikt-Parallelogramm zu verorten.

3. Wie wurde darauf reagiert?

Am Tag darauf, am Sonntag, wurde in Israel zum ersten Mal nach einem halben Jahrhundert erneut der Kriegszustand ausgerufen. Einen weiteren Tag später ordnete Verteidigungsminister Yoav Gallant die komplette Belagerung des Gaza-Streifens an. Zugleich gab er bekannt: „Kein Strom, kein Essen, kein Sprit, alles ist abgeriegelt." Das klang ganz so, als sollten die dort lebenden Menschen unterschiedslos von allem abgeschnitten werden, was sie zum Leben benötigten. Und dann spitzte er seine Aussage noch einmal weiter zu, indem er voller Verachtung ausrief: „Wir kämpfen gegen menschliche Tiere und wir handeln entsprechend."[1] Und das alles pauschal gegenüber den palästinensischen Bewohnern insgesamt, ohne irgendeine Begrenzung auf die Hamas. Das war ein Akt der rhetorischen Dehumanisierung.

Der *Haaretz*-Kolumnist Gideon Levy kommentierte das mit den Worten: „Wenn ganz Gaza Hamas ist, wenn alle Terroristen sind, und keiner von ihnen als Mensch betrachtet wird, ist das immer der erste Schritt, um das Gewissen auszuschalten."[2] Es war jedenfalls ein fatales Signal. Die anschließend mehrfach zu hörende Berufung auf „das humanitäre Völkerrecht" beim militärischen Vordringen klang in einem solchen Zusammenhang nur noch wie blanker Hohn. Auf Gallants Worte ließe sich erwidern, was das Gerede von der Humanität überhaupt noch solle, wenn man „gegen menschliche Tiere" kämpfe.

1 Krieg gegen Israel: Gazastreifen abgeriegelt, alle Lieferungen eingestellt, *Jüdische Allgemeine* vom 9. Oktober 2023.

2 Nikolai Antoniadis u.a., Bodenoffensive in Gaza: Ein Krieg, der nur Verlierer kennt, *Der Spiegel* vom 4. November 2023, Nr. 45, S. 8–12; hier: S. 10.

Zwei Tage später bildete Ministerpräsident Netanyahu sein Kriegskabinett, in dem Gallant zusammen mit Benny Gantz, Ron Dermer und Gadi Eizenkot vertreten war. Als seine beiden Hauptziele deklarierte der Regierungschef die Auslöschung der terroristischen Hamas und die Befreiung der von ihr verschleppten Opfer. Wie es allerdings gelingen sollte, Geiseln freizubekommen und die Geiselnehmer gleichzeitig zu eliminieren, blieb sein Geheimnis.

Als erstes wurde der Gaza-Streifen vollständig abgeriegelt. Nicht nur, dass sämtliche Grenzübergänge geschlossen wurden und damit auf einen Schlag jene Palästinenserinnen und Palästinenser, die sich in Israel als Arbeitskräfte verdingt hatten, ausgesperrt waren. Weder kamen diejenigen, die tags hinüberwollten, hinaus, noch diejenigen, die wieder zu ihren Familien wollten, zurück. Sehr viel dramatischer entwickelte sich jedoch, was Gallant angekündigt hatte – ganz Gaza von der Wasser- und Stromversorgung sowie der Belieferung mit Lebensmitteln und Medikamenten abzuschneiden. Die 2,3 Millionen Bewohner wurden endgültig zu Gefangenen, die sich ihrem Schicksal ergeben mussten. Stimmen wurden laut, dass die israelische Regierung, die für sich ja in Anspruch nahm, ihre eigenen Geiseln unbedingt retten zu wollen, nun umgekehrt die gesamte, ohnehin in einer Enklave lebende palästinensische Bevölkerung als Geisel nehme.

Klar war, dass nun ein asymmetrischer Krieg von außerordentlicher Intensität beginnen würde, um die Hamas auszuschalten – mit zahllosen Bombardierungen des Gaza-Streifens aus der Luft und darauffolgenden Bodenoperationen der Armee. Dass es dabei zu hohen Opferzahlen unter der palästinensischen Zivilbevölkerung kommen würde, schien unvermeidlich zu sein. Schließlich musste man davon ausgehen, dass sich die Hamas nicht nur in ihrem Tunnelsystem verbergen, sondern auch in öffentlichen Einrichtungen wie Kliniken, Schulen und anderem mehr verstecken würde. Doch die israelische Regierung, die nicht müde wurde zu beteuern, dass sie unnötige Opfer vermeiden wolle, bestand von Anfang an auf ihrem uneingeschränkten „Recht auf Selbstverteidigung“.

Für die israelische Gesellschaft ist seit dem 7. Oktober nichts mehr wie zuvor. Sie ist bis ins Mark erschüttert. Das zeigte sich auch an den Reaktionen von Holocaust-Überlebenden. Der 92-jährige Zvi Cohen etwa, der das Konzentrationslager Theresienstadt überlebt hatte, beklagte, dass der sonst in Israel zu hörende Schwur „Nie wieder“ nun seinen Sinn verloren habe. Viele von ihnen verglichen die von der Hamas verübten Massaker mit Pogromen, wie sie früher im zaristischen Russland und in der Ukraine verübt worden waren. „Die Überlebenden“, so der Psychiater Martin Auerbach, klinischer Direktor der Hilfsorganisation *Amcha*, in einem Interview, „haben jetzt mehr Albträume – vor allem von Dingen, die vor 80 Jahren passiert sind. Einige trauen sich nicht mehr aus dem Haus. Viele horten Lebensmittel und sagen ihren Kindern und Enkelkindern: Bleibt nicht hier, sucht euch ein anderes Land.“[3] Das alles beherrschende Thema war jedoch die Frage, wie man die Geiseln retten könne.

Immer wieder versammelten sich die Angehörigen der in den Händen der Hamas befindlichen Geiseln, um Druck auf ihre Regierung auszuüben. Demgegenüber spielte die sich schon bald abzeichnende humanitäre Katastrophe unter der Bevölkerung des Gaza-Streifens kaum eine bzw. gar keine Rolle. Weder in den Medien noch in der Öffentlichkeit insgesamt. Wer einen der Fernsehkanäle einschaltete, der befand sich wie in einer Endlosschleife über das Geiseldrama, erfuhr aber so gut wie nichts, was einigermaßen über die Ereignisse im Gaza-Streifen hätte informieren können. Die dort angerichteten Zerstörungen und das Leiden der Zivilbevölkerung wurden so weit als möglich ausgeblendet. Diese Fixierung auf die Lösung der Geiselfrage hat sich als ein ebenso tief- wie weitreichendes Problem erwiesen.

3 „Für Holocaust-Überlebende war das ein neues Erdbeben“. Der Psychiater Martin Auerbach im Interview mit Maria Sterkl, *Hamburger Abendblatt* vom 24. Januar 2024.

Die Tatsache, dass die überaus quälende Geiselfrage so gut wie die gesamte israelische Gesellschaft in Beschlag zu nehmen vermochte, ist zunächst einmal verständlich. Für die Angehörigen der in die nur schwer zu durchdringenden Tunnelanlagen Verschleppten, deren Familien, Verwandte und Freunde sowieso. Das Gefühl mehr noch als das bloße Wissen, dass sich eine Mutter, ein Vater, eine Tochter, ein Sohn, gar ein Kleinkind in den Händen einer Mörderbande befindet und es um eine Frage auf Leben und Tod in einem begrenzten Zeitfenster geht, dessen Ablaufdatum niemand kennt, ist einfach unerträglich. Ein solcher Zustand kann die Betreffenden bis an ihr Lebensende traumatisieren. Auch die Selbstvorwürfe, die sich diejenigen machen, die vielleicht nicht alles unternommen haben, was zur Rettung ihrer Liebsten nötig gewesen wäre, liegen auf der Hand.

Anders sieht es jedoch mit den nicht unmittelbar, sondern „nur" mittelbar Betroffenen aus. Deren vorrangiges Problem besteht, wie für alle anderen in Israel lebenden Menschen natürlich auch, darin, dass das staatlich gegebene, politisch garantierte und militärisch umgesetzte Sicherheitsversprechen am 7. Oktober schlicht geplatzt ist. Für sie scheint die Geiselfrage, ohne ihnen damit in irgendeiner Form das gleichzeitig vorhandene Mitgefühl absprechen zu wollen, ein Projektionsschirm zu sein. Die von den Medien beleuchteten, landauf landab weitererzählten und häufig bis in ihre Details kommentierten Einzelschicksale halten die individuellen Dramen gegenwärtig und erlauben die auf die Zukunft gerichteten Befürchtungen aller zu artikulieren. In diesem Verarbeitungsprozess entsteht eine nach innen gerichtete, auf sich selbst zurückverweisende Sicht, in der der Holocaust als das Verbrechen schlechthin ständig präsent ist. Sie führt in ihrer Konsequenz offenbar dazu, dass es für die Opfer des eigenen Militärs, für die Abertausenden an Toten unter der palästinensischen Zivilbevölkerung keine oder aber nur eine untergeordnete Form der Aufmerksamkeit gibt. Das kann an der Sogwirkung dieses kognitiven Prozesses, aber auch an der emotionalen Überforderung und der damit verbundenen Erschöpfung liegen.

Es dauerte eine ganze Zeit lang, bis man bereit war, Zweifel am Vorgehen von Premierminister Netanyahu auch öffentlich auszusprechen. Es war schließlich ausgerechnet der inzwischen außer Dienst befindliche Mossad-Agent David Meidan, der die Aporie in der Gleichzeitigkeit von Auslöschungs- und Rettungsmaßnahmen ohne Umschweife direkt ansprach. Der 68-Jährige hatte es im Oktober 2011 geschafft, den sechs Jahre zuvor in den Gaza-Streifen verschleppten israelischen Soldaten Gilad Shalit endlich freizubekommen. Den Auftrag dazu hatte niemand anders als Premierminister Netanyahu erteilt. Doch der Preis für den von der gesamten Nation herbeigesehnten Schritt war hoch. Denn im Gegenzug mussten 1027 palästinensische Häftlinge aus israelischen Gefängnissen freigelassen werden. Und unter ihnen befand sich ausgerechnet der spätere Hamas-Anführer Yahya Sinwar, der inzwischen als Chefplaner des martialischen Hamas-Überfalls vom 7. Oktober gilt. Im Blick auf die jetzige Situation stellte Meidan apodiktisch fest: „Wir können nicht die Hamas zerstören und gleichzeitig die Geiseln retten."[4] Außerdem sei es eine Illusion zu glauben, dass es möglich sei, die Hamas vollständig auszulöschen. Es wäre realistischer davon auszugehen, sie im Hinblick auf ihre militärischen Fähigkeiten um achtzig Prozent zu schwächen. Die Hamas selbst sei schließlich mehr als bloß eine Organisation. Es handle sich bei ihr um „eine Idee", die sich letztlich nicht zerstören lassen werde.

Selbst als sich am 15. Dezember ein tragischer, gleichwohl verräterischer Zwischenfall abspielte, führte das nicht zu einem Umdenken in der israelischen Gesellschaft. Die Streitkräfte hatten während ihres Einsatzes an der im Norden Gazas gelegenen Hamas-Hochburg Schedschaija aus Versehen drei Geiseln erschossen. Nach eigener Darstellung waren die

4 Thore Schröder, israelischer Verhandlungsspezialist: „Wir können nicht die Hamas zerstören und gleichzeitig die Geiseln retten", *Spiegel-Online* vom 23. Dezember 2023.

Soldaten davon ausgegangen, dass sie von der Hamas in eine Falle hätten gelockt werden sollen. Fünf Terroristen, die hätten fliehen wollen, seien erschossen worden und vor dem Gebäude drei weitere Verdächtige. Ihre Leichen wurden geborgen und identifiziert. Es handelte sich um Yotam Haim, den Schlagzeuger einer Band, und Samer Talalka, die beide am 7. Oktober aus ihrem Kibbuz entführt worden waren, sowie eine dritte Geisel, deren Identität auf Wunsch der Angehörigen zunächst nicht bekannt gegeben wurde.

Je mehr Details von den Umständen ans Tageslicht gelangten, umso stärker wuchs Verwunderung, gemischt mit Empörung, an. Denn es stellte sich nun heraus, dass alle drei keine Oberbekleidung trugen und einer von ihnen gar eine weiße Fahne mit sich geführt hatte. Einer von ihnen war, nachdem er hatte miterleben müssen, wie seine beiden Begleiter bereits erschossen worden waren, sogar in das Gebäude zurückgelaufen und hatte auf Hebräisch „Hilfe" und „Sie schießen auf mich" gerufen. Obwohl die im Einsatz befindlichen Soldaten inzwischen den Befehl erhalten hatten, mit dem Beschuss aufzuhören, sei es doch noch zu der überaus tragischen Aktion gekommen. Zwei andere Soldaten, so hieß es nun, hätten die wegen des von Panzern verursachten Lärms die Ansage nicht verstanden und einfach weitergeschossen. Selbst die zuvor zu vernehmenden Rufe auf Hebräisch habe man als Täuschungsversuch der Hamas gedeutet. Außerdem stellte sich heraus, dass Armeeangehörige bereits am Vortag durch die Aufnahmen einer Drohne an dem Gebäude, an dem sich das alles abgespielt hatte, die beiden Aufschriften „SOS" und „Hilfe, drei Geiseln" lasen und deshalb eigentlich hätten besonders achtsam sein müssen.

Dieser Vorfall verriet unfreiwillig aber auch, dass man auf Seiten des israelischen Militärs selbst in einem Falle, in dem drei halbnackte Personen, von denen einer als Zeichen der Kapitulation sogar noch ein weißes Tuch hochhält, im Zweifel lieber erschossen als überprüft hatte. Bedeutet das aber nicht, so fragte sich mancher Beobachter, dass die israelischen

Streitkräfte die Anweisung haben, im Zweifelsfall generell von der schlechtesten aller sich bietenden Möglichkeiten auszugehen und ihre Schusswaffen einzusetzen? Wenn es drei Palästinenser gewesen wären, die sich auf eine ähnliche Weise hätten ergeben wollen, so darf vermutet werden, hätte die Öffentlichkeit – weder die israelische noch die internationale – ohnehin nichts davon erfahren.

Und wie hat die Hamas selbst auf das reagiert, was sie am 7. Oktober begangen hat? Ihr in Katar lebender Anführer Khaled Mashal hat hundert Tage später gemeint, das von seinen Leuten verübte Massaker als Erfolg ausgeben zu müssen. Es habe gezeigt, erklärte er in einem Interview, dass „die Befreiung Palästinas vom Fluss bis zum Meer realistisch" sei. Dass er mit keinem Wort auf die israelischen Opfer eingehen würde, war ohnehin zu erwarten, dass er aber nicht einmal die Abertausende an Opfern, die der Angriff in der Zivilbevölkerung wie unter seinen eigenen Leuten gekostet hat, überhaupt in seine Form der Bilanzierung aufzunehmen bereit war, zeigt das ganze Ausmaß an Zynismus, das einen solchen Mann bestimmt. Ob er dabei über die Leichen auf der einen oder der anderen Seite hinweggeht, scheint ihm egal zu sein, auf jeden Fall lässt es ihn kalt.

Dazu passt, dass in der jordanischen Hauptstadt Amman ein Schawarma-Shop eröffnet hat, in dem mit dem in großer roter Leuchtschrift an der Fassade prangenden Namen „October 7" Kunden geworben werden. Schawarma wird auch als „Street Food der Levante" bezeichnet und besteht hauptsächlich aus in Fladenbrot eingewickeltes, zuvor am Drehspieß gegrilltes Fleisch. Des Öfteren wird er auch mit einem Döner verglichen, halt nur auf arabische Art. Die in dem erwähnten Laden tätigen Verkäufer tragen eine dunkelrote Kluft mit der Zeile „October 7" an ihrem Revers. Ein Dokument der Menschenverachtung im Zivilleben einer arabischen Shopping-Mall.

4. Was heißt Solidarität mit Israel?

Solidarität mit Israel ist das Gebot der Stunde. Als nachfolgende Generationen sind wir nicht mit Schuld beladen, aber als Deutsche, als Bürgerinnen und Bürger der Bundesrepublik Deutschland, haben wir Verantwortung zu tragen für das, was der Nationalsozialismus Jüdinnen und Juden sowie anderen politischen, ethnischen, sozialen und sexuellen Minderheiten angetan hat. Doch mit der Solidarität ist es so eine Sache, von staatlicher kaum weniger als von gesellschaftlicher Seite.

Solidarität mit Israel, ja, durchaus. Allerdings ohne irgendeine Form der moralischen Erpressung. Aber daran hat es in den ersten Reaktionen auf den 7. Oktober wahrlich nicht gemangelt. Insbesondere diejenigen, die auf ein „Ja, aber" nicht verzichten wollten, machten sich verdächtig, als handle es sich bei ihnen um klammheimliche Israel-Feinde oder Schlimmeres.[1] Doch diese Vorwurfshaltung mündigen Menschen gegenüber ist inakzeptabel. Die Stigmatisierung der Frage nach dem Kontext muss ein Ende haben.[2] Auch die von UN-Generalsekretär Antonio Guterres etwa verwendete Formulierung, dass sich der Massenmord der Hamas nicht in einem luftleeren Raum, in einem Vakuum, abgespielt habe, ist nicht als illegitim zu verwerfen. Im Gegenteil. Denn wer diesen Verweis

1 Vgl. Roman Bucheli, Das hinterhältige Aber, *Neue Zürcher Zeitung* vom 2. November 2023.

2 So hatte sich selbst ein renommierter Historiker und Publizist zu der Bemerkung hinreißen lassen, dass das „Gerede von den Kontexten" nichts anderes als „eine Binsenweisheit" sei. Schließlich habe alles seine Vorgeschichte. Volker Weiß, Massaker und Message, *Süddeutsche Zeitung* vom 2. November 2023. Einer der wenigen, die dieses Denkverbot offen zu kritisieren wagten, war: Hartmut Fähndrich, Palästina – die andere Hälfte der Fakten, *Neue Zürcher Zeitung* vom 15. Dezember 2023.

auf die Rahmenbedingungen des Pogroms unterbinden möchte, muss sich umgekehrt den Vorwurf gefallen lassen, er wolle die Frage nach der Bedingung der Möglichkeit eines solchen Makroverbrechens ausblenden. Und diese Frage zielt auf einen Mann und eine von ihm geführte Regierung ab, die nicht über jeden Zweifel erhaben ist.

Die zentrale Schwierigkeit all der geforderten Solidarisierungsbekundungen dürfte darin bestehen, zu vermeiden, sich zugleich vor den Karren der von Benjamin Netanyahu angeführten illiberalen Regierung spannen zu lassen. Der Premier und sein in Teilen von Rechtsradikalen besetztes Kabinett waren zuletzt Adressat der historisch stärksten Protestbewegung geworden, die es bis dahin in Israel gegeben hatte. Wie kaum ein anderer Politiker zuvor hat Netanyahu mit einer von ihm angestrebten Verfassungsänderung das Land gespalten und sogar zehntausend Reservisten dazu gebracht, ihren Dienst zu quittieren. Viele Kommentatoren sehen sein eigentliches Ziel darin, durch den Umbau der Justiz seiner eigenen Verurteilung in einem ihm drohenden Korruptionsverfahren zu entgehen. Der von Netanyahu betriebenen extrem nationalistischen Politik gegenüber sollte es jedenfalls keine unbegrenzte Solidarität geben. Doch das ist leichter gesagt als getan.

Viel spricht dafür, dass das eigentliche Ziel des gewieften Taktikers ja darin besteht, mit den massiven, aus der Luft wie auf dem Boden vorgetragenen Angriffen auf den Gaza-Streifen vor allem eines zu erreichen – seine eigene Haut als Politiker zu retten. Denn er ist es, der die Verantwortung dafür trägt, dass das Sicherheitsversprechen des israelischen Staates gegenüber seinen Bürgerinnen und Bürgern am 7. Oktober gebrochen werden konnte. Zumindest das scheint unstrittig zu sein. Warum es aber so weit hat kommen können, ist nicht ganz so einfach zu beantworten.

5. Eine persönliche Zwischenbemerkung

Für jemanden, der 1948 im Gründungsjahr des Staates Israel geboren wurde, als Nachkriegsdeutscher und als Nicht-Jude, ist die Konfrontation im Nahen Osten schon immer gegenwärtig gewesen. Und zwar in einem doppelten Sinne – in einem der Hoffnung, weil die der nationalsozialistischen Verfolgung entronnenen Jüdinnen und Juden endlich eine sichere Zuflucht, einen eigenen Staat, gefunden hatten, aber auch in einem der Bedrückung, weil auf diesen Kraftakt mit einem Krieg reagiert worden war, auf den ein weiterer folgte und noch ein weiterer und so weiter und so fort – verbunden mit jeweils über die Nahost-Region hinausreichenden Bedrohungsszenarien.

Meine erste Erinnerung geht auf das Jahr 1956 zurück, als der Suez-Krieg ausgebrochen war, freilich ohne etwas davon zu begreifen, außer einer damit verbundenen diffusen Atmosphäre der Gefahr. Im Lebensmittelgeschäft unserer Mutter war es zuvor bereits zu Hamsterkäufen gekommen, weil manche ihrer Kundinnen den Ausbruch eines Dritten Weltkriegs befürchtet hatten. Aber das kann auch auf die Niederschlagung des ungarischen Volksaufstands bezogen gewesen sein, mit den damals besonders elektrisierenden Bildern in Budapest einrollender sowjetischer Panzer.

Die zweite markante Erinnerung bezieht sich auf den Sechstagekrieg im Juni 1967. Ich ging noch aufs Gymnasium, war pro-israelisch eingestellt und in erster Linie froh darüber, dass Israel sich nicht von Ägypten hatte überrumpeln lassen. Im Unterschied zu vielen meiner späteren politischen Weggefährten blieb ich meiner Position treu. In einem Schulaufsatz, den ich im Dezember desselben Jahres schrieb, wurde der Nahostkonflikt noch einmal aufgegriffen. Meine damalige Prognose lautete, dass der nächste Nahost-Krieg kaum zu vermeiden sein dürfte.[1] Den Hauptgrund für diesen Pessimismus glaubte ich darin zu sehen, dass die Vereinten Nationen zu schwach waren und kein anderer aussichtsreicher Vermittler zwischen Israel und den arabischen Staaten in Sicht war.

Im Oktober 1968 begann ich an der Frankfurter Universität ein Philosophiestudium, das freilich mehr von Streikaktionen und Demonstrationen als von Vorlesungen geprägt war. Als ich erfuhr, dass ausgerechnet aus meinen eigenen Kreisen innerhalb der Neuen Linken, deren geistige Wurzeln auf die Kritische Theorie zurückgingen, ein Palästina-Komitee nach dem anderen entstand, befand ich mich bereits im Zivildienst. Ich konnte nur noch mit Unverständnis darauf reagieren.

Im September 1972 fühlte ich mich nach der Geiselnahme der israelischen Olympiamannschaft und dem Desaster bei der Befreiungsaktion in Fürstenfeldbruck wie gelähmt. Als IOC-Präsident Avery Brundage im Münchner Olympiastadion unwidersprochen erklärte, „The games must go on", war ich im Gegensatz dazu der Meinung, dass die Spiele sofort hätten abgebrochen werden müssen, weil alle israelischen Geiseln umgebracht worden waren.

Dann folgte im Oktober 1973 der Jom-Kippur-Krieg, der auf einen Schlag zeigte, wie existentiell Israel noch immer bedroht war. Nach der Kubakrise von 1962 war nun auch im Nahen Osten der Einsatz von Atomwaffen in greifbare Nähe gerückt.

Als 1977 mit dem einstigen *Irgun*-Chef Menachem Begin ausgerechnet ein ehemaliger Terrorist Ministerpräsident wurde, zweifelte ich am israelischen Wahlvolk. Er war es doch, der das Wiedergutmachungsabkommen mit der Bundesrepublik bis aufs Messer bekämpft hatte, nun allerdings einen Versöhnungsprozess in Gang zu setzen vermochte, der schließlich im

1 Der Titel lautete: Hausaufgabe für Freitag, den 3. November 1967, Legen Sie in einem Überblick den arabisch-israelischen Konflikt dar, nehmen Sie Stellung durch eine Gegenüberstellung der beiden Positionen und unterbreiten Sie einen Vorschlag zur endgültigen Beilegung!

September 1978 unter US-Präsident Jimmy Carter zum Camp-David-Abkommen führte.

Kurz nachdem ich am Hamburger Institut für Sozialforschung zu arbeiten begonnen hatte, organisierte ich 1988 zusammen mit zwei Kollegen der Hamburger Universität eine Konferenz über das Tabu-Thema „Linker Antisemitismus".

Etwa zur selben Zeit hatte in Jerusalem ein Aufstand meist junger Palästinenser gegen die israelische Herrschaft begonnen, die *Intifada*, ein Ausdruck, der aus dem Arabischen stammt und so viel heißt wie Sich-Erheben, abschütteln oder loswerden.

Diese erste Intifada ging erst 1993 zu Ende, als unter US-Präsident Bill Clinton in Washington in Anwesenheit von Premierminister Yitzhak Rabin und PLO-Chef Yasir Arafat ein Friedensprozess in Richtung Zweistaatenlösung in Gang gebracht wurde.

Es dauerte jedoch nicht lange, bis 1995 ein rechtsradikaler Fanatiker in Tel Aviv Premier Rabin im Anschluss an eine Friedenskundgebung ermordete. Damit waren zugleich auch die Hoffnungen auf eine Zweistaatenlösung begraben worden.

Im Jahr 1999, als mit Ehud Barak ein Ministerpräsident an die Macht kam, der sich erneut die Verständigung mit den Palästinensern zum Ziel gesetzt hatte, reiste ich das erste Mal nach Israel. Anlass meiner Reise war die Teilnahme an einer von Dan Diner organisierten Konferenz in Tel Aviv. Als Gastredner hielt der damalige Bundesaußenminister Joschka Fischer einen Vortrag über eine im Sommer 1976 von Palästinensern organisierte Flugzeugentführung in die ugandische Stadt Entebbe. Dabei hatte ein Frankfurter Soziologiestudent zusammen mit seiner Komplizin eine Selektion jüdischer Geiseln vorgenommen und so schlimmste Erinnerungen geweckt.

Nachdem Ariel Scharon im Jahr 2000 mit seinem Besuch des Tempelberges in Jerusalem die muslimische Welt gegen sich aufgebracht hatte, begann die zweite Intifada. Es verhieß nichts Gutes, dass der ehemalige General im Jahr darauf wie zur Belohnung zum Premierminister gewählt wurde.

In meiner Forschungsarbeit begann eine Phase, in der ich mich immer stärker mit dem palästinensischen Terrorismus beschäftigte. Auslöser war die Entdeckung, dass im Sommer 1969 zahlreiche SDS-Mitglieder die *Fatah* in Jordanien besucht und sich einige von ihnen dort auch hatten ausbilden lassen. Das führte schließlich dazu, dass es mir 2004 gelang, den Fall eines Anschlagsversuchs aufzuklären, bei dem ausgerechnet am 9. November 1969 eine Bombe ins Jüdische Gemeindehaus in Berlin gelegt worden war.[2] Diese antisemitische Aktion war der Beginn dessen, was als linker Terrorismus in die Annalen eingehen sollte. Die dafür verantwortliche Gruppe nannte sich „Tupamaros Westberlin“ und hatte sich kurz zuvor in Jordanien von der *Fatah* ausbilden lassen.

Israel wurde derweil von Selbstmordanschlägen erschüttert. Mit der zweiten Intifada kam es zu einer weiteren Verschiebung der politischen Kräfte nach rechts. Das zeigte sich schon daran, dass es Benjamin Netanyahu immer wieder gelang, an die Macht zu kommen, zuletzt als Chef einer national-religiösen, zum Teil offen rechtsextremen Regierung. Sie manövrierte das Land in eine Sackgasse. Trotz der größten Oppositionsbewegung, die Israel bis dahin jemals gesehen hatte, versuchte Netanyahu seine Justizreform wohl schon allein deshalb auf Gedeih und Verderb durchzusetzen, um nicht selbst auf die Anklagebank zu geraten. Und dann kam der 7. Oktober 2023.

2 Vgl. Wolfgang Kraushaar, Die Bombe im Jüdischen Gemeindehaus, Hamburg 2005.

6. Die Topoi

Israel und der Zionismus

All jenen, die sich jemals mit der Geschichte Israels, seiner Vorgeschichte, seinen Gründungswehen und seiner wechselhaften Fortentwicklung beschäftigt haben, ist der Stellenwert der Balfour-Deklaration von 1917 vertraut. Mit ihr war dem jüdischen Volk versprochen worden, in Palästina eine „nationale Heimstätte" errichten zu dürfen. Arthur Koestler hatte sie später einmal voller Sarkasmus mit den Worten umschrieben: sie sei „... das Versprechen einer Nation, einer zweiten ein Land zu überlassen, welches einer dritten gehört."[1] Damit war der Konflikt in seinem Kern zutreffend benannt. Da die erstgenannte Nation, die damalige Mandatsmacht Großbritannien, seit 1948 ausgeschieden ist, lautet die heutige, auf ein Minimum reduzierte Version: Zwei Völker beanspruchen für sich ein- und dasselbe Land. Um den Konflikt zu lösen, käme es also darauf an das betreffende Territorium in einer für beide Seiten akzeptablen Form aufzuteilen oder aber eines der Länder beanspruchte das Territorium für sich allein und verdrängte auf diese Weise den anderen Konkurrenten.

Die Vorgeschichte dieses unheilvollen und bislang ganz überwiegend als unlösbar angesehenen Konflikts reicht weit zurück.[2] Rund tausend Jahre vor Christi Geburt hatten die Israeliten, wie die Vorfahren der Juden in der Sprache der Bibel damals hießen, in einem Landstrich zwischen dem Mittelmeer und der arabischen Wüste, dem sogenannten Kanaan, ihr Land errichtet. Von

1 Arthur Koestler, Mit dem Rücken zur Wand, ebenda, S. 16.

2 Vgl. Haim Hillel Ben-Sasson (Hg.), Geschichte des jüdischen Volkes. Von den Anfängen bis zur Gegenwart, Bd. I-III, Frankfurt / Wien 1992; Jörn Böhme / Christian Sterzing, Kleine Geschichte des israelisch-palästinensischen Konflikts, Frankfurt am Main 2023.

587 v. Chr. an setzte sich dann für über ein halbes Jahrtausend die Bezeichnung „Jeretz Israel“ (Land Israel) durch.

Nachdem der Aufstand der Makkabäer im Jahr 165 v. Chr. den Juden eine rund hundert Jahre anhaltende Unabhängigkeit beschert hatte, begann im Jahr 63 v. Chr. die Oberherrschaft der Römer. Das Gebiet wurde in die beiden Provinzen Syria und Judäa aufgeteilt, die eine im Norden und die andere im Süden gelegen. Als im Jahr 66 n. Chr. schließlich der große Jüdische Krieg begann, mit dem man sich gegen die Unterdrückung der Römer zur Wehr zu setzen versuchte, wurde 70 n. Chr. Jerusalem samt dem dortigen Tempel völlig zerstört. Im zweiten Jahrhundert folgten mit dem Diaspora-Aufstand von 116 n. Chr. und dem Bar-Kochba-Aufstand von 132 bis 135 n. Chr. noch zwei weitere Kriege gegen die römische Herrschaft.

Als die Juden auch ihre letzte dieser Erhebungen verloren hatten, war durch einen Erlass von Kaiser Hadrian der Name „Palästina“ eingeführt worden, der ursprünglich auf das Volk der Philister zurückging. Die Römer verfolgten damit die Absicht, die Erinnerung an die jüdische Bevölkerung, von der ein Teil gezwungen worden war, ihr Land zu verlassen, auszulöschen. Dennoch gelang es ihr in einem nicht unbeträchtlichen Maße, in Galiläa, auf dem Golan und in dem östlich des Jordans gelegenen Gebiet zu bleiben. Erst mit der Etablierung des Christentums als Staatsreligion verlagerte sich ihr geistiges Zentrum nach Mesopotamien. Derweil zerstreuten sich immer mehr Angehörige der Glaubensgemeinschaft in alle Winde. Eines jedoch, so versicherten sie sich untereinander, würden sie nicht aufgeben – die Hoffnung eines Tages in die Heimat ihrer Väter zurückzukehren.

Im Jahr 638 n. Chr. gab es schließlich einen richtungweisenden Machtwechsel – Palästina wurde von den Arabern erobert. Mit der Folge, dass die Mehrzahl der dort lebenden christlich-hellenistischen Bevölkerung, darunter auch die jüdische Minderheit, innerhalb nur weniger Jahre in zweifacher Hinsicht kolonialisiert wurde: in religiöser Hinsicht islamisiert und in kultureller Hinsicht arabisiert. Diese unter Zwang durchgeführten Veränderungen hielten sich unter türkischer Herrschaft, die in dieser Region 1516 begann, bis zum Ende des Osmanischen Reiches im Jahr 1918. Der Status der unter diesen Rahmenbedingungen lebenden Christen und Juden war widersprüchlich. Einerseits konnten sie als Minderheit die für die islamische Mehrheit selbstverständlich geltenden Rechte nur in einem eingeschränkten Umfang für sich beanspruchen, andererseits aber galten sie nach islamischem Recht als sogenannte *Dhimmis*, was bedeutete, dass sie als nicht-muslimische Schutzbefohlene angesehen wurden. Damit waren sie immerhin bis zu einem gewissen Maße geschützt.

Seit der Mitte des 19. Jahrhunderts entstand eine jüdische Nationalbewegung, die sich, abgeleitet von dem für den Tempelberg in Jerusalem verwendeten Namen „Zion", als Zionismus bezeichnet.[3] Damit wurde und wird noch immer auf die Erwartung angespielt, dass die aus Jerusalem vertriebenen Juden in ihre Heimat zurückkehren könnten. Für die Entstehung der zionistischen Bewegung in der jüdischen Diaspora waren im Wesentlichen zwei Faktoren maßgeblich: der sich vor allem in Ost- und Mitteleuropa verstärkende Antisemitismus und ein sich in ganz Europa rasant ausbreitender Nationalismus.

Der Gegensatz zwischen Ost- und Westeuropa erwies sich für die dort lebende jüdische Bevölkerung als besonders gravierend. Während die im Osten existierenden jüdischen Gemeinden überwiegend noch in Ghettos lebten, setzte sich, zumal in den urbanen Zentren, in Mittel- und Westeuropa die Emanzipation der Juden durch. Die zunehmende gesellschaftliche Anerkennung, verbunden mit einem partiellen Aufstieg in akademisch sozialisierten Berufsgruppen hatte allerdings auch ihren Preis. Er bestand in der Assimilation, der Anpassung an die vorgefundenen Sozialverhältnisse und den darin dominierenden Schichten und Klassen. Für nicht wenige von ihnen führte das zu einer Zerreißprobe. Sie mussten sich entscheiden, was ihnen wichtiger war: das Leben in ihrer jüdi-

3 Vgl. Michael Brenner, Geschichte des Zionismus, München 2002.

schen Gemeinschaft und die Fortführung der darin praktizierten Traditionen oder der soziale Aufstieg in einer sich dynamisch verändernden modernen Gesellschaft, verbunden mit einer Anpassung an deren Sozialformen und dem Zurückdrängen religiöser Gebräuche, angesichts eines immer noch vorhandenen und weiter zunehmenden Antisemitismus.

Als einer der eindrucksvollsten Vorkämpfer des Zionismus gilt der im Königreich Polen geborene und die meiste Zeit über im russischen Odessa lebende jüdische Arzt Leon Pinsker (1821–1891). Als es nach einem auf Zar Alexander II. im Jahr 1881 verübten Attentat zu einer Serie von Pogromen gekommen war, hatte der ursprünglich von Assimilation und Emanzipation überzeugte Pinsker unter dem Eindruck der jüdischen Opfer einen Sinneswechsel vollzogen. Unter dem Titel „Autoemancipation!" verfasste er ein Manifest, mit dem er seine Glaubensgenossen in aller Entschiedenheit dazu aufrief, nicht mehr auf Anpassung und sozialen Aufstieg zu setzen, sondern sich wegen der grassierenden Judenfeindschaft ein neues Zuhause zu suchen.

Von tiefer Resignation gezeichnet schrieb er in einem Resümee: „So ist der Jude ein Todter, für die Eingeborenen ein Fremder, für die Einheimischen ein Landstreicher, für die Besitzenden ein Bettler, für die Armen ein Ausbeuter und Millionär, für den Patrioten ein Vaterlandsloser, für alle Classen ein verhasster Concurrent."[4] Egal in welcher Rolle er auch auftreten mochte, überall stieß ein Jude auf Ablehnung und musste es sich gefallen lassen, in Konflikte verwickelt zu werden, deren Ursache er nicht war. Für Pinsker schien klar zu sein, dass sich an dieser bedrohlichen Situation durch die Verfechtung von Aufklärung und Humanität nichts mehr ändern lassen würde. Die überall in Europa verbreitete „Judophobie" war in seinen medizinisch geschulten Augen nichts anderes als eine „Psychose", eine unheilbare Geisteskrankheit.

4 Sein nur 36 Seiten umfassendes Werk erschien zuerst in deutscher Sprache und zudem anonym: Autoemancipation! Mahnruf an seine Stammesgenossen von einem russischen Juden, Berlin 1882, S. 11.

Um zu überleben, bleibe dem jüdischen Volk nur eine Möglichkeit übrig – es müsse sich als eine eigene Nation begreifen und sich für diese Überzeugung auch ein eigenes Land suchen. Anstatt in fremden Ländern weiter auf Emanzipation zu hoffen, sei es nun an der Zeit auf „Autoemanzipation" zu setzen. Weil er auf einer Reise durch verschiedene europäische Länder, in denen er unter vermeintlich Gleichgesinnten für seine Idee der nationalen Auferstehung des jüdischen Volkes geworben hatte, fast nur auf Ablehnung gestoßen war, begann er nach Ländern Ausschau zu halten, die für seinen Rettungsversuch hätten geeignet sein können. Trotz einiger Skepsis kam für ihn nach Argentinien, Syrien und Nordamerika am Ende auch Palästina in Frage.

Im Unterschied zu Pinsker gilt jedoch der aus Wien stammende jüdische Journalist Theodor Herzl (1860–1904) als der eigentliche Begründer des Zionismus. Dabei spielte das Pamphlet seines russischen Vorkämpfers jedoch keine Rolle. Ja, er kannte ihn zunächst überhaupt nicht. Im Gegensatz zu Nathan Birnbaum (1864–1937), einem Wiener Kollegen, der für sich beanspruchen durfte, zuerst als Namensgeber des Zionismus hervorgetreten zu sein. Die Entwicklung beider Männer verlief höchst unterschiedlich. Während sich Birnbaum schon als Gymnasiast mit der Idee beschäftigt hatte, nach Palästina auszuwandern, und schließlich erster Generalsekretär der Zionistischen Organisation wurde, favorisierte er im Gegensatz zu einem von Herzl propagierten politischen Zionismus einen kulturellen, der ohne eigenen Staat hätte auskommen sollen.

Unter dem Eindruck der antisemitisch aufgeladenen Dreyfuss-Affäre in Frankreich hatte Herzl sein richtungsweisendes Werk „Der Judenstaat – Versuch einer modernen Lösung der Judenfrage" verfasst.[5] Für ihn war klar, dass es für die Lösung der jüdischen Frage nur eine Antwort geben könne – die Gründung eines eigenen Staates. Solange die Angehörigen

5 Theodor Herzl, Der Judenstaat. Versuch einer modernen Lösung der Judenfrage. Leipzig/Wien 1896.

des jüdischen Volkes in der Diaspora lebten, solange gäbe es keine Sicherheit vor weiterer Verfolgung. Nur ein eigener Staat, der garantieren könne, seinen Bürgerinnen und Bürgern den nötigen Schutz zu gewähren, um sich frei und nach ihrem eigenen Selbstverständnis zu entfalten, würde das Judentum vor weiteren Katastrophen bewahren.

Als Herzl ein Jahr später auf dem ersten Zionistischen Weltkongress in Basel auftrat, wurde er zu dessen Präsidenten gewählt, eine Funktion, die er bis zu seinem frühen Tod 1904 innehatte. Auf dem 6. Zionistenkongress 1903 in Karlsbad kam es, während im russischen Kischinjow ein Pogrom mit 49 Toten und Hunderten von Verletzten verübt wurde, zu einer denkwürdigen Begegnung mit Wladimir Jabotinsky, einem in Odessa geborenen Zionisten. Der spätere Begründer des revisionistischen Flügels und der Jugendbewegung *Betar* sah in Herzl sein Vorbild und eiferte ihm deshalb entsprechend nach. Wie kaum ein anderer wirkte er, worauf noch zurückzukommen sein wird, auf die zionistische Bewegung ein und spielte, obwohl schon 1940 verstorben, in Israel die Rolle eines Masterminds für die politische Rechte.

Die jüdische Einwanderung in Palästina hatte noch in den letzten Jahren der osmanischen Herrschaft begonnen. Die für eine Sesshaftwerdung institutionell nötigen Pflöcke wurden Stück für Stück eingeschlagen: 1901 gründete man den Jüdischen Nationalfonds, 1907 das Palästina-Amt in Jaffa, 1909 die Stadt Tel Aviv, die Jüdische Nationalbank und am Tiberiassee einen ersten Kibbuz. Alles schien nun auf einem praktischen Wege voranzugehen. Doch von den ersten 85.000 jüdischen Einwanderern, die man 1914, dem Jahr, in dem in Europa der I. Weltkrieg ausbrach, zählte, gab es immer noch zu viele, die das Projekt nicht überzeugen konnte, und die deshalb wieder abwanderten.

Es war ausgerechnet der später als Urkatastrophe des 20. Jahrhunderts bezeichnete I. Weltkrieg,[6] der der zionistischen Bewegung einen besonderen Spin verlieh. Großbritannien, das um den Fortbestand seines Empires fürchtete, suchte im Krieg gegen Deutschland und das Osmanische Reich im Nahen Osten nach neuen Verbündeten. Aus diesem Grunde kam ihm die zionistische Einwanderungsbewegung in Palästina gerade recht. Deshalb unterstützte Großbritannien die von den Zionisten unternommenen Anstrengungen und versprach ihnen in der bereits erwähnten und nach dem damaligen Außenminister Arthur James Balfour benannten Deklaration vom 2. November 1917 zwar keinen Staat, aber immerhin eine „Nationale Heimstätte" – in Palästina und explizit „für das jüdische Volk". Das klang zwar vielversprechend, fiel aber im Ganzen nach zu urteilen – wie in zahlreichen Kommentaren hervorgehoben worden ist – immer noch zu vage aus. Kaum einmal geriet dabei in den Blick, dass Balfour ein Exponent des evangelikalen Anglikanismus war, eine Glaubensströmung, die die Rückkehr der Juden ins Heilige Land schon deshalb unterstützte, weil sich ihre Anhänger damit eine Konversion der Juden zum Christentum erhofften.

In Wirklichkeit war die Balfour-Deklaration mehr Fassade als eine feste Zusicherung. Denn die Briten hatten ein diplomatisches Doppelspiel betrieben. Sie hatten zuvor schon in den nach dem britischen Hochkommissar in Ägypten benannten „McMahon-Briefen", den Gegnern der zionistischen Einwanderungspolitik, der in Palästina ansässigen arabischen Bevölkerung, ein arabisches Reich versprochen. Denn auch sie wollten die Briten für den Kampf gegen die Herrschaft der Osmanen gewinnen.

6 Der Ausdruck stammte von dem US-amerikanischen Diplomaten und Historiker George F. Kennan (1904–2205). Rückblickend hatte er vom I. Weltkrieg als „the great seminal catastrophe of this century" gesprochen: George F. Kennan, The Decline of Bismarck's European Order. Franco-Russian Relations, 1875–1890, Princeton 1979, S. 3.

Hinzu kam ein bereits 1916 zwischen Frankreich und Großbritannien abgeschlossenes Geheimabkommen, das nach einem britischen und einem französischen Diplomaten benannte Sykes-Picot-Abkommen. Der damit verbundene Plan bestand darin, den Nahen Osten im Anschluss an die von beiden Kolonialmächten im Ersten Weltkrieg erwartete Niederlage des Osmanischen Reiches in zwei sich aus mehreren Ländern zusammensetzende Gebiete und jeweils vier verschiedene Einflusszonen untereinander aufzuteilen. Dabei sollte Palästina mit Ausnahme der Hafenstadt Haifa, die man den Briten überlassen wollte, einer internationalen Verwaltungsbehörde unterstellt werden.

Großbritannien wollte mit diesen drei Schachzügen alle anderen Beteiligten austricksen. Vom Sykes-Picot-Abkommen wussten weder die Araber noch die Zionisten etwas und die Franzosen wiederum wussten nichts von den McMahon-Briefen. Das hinderte den Obersten Rat der Alliierten nicht daran, 1920 auf einer von ihm in San Remo einberufenen Konferenz, dem britischen Staat das Mandat für Palästina zu übertragen. Und das setzte sich fort, als der Völkerbund in Genf 1922 die Balfour-Deklaration zum integralen Bestandteil des britischen Mandatsvertrages über Palästina erklärte.

Der Haken an der Geschichte war, dass mit Palästina dem jüdischen Volk ein künftiges Staatsgebiet zugesprochen worden war, welches die dort lebenden Araberinnen und Araber nicht zu Unrecht als das ihre ansahen, und sie außerdem überhaupt nicht gefragt wurden, was sie denn davon halten würden. Kurzum, die Konflikte zwischen den miteinander konkurrierenden Parteiungen waren vorprogrammiert. Es war kein ominöses Schicksal, das nun seinen Lauf nahm, und auch keine insgeheime Tragödie. Es war eine verantwortungslose Falle, die man beiden Völkern, dem jüdischen ebenso wie dem arabischen, gestellt hatte. Zumindest für den Ursprung aller danach folgenden Kriege und Bürgerkriege tragen demnach die Briten die Verantwortung. Später haben allerdings unter ganz unterschiedlichen Voraussetzungen und in ganz verschiedenen

Situationen beide Seiten Fehler gemacht, und zwar solche vom Gewicht bestimmter *Tipping Points*, irreversibler Kipppunkte, wie sie im Zuge einer drohenden Klimakatastrophe auch hierzulande allenthalben diskutiert werden. Sollte das zutreffen, dann haben die ebenso wie die Israelis düpierten Palästinenser gleichermaßen Fehlentscheidungen getroffen, die nach Lage der Dinge kaum noch zu korrigieren sind. Und das wäre furchtbar, weil es in seiner Konsequenz nichts anderes bedeuten würde, als dass die beiden Kontrahenten wie in einem Hamsterrad der Gewaltausübung gefangen wären.

Palästina

Das beklagenswerte Schicksal der Palästinenser hängt auch damit zusammen, dass ihre Anführer kurz vor der Gründung des Staates Israel eine folgenschwere Fehlentscheidung getroffen hatten. Als der 1947 von den Vereinten Nationen vorgelegte Teilungsplan anbot, auf ihrem Gebiet einen jüdischen und einen arabischen Staat zu gründen, waren sie einer Fehleinschätzung erlegen und hatten abgelehnt. Sie sahen in dem UN-Plan nur, dass man ihnen etwas abnehmen, nicht aber dass man ihnen auch etwas garantieren würde. So verpassten sie die Möglichkeit, das zu erreichen, was in den neunziger Jahren mit dem Oslo-Abkommen vorübergehend wieder näher, dann aber doch wieder in weite Ferne gerückt war – die Zwei-Staaten-Lösung.

Was 1947 folgte, war ein Bürgerkrieg, der nach dem 14. Mai 1948, dem Tag der israelischen Staatsgründung, zum Palästinakrieg eskalierte, in den sich mit Ägypten an der Spitze eine Allianz aus mehreren arabischen Staaten einschaltete. Doch auch diese militärische Unterstützung konnte nicht verhindern, dass die Palästinenser diesen Kampf am Ende verloren. Die militärisch als völlig unterlegen eingeschätzten Israelis hatten sich durchgesetzt. Folge war die Flucht von 700.000 Einwohnern, die ihre Heimat verlassen und danach trachten mussten, in Nachbarländern wie Jordanien etwa in notdürftig errichteten Lagern Unterschlupf zu finden.

Als der Palästinensische Nationalrat auf Betreiben des ägyptischen Präsidenten Gamal Abdel Nasser 1964 als Dachverband die *Palestine Liberation Organization* (PLO) gründete, verfolgte man das Ziel, sich auf diesem Wege für die verstreuten Angehörigen des eigenen Volkes einen autonomen Staat aufzubauen bzw. zu erkämpfen. Nun wurde in einer von der PLO verabschiedeten Nationalcharta zweierlei festgehalten: Zum einen, dass Palästina das unteilbare Heimatland aller Palästinenser sei und dass der israelische Staat als illegal angesehen werden müsse. Das wiederum hieß, was natürlich nicht offen ausgesprochen wurde, dass Israel kein Existenzrecht habe. Das war eine Kampfansage gegenüber dem jüdischen Staat, verbunden mit einer Hinwendung zu den *Fedajin*, Kampfverbänden wie der *Fatah*, und der Gründung diverser terroristischer Organisationen.

Diese entstanden vor allem in Reaktion auf die von Ägypten, Jordanien und Syrien erlittene Niederlage im Sechstagekrieg in der zweiten Hälfte des Jahres 1967. Man wollte die unübersehbare militärische Unterlegenheit gegenüber Israel mit anderen Mitteln und Methoden wie z.B. Flugzeugentführungen kompensieren. In der Folge breitete sich der Terrorismus, zeitweilig von Organisationen wie der *Popular Front for the Liberation of Palestine* (PFLP) dominiert, international immer weiter aus. Obwohl es der PLO im November 1974 mit dem Auftritt ihres Vorsitzenden Yasir Arafat vor den Vereinten Nationen in New York gelang, den von ihr verfolgten Anerkennungskurs weiter voranzubringen, so wurde dieses vermeintliche Renommee auf dem diplomatischen Terrain durch das Begehen zahlloser Terrorakte konterkariert.

Es dauerte schließlich bis zum November 1988, dass der Palästinensische Nationalrat eine Unabhängigkeitserklärung verabschiedete, mit der man glaubte, einer Staatsgründung näher gekommen zu sein. Nach Überwindung verschiedener Hürden wurde 1994 immerhin die Palästinensische Autonomiebehörde gegründet und als Teil des mit Israel abgeschlossenen Gaza-Jericho-Abkommen auch entsprechend institutionalisiert. Gedacht war sie jedoch von Beginn an als eine Art Übergangslösung, Schritt für Schritt auf dem Weg zu einem eigenen palästinensischen Staat. Zunächst übte sie sowohl über den Gaza-Streifen als auch über das Westjordanland Regierungsfunktionen aus. Als ein dauerhaftes Problem stellte sich allerdings heraus, mit der Durchführung von Wahlen den Anschein einer demokratischen Legitimität zu generieren. Mal klappte es einigermaßen, mal weniger und mal überhaupt nicht.

Prekär wurde dieser unberechenbare Zustand allerdings, als es im Januar 2006 einem Konkurrenten wie der 1988 gegründeten fundamental-islamischen Hamas gelang, die für die Autonomiebehörde maßgebliche Kraft der *Fatah* deutlich zu schlagen. Als die Hamas nun auch die quasi-staatlichen Institutionen für sich beanspruchte, führte das zu einem erbitterten Machtkampf. Dieser endete vorläufig damit, dass sich das palästinensische Territorium in zwei unterschiedliche Geltungsbereiche aufspaltete: in den Gaza-Streifen, in dem seitdem die Hamas herrscht, und in das Westjordanland, in dem die mit der *Fatah* verbundenen Kräfte das Sagen haben.

Wahlen hat es bezeichnenderweise seit 2006 nicht mehr gegeben. Und die Amtszeit von Präsident Mahmud Abbas ist seit 2009 ausgelaufen. Seitdem agiert der Chef der Autonomiebehörde, in seinem Wirkungskreis ohnehin auf die Hälfte des ursprünglich ausgemachten Staatsgebiets reduziert, ohne demokratische Legitimation. Darüber versuchen jedoch wichtige Kooperationspartner wie die Vereinten Nationen und die Europäische Union, aber auch Deutschlands möglichst hinwegzusehen. Die Autonomiebehörde scheint ihnen allen Korruptionsvorwürfen zum Trotz noch immer als der einzig verbliebene Partner zu gelten. Und spätestens seit dem 7. Oktober dürfte sich die Überlegung, ob es eine Alternative geben könne, völlig erledigt haben.

Der Gaza-Streifen

Der Gaza-Streifen, auch kurz Gaza genannt, ist eine am Mittelmeer gelegene palästinensische Enklave. 40 Kilometer lang und zwischen 6 und 14 Kilometern breit. In seinem kleineren Teil grenzt Gaza an Ägypten, in den beiden anderen, erheblich größeren Teilen an Israel. Ihre geopolitische Form ist das Ergebnis des nach dem Palästinakrieg von 1948/49 getroffenen Waffenstillstandsabkommens. Gaza diente zunächst als Zufluchtsort für einen Teil der von den Israelis vertriebenen Palästinenser, deren Nachkommen noch immer einen erheblichen Teil der dort lebenden Bevölkerung ausmachen. In seinen Anfangsjahren wurde Gaza von Ägypten verwaltet. Im Unterschied zu Jordanien, wohin ebenfalls viele palästinensische Familien geflüchtet waren, besaßen die Bewohner nicht die sonst für Staatsbürger obligatorischen Rechte. Das hieß, dass sie faktisch staatenlos waren.

Seit dem im Juni 1967 von Israel gewonnenen Sechstagekrieg unterliegen nicht nur die Außengrenzen weitgehend israelischer Kontrolle, sondern auch der Personenverkehr, der Luftraum und der Seeweg. Bis 2005 war der Gaza-Streifen israelisch besetztes Gebiet. Erst Ministerpräsident Ariel Scharon gelang es, den Rückzug politisch durchzusetzen. Das verursachte jedoch einen massiven innerisraelischen Konflikt, weil er die dort befindlichen israelischen Siedlungen durchs Militär räumen und sie anschließend abreißen ließ. Danach wurden die Grundstücke für die palästinensische Bevölkerung zur Besiedelung freigegeben.

Da das Küstengebiet hauptsächlich aus Sand und Dünen besteht, war es von Anfang an schwierig, es zu bewirtschaften. Nur ein geringer Teil lässt sich landwirtschaftlich nutzen. Als Problem erwies sich auch, dass die Versorgung mit sauberem Trinkwasser ausgesprochen schwierig war und noch immer ist. Anfangs lebten dort nur rund 250.000 Menschen. Später nahm die Bevölkerung stark zu und ist mittlerweile auf etwa 2,3 Millionen angewachsen. Wie verarmt und perspektivlos ein erheblicher Teil der Bevölkerung ist, lässt sich an dem vom dafür zuständigen Amt der palästinensischen Behörde geführten Statistiken ablesen, in denen man einen negativen „Rekord" gleich in mehreren Rubriken verzeichnet – in der der allgemeinen Arbeitslosigkeit mit 46 Prozent und in der der Jugendarbeitslosigkeit mit 70 Prozent.

Seit die Hamas 2006 die bislang letzten im Gaza-Streifen durchgeführten Wahlen gewonnen und nach einem Machtkampf die ihr unterlegene *Fatah* mit brutalen Mitteln verdrängt hat, wird das palästinensische Verwaltungsgebiet nun von den islamischen Fundamentalisten beherrscht. Die israelische Regierung erklärte die Enklave daraufhin zum „feindlichen Gebiet". Das hatte und hat noch immer gravierende Folgen. Nachdem 1999 in der kurzen Ära von Premierminister Barak noch 200.000 Arbeitskräfte hin und her gependelt waren und ihren Lebensunterhalt in Israel verdient hatten, wurden Arbeitsvisa nun ganz untersagt und später auf einer niedrigen Stufe kontingentiert. Wie stark der Lebensstandard abfiel, zeigt sich auch darin, dass er in dem auch nicht gerade wohlhabenden Westjordanland viermal so hoch wie im Gaza-Streifen ist. Hinzu kommen die altbekannten Probleme mit der Wasserversorgung und immer mehr auch die mit der Stromversorgung. Letztere ist instabil und funktioniert zumeist nur für ein paar Stunden und erstere krankt daran, dass ausreichender Strom für den Betrieb der Entsalzungsanlage fehlt.

Nach dem 7. Oktober war verschiedentlich zu hören, dass die gesamte Gaza-Bevölkerung eine Mitverantwortung für die von der Hamas verübten Massaker trage und deshalb auch vom israelischen Militär als ein legitimes Kriegsziel angesehen werden dürfe. Begründet wird das zumeist damit, dass die Hamas als legitime Repräsentantin des Gaza-Streifens angesehen werden müsse, weil sie dort bei den letzten Wahlen im Januar 2006 die absolute Mehrheit gewonnen und es außerdem in Reaktion auf den 7. Oktober Menschenaufläufe gegeben habe, bei denen die Bluttaten bejubelt worden seien.

Als dazu in der *Jüdischen Allgemeine* ein Kommentar mit dem Titel „Die Zivilisten in Gaza sind nicht unschuldig" erschien, reagierte der Publizist Ronen Steinke mit einer Entgegnung. Sie trug die simpel klingende, aber offenbar keineswegs mehr selbstverständliche Überschrift: „Zivilisten sind Zivilisten, auch in Gaza".[7] Steinke wies zunächst darauf hin, wer eigentlich im Gaza-Streifen lebt und wie eingeschränkt deren Optionen sind, überhaupt eine Wahl zu treffen. Danach besteht die dortige Einwohnerschaft zur Hälfte aus Minderjährigen, die sich ihren Geburtsort nicht hätten aussuchen können und bei den von der Hamas gewonnenen Wahlen noch nicht einmal geboren gewesen seien. Unter den Opfern, die im Zuge der Bombardierungen durch die israelische Luftwaffe in den Wohnhäusern zu beklagen waren, stellen sie die Hälfte. Daraus schließt Steinke, dass sie als Mitverantwortliche oder gar Schuldige am Hamas-Verbrechen ausgeschlossen werden könnten. Doch auch die Erwachsenen, darunter ihre Eltern und Verwandten, hätten keine Wahl mehr gehabt. Deshalb sei es kaum zu vertreten, sie pauschal durch den Verweis auf ihre angebliche Mitschuld an den Massakern zu legitimen Zielobjekten militärischer Angriffe zu erklären.

In einem zweiten Argumentationsstrang warf Steinke die Frage auf, wen man überhaupt der Komplizenschaft mit Terroristen beschuldigen könne. Um darauf eine Antwort geben zu können, müsse man sich die für das Kriegsrecht zentrale Unterscheidung zwischen Kombattanten und Zivilisten in Erinnerung rufen. Während Kombattanten unter Wehrfähigen ausgesucht würden, um sie als Mitkämpfer zu verpflichten, gelte das nicht für Zivilpersonen. Im konkreten Fall der Durchbrechung des Metallzaunes im östlichen Bereich des Gaza-Streifens bedeute das, dass all diejenigen – selbst dann, wenn sie zuvor Zivilisten gewesen sein sollten – durch ihre Entscheidung für eine Beteiligung an den darauffolgenden

7 Ronen Steinke, Zivilisten sind Zivilisten, auch in Gaza, *Jüdische Allgemeine* vom 21. Januar 2024.

Gewaltakten Kombattanten geworden seien und nicht mehr für sich beanspruchen dürften, als Zivilisten behandelt zu werden.

Je länger die Kämpfe in der Küstenenklave Gaza anhalten, umso mehr zerstörte Gebäude gibt es und als Binnen-Vertriebene einzustufende Flüchtlinge, die zwar vom Norden in den angeblich sicheren Süden geflohen sind, dort aber die Erfahrung machen müssen, dass sie vom Krieg eingeholt oder vielleicht auch überholt werden. Die von den Israelis geschürte Hoffnung, dass sie im südlichen Teil vor den Kämpfen sicher seien, war trügerisch. Die israelische Bodenoffensive hat sich auch dorthin verlagert und der Bevölkerung klar gemacht, dass es in dem besonders umkämpften Chan Yunis keinen wirklichen Schutz mehr gibt. Jede und jeder kann wann und wo auch immer in Mitleidenschaft gezogen werden und das Leben verlieren. Hinzu kommt, dass die Versorgung mit Lebensmitteln weiter abnimmt, weil die Lkws aus Ägypten zu oft an der Grenzstation Rafah nicht durchgelassen werden. Während es vor dem Krieg 500 Lastwagen waren, die den Übergang passierten, kommt es nun vor, dass wegen der Kämpfe tagelang kein einziger durchgelassen wird. Resultat ist, dass im Januar bereits jeder vierte Gaza-Bewohner an Hunger litt. Das hat zur Folge, dass die Unterstützung Israels und die Befürwortung seiner Kriegsführung am stärksten in jenen Ländern nachgelassen hat, die seinen Kurs gebilligt hatten – in Deutschland, Dänemark und Frankreich.

Das ist deshalb nicht verwunderlich, weil die Zerstörung öffentlicher Gebäude so stark zugenommen hat, dass sich der Eindruck verdichtet, dass es Israel auf solche Einrichtungen ganz besonders abgesehen haben könnte. Nach Ansicht des israelischen Friedensaktivisten Gershon Baskin wolle sein Land damit vor allem Symbole der palästinensischen Souveränität in Schutt und Asche legen. Am 15. Dezember war es das in Gaza-Stadt befindliche Parlament, am 4. Dezember das Gerichtsgebäude und am 8. Dezember der Bau der Medizinischen Fakultät der Al-Azhar-Universität, nachdem dort

Wochen zuvor bereits die Fakultät der Rechte bombardiert worden war. Die Zerstörung dieser Einrichtungen hat auch in Israel selbst wiederholt zu Kommentaren geführt, dass es dafür keine strategische Rechtfertigung geben könne.

Andererseits gibt es auch eine Art Infrastruktur des Terrors, die das israelische Militär zerschlagen muss, wenn es eine weitere Bedrohung durch die Hamas verhindern will. Dazu gehört vor allem deren Tunnelsystem, dessen Ausmaß immer mehr nach oben korrigiert werden musste, je länger die Kämpfe anhielten.[8] Mitte Januar waren es allein 1500 Tunneleingänge, die man bis dahin entdeckt hatte. Hinzu kommen eine unterirdische Raketenfabrik, ein Chemielabor, Hunderte von Raketenabschussrampen und anderes mehr. Um all das herbeizuschaffen, bedurfte es einer ausgeklügelten Logistik. Die meisten Waffen, Materialien und Bausätze sollen von Ägypten aus über die sogenannte „Philadelphi-Route" herbeigeschafft worden sein. Dass das überhaupt möglich war, ließ sich nur unter der Annahme verstehen, dass ägyptische Offiziere auf lokaler Ebene mit der Hamas kooperiert haben. Denn das Regime von Generalfeldmarschall al-Sisi, der ja als Staatspräsident überhaupt nur an die Macht gelangen konnte, indem er zuvor die politische Vertretung der Muslimbruderschaft stürzte, hätte das bestimmt nicht zugelassen.

Eines ist jedenfalls klar. Man hat die militärische Infrastruktur der Hamas bei weitem unterschätzt. Allein das Ausmaß der Tunnel, von denen man annimmt, dass man sie wohl längst noch nicht alle entdeckt, geschweige denn eingenommen hat, erinnert an ein weitverzweigtes U-Bahn-System, in dem statt Zügen, wenn auch nicht überall, Kleinwagen unterwegs sind. Es ist nach bislang vorliegenden Erkenntnissen 500 Kilometer lang, bis knapp zwei Meter hoch und liegt bis zu 30, in Einzelfällen sogar 50 Meter unterhalb der Erdoberfläche. Da man bei ihrem Bau Stahl statt Beton verwendet hat,

8 Vgl. Interview mit Muriel Kalisch, „Wir haben die Tunnel unterschätzt" / Israelischer Experte über den Untergrund in Gaza, *Spiegel-Online* vom 24. Dezember 2023.

sind sie kaum irgendwo abzuhören gewesen. Das führte dazu, dass sowohl dem Militär als auch den verschiedenen Geheimdiensten, die eher abstrakt von dessen Existenz wussten, die wahre Bedeutung dieses unglaublich weit verzweigten Tunnelsystems nicht begriffen hatten. Der israelische Bauingenieur und Experte für Untergrund-Kriegführung, Yehuda Kfir, der viele Jahre lang für die Armee seines Landes gearbeitet hat, musste auch nach fast drei Monaten einräumen, dass man immer noch nicht genau genug wissen würde, was sich im Gaza-Streifen alles unter der Erde abspiele.[9]

Nach den ersten 100 Tagen, die seit dem Massaker der Hamas vergangen sind, ist die Gaza-Bilanz desaströs. Was sich auf diesem Gebiet abgespielt hat und noch immer abspielt, stellt ohne Übertreibung eine humanitäre Katastrophe biblischen Ausmaßes dar. Nach Angaben des dortigen Gesundheitsministeriums waren bis zu diesem Zeitpunkt bereits mehr als 25.000 Todesopfer zu beklagen und etwa 62.000 Verletzte zu verzeichnen. Nach Angaben der Vereinten Nationen litten bis dahin 400.000 Bewohner an extremem Hunger. Über 80 Prozent der Bevölkerung waren aus ihren Häusern und Wohnungen vertrieben worden und 70 Prozent aller Gebäude entweder zerstört oder beschädigt. Insbesondere weite Teile der nördlichen Hälfte sind in einem erschreckenden Ausmaß ruiniert. Um den Anblick zu fassen, kursieren in den Medien zunehmend Vergleiche mit Hiroshima und Dresden. Ob das wirklich angemessen ist, scheint zwar fraglich, immerhin aber bringt die Suche nach vergleichbaren Bildern kriegerischer Zerstörung das kaum noch in Worte zu fassende Erschrecken zum Ausdruck. In provokanter Form durch das Bekenntnis des politischen Entscheidungsträgers ratifiziert: „Auch in Dresden brauchte es 1945 die totale Zerstörung, um die Naziideologie auszulöschen."[10] Die Worte, die vielleicht nicht von ungefähr an Statements von Wladimir Putin zum Ukraine-

9 Ebenda.

10 *Neue Zürcher Zeitung* vom 11. Januar 2024.

krieg erinnern, stammen von niemand anderem als Benjamin Netanyahu.

Was nach dem Gaza-Krieg mit der palästinensischen Enklave geschehen wird, weiß wohl kaum jemand mit Bestimmtheit vorherzusagen. Einen Vorgeschmack auf das, was aber möglicherweise in Betracht kommt, konnten Beobachter am 28. Januar erleben. An diesem Tag hatten manche den Eindruck, dass sie sich nicht in dem von Ängsten erschütterten Israel befänden, sondern an einem ganz anders gestimmten Ort, fast in einer Idylle. Es ging um das Kongresszentrum in Jerusalem. Dort herrschte mehr als nur gute Laune: „Tausende von Menschen", schrieb anschließend ein Journalist darüber, „tanzten fröhlich, lachten und lagen sich glückselig singend in den Armen."[11] Es handelte sich um ein von der Siedlervereinigung *Nachala* organisiertes Meeting, zu dem sich auch über ein Dutzend von Knesset-Abgeordneten und mehrere rechtsgerichtete Regierungsmitglieder eingefunden hatten, darunter auch Finanzminister Smotrich und Sicherheitsminister Ben-Gvir.

Der Grund für die ausgelassene Stimmung bestand darin, dass man meinte, für die Zeit nach dem Krieg ausgesprochen guter Hoffnung sein zu können. Man erwartete, dass der lang ersehnte Zeitpunkt gekommen sei, um auch im Gaza-Streifen endlich wieder Siedlungen bauen zu können. Da gab es zwar noch das Problem, was mit den dort immer noch befindlichen Palästinensern geschehen solle, doch das erschien ihnen lösbar zu sein. Sie sollten auf irgendeine Weise zur „Emigration" bewegt werden. Was ihnen offenbar vorschwebte, fasste am ungeschminktesten Ben-Gvir zusammen. „Wir müssen nach Hause zurückkehren", rief er aus, „das Gebiet beherrschen und, ja, auch eine moralische und logische Lösung für das humanitäre Problem anbieten: die Emigration fördern und ein Ge-

11 Jonas Roth, Siedler träumen von Rückkehr in Gazastreifen, *Neue Zürcher Zeitung* vom 31. Januar 2024.

setz zur Todesstrafe verabschieden."[12] Hier tauchte wieder einmal das Wort „Emigration" auf, ähnlich wie bei dem berüchtigten Potsdamer Geheimtreffen von AfD- und CDU-Leuten das Wort „Remigration". In Wirklichkeit sollte in dem einen wie in dem anderen Fall nur verschleiert werden, dass es wohl um nichts anderes als um Vertreibung gehen soll.

Noch deutlicher war in Jerusalem ausgerechnet ein Kabinettsmitglied aus Netanyahus *Likud*-Partei geworden. Kommunikationsminister Shlomo Karhi besaß in dieser Hinsicht noch weniger Hemmungen als Ben-Gvir. Er sprach davon, dass es ihre Pflicht sei, unter der palästinensischen Zivilbevölkerung eine „freiwillige Emigration" herbeizuführen. In der ihnen von der Hamas aufgezwungenen Situation würde das aber bedeuten, diejenigen, die sich dem widersetzten, solange dazu zu zwingen, bis sie schließlich sagten: „Ich will das tun." Mit welchen Zwangsmitteln er das erreichen wollte, verriet allerdings auch er nicht.

12 Ebenda.

Das Westjordanland

Der Name, um den es hier geht, resultiert aus seiner geographischen Lage. Er bezeichnet ein Gebiet, besser einen Streifen, der westlich vom Jordan verläuft und zwischen Israel und Jordanien liegt. Im angloamerikanischen Sprachraum wird deshalb die Bezeichnung „West-Bank" für Westufer verwendet.

Im Teilungsplan der Vereinten Nationen von 1947 war vorgesehen, dass dieses Gebiet für den Staat reserviert werden sollte, der ursprünglich der arabischen Seite zugesprochen worden war. Er wurde von dieser jedoch abgelehnt, weil man Palästina ganz für sich beanspruchte und deshalb auf keinen Fall aufteilen lassen wollte. Als Israel im Juni 1967 den Sechs-Tage-Krieg gewann, gehörte das Westjordanland neben dem Gaza-Streifen, der Sinai-Halbinsel, Ost-Jerusalem und den Golan-Höhen zu dem von ihm annektierten bzw. besetzten Gebieten. Die Vereinten Nationen reagierten auf diese gravierenden geostrategischen Veränderungen im November 1967 mit der vom Sicherheitsrat verabschiedeten UN-Resolution 242. Darin wurden die Annexionen für unzulässig erklärt und gefordert, dass Israel seine Streitkräfte daraus zurückziehen müsse.

Welches Konfliktpotential das Westjordanland barg, stellte sich spätestens heraus, als man damit begann, israelische Siedlungen aufzubauen. In den ersten zehn Jahren waren das insgesamt nur dreißig, später aber wurde diese Praxis so sehr intensiviert, dass sich die Siedlungen als Zankapfel und eine besondere Belastung der ohnehin labilen israelisch-palästinensischen Beziehungen erwiesen.

Während der ersten Intifada verzichtete das haschemitische Königreich Jordanien im Juli 1988 auf seine Gebietsansprüche im Westjordanland. Der machttaktisch erfahrene König Hussein I., der sich im Herbst 1970 in einem Bürgerkrieg mit den Palästinensern befunden hatte, der mit dem Ergebnis endete, dass die PLO in dem im Nachhinein zum „Schwarzen September" deklarierten Monat zusammen mit ihren Kampfverbänden aus dem Land hinausgeworfen worden war, forderte den damals so gedemütigten Dachverband der Palästinenser dazu auf, endlich einen eigenen Staat zu gründen. Es dauerte nicht lange, bis die PLO der Aufforderung nachkam und den Palästinensischen Nationalrat im November 1988 dazu brachte, eine Unabhängigkeitserklärung zu verabschieden. Fraglich war nur, welchen Wert dieser Akt besaß. Schließlich war der dadurch ausgerufene Staat Palästina kaum mehr als ein Phantasiegebilde. Eigentlich existierte er nur auf dem Papier. Hinter ihm standen keine wirksamen Institutionen, die dazu in der Lage gewesen wären, Machtansprüche auch entsprechend umzusetzen. Selbst das Territorium, auf dem der Staat errichtet werden sollte, war vorab nicht genau geklärt worden. Natürlich gab es Absichten, auf welches Gebiet es sich erstrecken sollte, die jedoch wollte man erst einmal lieber für sich behalten.

Im Laufe der letzten Jahre gingen die sich im Westjordanland immer weiter ausbreitenden Siedler von Mal zu Mal rücksichtsloser gegen die dort lebenden palästinensischen Bewohner, vor allem Bauern und Hirten, vor. Jahr für Jahr stieg die Anzahl der gewaltsamen Zwischenfälle weiter an. Insbesondere ein Vorfall, der sich am 26. Februar 2023 abspielte, hatte gezeigt, wie rasch das Westjordanland zum Pulverfass werden konnte. Nachdem bei einem Anschlag ein israelisches Brüderpaar ums Leben gekommen war, hatten Hunderte von radikalen Siedlern zur Vergeltung das im westlichen Teil gelegene palästinensische Dorf Huwara zusammen mit drei anderen Ortschaften verwüstet. Dutzende von Wohnhäusern und Läden sowie Hunderte von Pkws waren angezündet und ein Palästinenser getötet worden. Es wirkte wie das Szenario eines künftigen Bürgerkrieges.

Dass das alles andere als Zufall war, zeigte sich, als der für den Siedlungsbau zuständige Finanzminister Bezalel Smotrich forderte, man müsse Huwara „ausradieren". Netanyahus Regierung mit ihren national-religiösen Kabinettsmitgliedern forciert den weiteren Ausbau von Siedlungen unablässig weiter und beschleunigt deshalb auch die Ausstellung der dafür nötigen Bewilligungen. Damit geht man zugleich auch auf Konfrontationskurs gegenüber den Vereinten Nationen und dem Internationalen Gerichtshof in Den Haag, die die Siedlungen im Westjordanland generell als einen Verstoß gegen das Völkerrecht verurteilen.

Unter den Siedlern dominiert eindeutig eine orthodox-religiöse Strömung, die glaubt, dass sie von Gott dazu berufen sei, sich das in der Bibel als Judäa und Samaria bezeichnete Gebiet anzueignen, um so für die Ankunft des Messias vorbereitet zu sein. Ein besonderes Augenmerk haben sie auf die sogenannte Zone C gelegt, die etwa zwei Drittel des Westjordanlandes umfasst und israelischer Kontrolle unterliegt. Aus ihr sind 1100 Palästinenser zwischen dem Januar 2022 und dem September 2023 vertrieben worden. Viele von ihnen versuchen in der Zone A unterzukommen, die jedoch überbevölkert ist und weder über zusätzlichen Wohnraum noch über weitere Arbeitsstellen verfügt. Die Zone C wollen die Siedler nun annektieren. Eine Absicht, die mittlerweile von verschiedenen Ministern der Regierung Netanyahu nicht nur hinter vorgehaltener Hand, sondern ganz offen vertreten und propagiert wird. Das führte dazu, dass es sich Siedler erlauben konnten, wie Kolonisatoren aufzutreten, verbunden mit Sabotage- und Gewaltakten unterschiedlichster Form. Palästinensische Bauern sowie deren Töchter und Söhne, die nichts anderes als ihre Olivenhaine abernten wollen, werden angegriffen, ihre Felder zuweilen angezündet, ihre Zisternen mitunter vergiftet, ihre Traktoren demoliert und ihre Autos mutwillig beschädigt.[13]

Eine weitere Verschärfung trat schließlich mit dem 7. Oktober ein. Die Siedler sahen nach dem von der Hamas verübten Massaker die im eigenen Land massiv verschärften Sicherheitsvorkehrungen jetzt offenbar als eine Gelegenheit an, um im Westjordanland noch aggressiver als zuvor aufzutreten. Der für die Nationale Sicherheit zuständige Minister Ben-Gvir trug zur weiteren Eskalation maßgeblich bei, indem er an die Sied-

13 Vgl. Andrea Spalinger, Das Verschwinden der palästinensischen Dörfer, *Neue Zürcher Zeitung* vom 12. Dezember 2023.

ler, deren Anzahl inzwischen auf über eine halbe Million angestiegen war, Schusswaffen verteilen ließ. Angeblich zu ihrer Selbstverteidigung, in Wirklichkeit jedoch wohl genau umgekehrt zu dem Zweck, die in ihrer Nachbarschaft lebenden Bauernfamilien entweder einzuschüchtern oder direkt anzugreifen.

In dem Gebiet, einem „Archipel von rund 160 Bevölkerungsinseln“, so der *Spiegel*, das eigentlich der Palästinensischen Autonomiebehörde untersteht, breitete sich in der Folge ein Klima der Angst aus. Doch mehr als das. Schon in den ersten vier Wochen nach dem 7. Oktober sollen nach Angaben des UN-Büros für die Koordinierung humanitärer Angelegenheiten, *Ocha*, mindestens 115 Palästinenser entweder durch Siedler oder israelische Soldaten getötet worden sein.[14] Und die israelische Menschenrechtsorganisation *B'Tselem* meldete zur selben Zeit, dass es 171 Übergriffe von Siedlern auf Palästinenser gegeben habe, in deren Verlauf mindestens sieben von ihnen durch Siedler erschossen worden seien. In der Hälfte dieser Fälle, hieß es weiter, sollen Angehörige der israelischen Streitkräfte involviert gewesen sein. Sie hätten sie nicht nur begleitet, sondern auch aktiv unterstützt. Als derartige Berichte auch international Wellen zu schlagen begannen, griff sogar US-Präsident Biden ein und erklärte, dass solche Gewaltaktionen „sofort aufhören“ müssten. Auch die EU zeigt sich wegen der von den Siedlern vor den Augen der Weltöffentlichkeit begangenen Verbrechen mehr als nur beunruhigt. Sie beabsichtigt, Strafmaßnahmen gegenüber radikalen Siedlern einzuleiten wie etwa Einreisebeschränkungen für Mitgliedsländer der Europäischen Union zu verhängen.

14 Vgl. Jonas Roth, Im Schatten des Gazakrieges, *Neue Zürcher Zeitung* vom 3. November 2023.

Die Hamas

Eines kann man der Hamas wirklich nicht vorwerfen – dass sie irgendwelche Zweifel an ihrer Einstellung, ihren Methoden und Zielsetzungen hätte aufkommen lassen wollen. Die im Dezember 1987 kurz nach Ausbruch der ersten Intifada als Abkömmling der ägyptischen Muslimbruderschaft gegründete fundamental-islamische Terrororganisation hatte sich bereits in ihrer ein Jahr später veröffentlichten Charta bedingungslos zum „Heiligen Krieg" gegen das „zionistische Gebilde" bekannt, dessen als „islamisches Heimatland" beanspruchtes Gebiet man auf keinen Fall Nicht-Muslimen überlassen dürfe. Die Charta stellt ein Manifest zum bedingungslosen Töten von Jüdinnen und Juden im angeblich religiösen Auftrag des Islams dar. Die ihr zugrundeliegende Ideologie ist eine unmittelbar zu ihrer praktischen Umsetzung auffordernde Form des eliminatorischen Antisemitismus, wie er bei den Nationalsozialisten durch die Rassenlehre begründet war.

Aber auch ihre Selbstbezeichnung spricht bereits Bände. Denn das Wort Hamas vereinigt zwei vielsagende Bedeutungsebenen. Indem der Name im Arabischen für ‚Begeisterung', ‚Eifer' und ‚Kampfgeist' steht, verrät er einerseits einen für den Dschihadismus typischen hyperaktivistischen Anspruch, andererseits ist er ein Akronym, das sich aus den Anfangsbuchstaben der Worte *Harakat almugawama als-islamiya*, dem arabischen Ausdruck für „Islamische Widerstandsbewegung", zusammensetzt.

Die 1928 von dem Grundschullehrer Hasan Al-Banna im ägyptischen Ismailia gegründete Muslimbruderschaft war anfangs noch eine Art „Frömmigkeitsbewegung", so die Islamwissenschaftlerin Gudrun Krämer, gewesen. Erst im Laufe der Jahre manifestierte sie sich zudem auch als eine politische Kraft, eine, die sich vor allem gegen die britische Kolonialherrschaft richtete. Bereits während des israelischen Unabhängigkeitskrieges 1948/49 hatte sie damit begonnen, jüdische Firmen in Ägypten zu attackieren und deren Inhaber als

Agenten des zionistischen Staates zu denunzieren. Ihr Einfluss war so stark, dass sie in der Phase, als die Ägypter von 1946 bis 1967 den Gaza-Streifen kontrollierten, dort als die tonangebende Kraft betrachtet wurden. Insofern war vorauszusehen, dass aus ihrem Nest irgendwann einmal eine Organisation wie die Hamas fallen würde. Trotz ihrer Charta, in der es ganz unmissverständlich hieß, dass „der Dschihad" ihr „Weg" sei und „der Tod für Gott" ihr „nobelster Wunsch", meinte man im Westen eine ganze Zeit lang über eine derartige Deklaration hinwegsehen zu können. Das wurde von nicht wenigen im Grunde genommen für „islamische Folklore" gehalten.

Selbst als die Hamas schon 1993 damit begonnen hatte, durch Serien terroristischer Akte, insbesondere Selbstmordattentaten, die israelische Gesellschaft in Angst und Schrecken zu versetzen, dauerte es noch ziemlich lange bis sich in den USA, der Europäischen Union und Deutschland die Gewissheit durchsetzte, sie ebenso wie die als ihr militärischer Arm fungierenden Kassam-Brigaden juristisch als terroristische Vereinigung einzustufen. Dass Russland und die Türkei diesen Kurs nicht teilen würden, war keine Überraschung, dass aber Norwegen aus der Reihe tanzte, ebenso wie die sich auf ihre Neutralität berufende Schweiz, musste irritieren. Schließlich war die Hamas ja nicht einfach nur ein ideologisches Phänomen. Sie hatte ein ums andere Mal unter Beweis gestellt, dass sie ihre kruden fundamentalistischen Ansprüche auch rigoros in die Tat umzusetzen bereit war.

Die in Artikel 8 ihrer Gründungs-Charta postulierte Losung war kaum misszuverstehen. „Allah ist ihr Ziel", hieß es dort, „der Prophet ihr Vorbild, der Koran ihre Verfassung, der Dschihad ihr Weg und der Tod für Gott ihr hehrster Wunsch."[15] Bemerkenswert ist auch, dass sich die Hamas in Artikel 31 ihrer Charta als „eine humane Bewegung" darzu-

15 Die Charta der Hamas im Wortlaut – ins Deutsche übersetzt, *Kritiknetz – Zeitschrift für Kritische Theorie der Gesellschaft*, 2023, S. 7. *https://www.kritiknetz.de/images/stories/texte/charta%20der%20hamas.pdf*, abgerufen am 25. Januar 2024.

stellen versucht. Dort heißt es: „Die Islamische Widerstandsbewegung ist eine humane Organisation, die die Menschenrechte achtet und der Toleranz des Islams gegenüber Anhängern anderer Religionen verpflichtet ist.“[16] Nicht ohne im Anschluss zu betonen, dass die Anhänger der drei monotheistischen Religionen Islam, Christentum und Judentum nur unter dem Islam in Frieden und Sicherheit zusammenleben könnten. In Anbetracht dessen, was die Hamas in Israel schon seit Jahrzehnten an Bluttaten verübt und am 7. Oktober noch einmal weit in den Schatten gestellt hat, kann das nur als purer Zynismus aufgefasst werden.

Der Aufstieg der Hamas zu der in Gaza dominanten Kraft lässt sich nicht ohne deren verdeckte Interaktion mit einem nationalistischen Politiker wie Netanyahu begreifen. Der größte Dorn im Auge bestand für den Anführer des *Likud* im 1993 abgeschlossenen Oslo-Abkommen, das im Blick auf die Zweitstaatenlösung eine Aussöhnung zwischen Palästinensern und Israelis in Aussicht stellte. Netanyahu war ebenso wie der Rechtsradikale Itamar Ben-Gvir entschlossen, den damals eingeschlagenen Weg mit allen Mitteln zu sabotieren. Das schuf ein Klima, in dem am 4. November 1995 Premierminister Yitzhak Rabin von dem Rechtsradikalen Jigal Amir in Tel Aviv erschossen wurde. Damit war dem Friedensprozess aller Anstrengungen zum Trotz, die seine Befürworter unternommen hatten, gewissermaßen der Stecker gezogen worden.

Nun setzte eine fatale Interaktion zwischen der Hamas und Netanyahu ein. Die terroristischen Anschläge der einen Seite beförderten die politischen Ambitionen der anderen. Als kurz nach Rabins Ermordung der wichtigste Bombenbauer der Hamas mit einem in seinem Mobiltelefon versteckten Sprengsatz getötet wurde, sannen seine Kampfgefährten nach Rache und brachten innerhalb nur weniger Tage ein Dutzend Israelis mit Anschlägen um. Das wiederum bot Netanyahu die Gelegenheit, sich als Hardliner zu gebärden, seinen Konkurrenten im

16 Ebenda, S. 22.

Kampf um die politische Macht, Rabins Nachfolger Shimon Peres, auszustechen und so im Mai 1996 die nächsten Wahlen zu gewinnen. Die Hamas hatte also mit dazu beigetragen, Benjamin Netanyahu bis ins Amt des Premierministers zu befördern.

Dessen Karriere erlebte jedoch einen Rückschlag, als sich mit Ehud Barak ein ursprünglich der Arbeitspartei *Awoda* entstammender Politiker durchsetzte, der ebenfalls aus dem Sicherheitsapparat stammte und 1972 sogar die Sondereinheit „Caesarea" des Mossad geleitet hatte, mit der man die mutmaßlichen München-Attentäter zur Strecke zu bringen versuchte. Seine Anstrengungen, den nach dem Rabin-Mord ins Schlingern geratenen Friedensprozess erneut in Gang zu bringen, misslangen jedoch. Zwar kam es 2000 unter US-Präsident Bill Clinton in Camp David zu einem erneuten Anlauf, bei dem sich Barak und Arafat begegneten, der jedoch am wechselseitig entgegengebrachten Misstrauen scheiterte.

Als nun aber der damalige Oppositionsführer Ariel Sharon am 28. September desselben Jahres mit seinem provokativen Besuch des Tempelberges in Jerusalem die sich aus religiösen Gründen verletzt fühlenden Palästinenser gegen sich aufbrachte, führte das zur Entstehung einer zweiten Intifada, der sogenannten *Al-Aqsa*-Intifada. Mit dem Ergebnis, dass sich das bereits mit Netanyahu beobachtete Zusammenspiel wiederholte. Erneut schaffte es mit Ex-General Sharon ein Scharfmacher und Hardliner, sich durchzusetzen. Der *Likud*-Mann siegte bei den vorgezogenen Wahlen im Februar 2001 im Duell gegen Barak und wurde dessen Nachfolger als Premierminister. Das wiederum führte dazu, dass die Hamas im Zuge der zweiten Intifada Israel mit einer Welle von Selbstmordanschlägen an den Rand der Verzweiflung brachte. Nach offiziellen israelischen Angaben wurden bis 2004 seitens der Hamas 425 terroristische Angriffe verübt, gezielt auf die Nervenpunkte einer offenen Gesellschaft – auf Bushaltestellen, auf Restaurants, auf Einkaufszentren und andere Hotspots des Zivillebens. Dabei wurden 377 Israelis ermordet. Und umgekehrt über 3000 Palästinenser im Zuge israelischer Gegenreaktionen, ganz überwiegend Zivilisten. In Reaktion auf diese schrecklichen Zahlen sprachen Terrorismusforscher wieder einmal von der „Faustformel 1:10“. Jedes Mal, wenn es in der Auseinandersetzung mit palästinensischen Terroristen zu Todesopfern auf israelischer Seite komme, dann bliebe es nicht aus, dass dessen Militär, unterstützt von anderen Sicherheitskräften, auf palästinensischer Seite für das Zehnfache an Opfern sorge.

Ein besonderer Kampf entbrannte im Jahr 2004 um den Chefideologen der Hamas, um Scheich Ahmad Yasin. Das ehemalige Mitglied der Muslimbruderschaft, der seit 1952 wegen einer Querschnittlähmung im Rollstuhl saß und sehbehindert war, galt als einer der unerbittlichsten Gegner des Staates Israel. Sein Hauptziel bestand darin, die Gesellschaft zu islamisieren. Da ihm die israelische Militärverwaltung in den siebziger Jahren in fahrlässiger Weise eine Lizenz zur Gründung einer islamischen Vereinigung ausgestellt hatte, konnte er in der Folge dafür sorgen, von seinem Stab Schulen, Kliniken und religiöse Zentren aufbauen zu lassen, allesamt natürlich an den Grundsätzen des Korans ausgerichtet. Trotz oder vielleicht gerade wegen seiner körperlichen Gebrechen stieg er zum gefährlichsten Einpeitscher auf, der zeitweilig mit Arafat um die Führungsrolle unter den Palästinensern konkurrierte. Unter den Hamas-Leuten wurde er zur Märtyrerfigur schlechthin. Seine Liquidierung war eine mit Ansage. Im Juni 2003 hatte man in Israel verlauten lassen, dass Yasin einer „gezielten Tötung» gegenüber nicht immun sei. Doch beim ersten Versuch, ihn mittels einer von einer F-16-Maschine, einer sogenannten Fighting Falcon, abgeworfenen 250-Kilogramm-Bombe regelrecht auszuradieren, war er mit einer leichten Verletzung davongekommen.

Doch beim zweiten Mal am 22. März 2004 kam ein Helikopter zum Einsatz, der in Gaza-Stadt drei Hellfire-Raketen auf den Mann im Rollstuhl abfeuerte. Von israelischer Seite begründete man die Aktion damit, dass sie als Antwort auf zwei einige Tage zuvor in Aschdod verübte Selbstmordanschläge gedacht sei. Dass dabei neun weitere Bewohner des Gaza-Streifens, darunter auch Yasins beide Söhne, ihr Leben verloren, nahm man auf israelischer Seite in Kauf. Man war froh, dass endlich der charismatische Sturkopf der Hamas aus dem Wege geräumt worden war. Anders sah man das freilich bei den Vereinten Nationen, wo man offenbar in erster Linie daran dachte, dass ein Behinderter umgebracht worden war. Der damals amtierende UN-Generalsekretär Kofi Annan verurteilte die Hinrichtungsaktion jedenfalls auf das schärfste.

Als dann der als Präsident der Autonomiebehörde geführte einstige PLO-Vorsitzende Arafat im November 2004 verstarb und von Mahmud Abbas ersetzt wurde, dem es an Charisma ebenso wie an taktischem Geschick und Führungsstärke mangelte, war der Weg für die Hamas, nicht nur vom Untergrund aus zu agieren, sondern sich auch in der Politik zu erproben, schließlich frei. Nachdem sie jahrelang keinen Zweifel daran gelassen hatte, dass sie das Verfahren eines demokratischen Staates verachte und sich deshalb auch nicht an den Wahlen zur Palästinensischen Autonomiebehörde im Westjordanland beteiligen würde, kam es nach dem Tod Scheich Yasins zu einer folgenreichen Umorientierung. Sie beteiligte sich am 25. Januar 2006 erstmals an Wahlen und errang dabei mit 44 Prozent der Stimmen auf Anhieb die absolute Mehrheit der Mandate. Das eröffnete ihr zumindest im Gaza-Streifen den Weg zur politischen Macht. Nachdem eine Übergangsphase mit einer Regierungskoalition zwischen der Hamas und der ihr unterlegenen Fatah zu einem blutigen Machtkampf geführt hatte, bekam sie im Juni 2007 ganz Gaza unter ihre Kontrolle.

Dort gelang es ihr zwar, eine Art Mini-Staat aufzubauen, das konnte jedoch nichts daran ändern, dass ihr Machtgebiet völlig abgeriegelt war, zu Land, zu Luft und auch von der See her. Die Enklave Gaza war nichts anderes als ein Gefängnis unter israelischer Kontrolle. Und die Machtausübung der Hamas vor Ort weitgehend abhängig von den Finanztransfers, die sie vom schiitischen Gottesstaat im Iran erfuhr, der sich schon seit dem Beginn der neunziger Jahre auf viele Millionen jährlich beläuft und zuletzt auf einen Betrag von einer halben Milliarde Dollar geschätzt worden ist. Hinzu kommen noch direkte Lieferungen an militärischem Equipment wie Schusswaffen, Raketen und Munition. Durch diese Kombination von Finanzspritzen und Waffenversorgung wurde es der Hamas ermöglicht, im Stillen eine Armee aufzubauen. Ihr sollen zuletzt etwa 30.000 an eingeschworenen und an Fanatismus kaum zu überbietenden Kämpfern angehört haben, darunter auch für spezielle Aufgaben ausgebildete Einheiten wie Cyberkrieger und Kampftaucher.

Israels Illusion, dass man die von der Hamas ausgehende Gefahr in gewisser Weise deckeln könne, war mit dem 7. Oktober unwiderruflich geplatzt. Es war ein Irrglaube zu meinen, dass es ausreichend sei, die Arbeitserlaubnisse für die in Israel arbeitenden Gaza-Bewohner auszuweiten und gleichzeitig dafür zu sorgen, der Hamas durch die Weiterleitung der aus Katar stammenden Geldkoffer das Maul zu stopfen. Die islamische Terrororganisation hatte ihre Aktivitäten mit dem enormen Ausbau des Tunnelsystems unter die Erde verlagert und so die Entwicklung einer ausgefeilten Logistik für künftige Militäroperationen weitgehend unsichtbar gemacht.

Dem israelischen Militär war von Anfang an klar, dass im Anschluss an die Bombardierung aus der Luft der wunde Punkt seiner Gegenoffensive in der Eröffnung des Bodenkampfes liegen würde. Ein solcher Schritt war immer mit der Zunahme von Verlusten auf der eigenen Seite verbunden. In den sechs kleineren Kriegen, die die Armee bereits in den vergangenen 17 Jahren im Gaza-Streifen gegen die Hamas geführt hatte, war man deshalb immer bestrebt gewesen, die Bodeneinsätze nur in einem eingeschränkten Maße und verbunden mit einer Effektivierung der dabei eingesetzten Kampfmittel durchzuführen. Im Angesicht dessen, was am 7. Oktober im eigenen Land geschehen war, konnte diese Einstellung nicht mehr länger aufrechterhalten werden. Insbesondere seitdem klar wurde, welch unterirdische Operationsbasis sich die Hamas mit ihrem gigantischen Tunnelsystem verschafft hatte. Das bedeutete zugleich aber auch, dass die Hamas ihren Kampf nun zunehmend auf Guerilla-Methoden umstellen würde, mit denen die USA bereits im Vietnamkrieg die schmerzlichsten Erfahrungen hatten machen müssen, als sie erlebten, dass ein im Verborgenen agierender Gegner wie der *Vietcong* kaum zu besiegen war.

Die Guerillataktik der Hamas besteht nach Darstellung des *Wall Street Journals* darin, in kleinen Formationen von nur zwei bis fünf ihrer Kämpfer die leicht zu erkennenden israelischen Soldaten von hinten anzugreifen und nach ihrer jeweiligen Attacke auch möglichst gleich wieder zu verschwinden.[17] Resultat war jedenfalls, dass die israelische Seite nach den ersten hundert Tagen ihrer im Gaza-Streifen durchgeführten Luft- und Bodenoperationen 2000 verwundete oder getötete Soldaten zu verzeichnen hatte. Der Preis für die Häuser- und Straßenkämpfe ist seitdem unablässig weiter angewachsen.

Die entscheidende Frage lautet jedoch, ob die Hamas am Ende überhaupt besiegt und damit das Hauptziel des israelischen Kriegskabinetts erreicht werden kann. An skeptischen Stimmen, zumal denen ausgewiesener Experten, hat es jedenfalls von Anfang an nicht gemangelt. So hat etwa der palästinensische, an der Universität Göteborg lehrende Politikwissenschaftler Abdalhadi Alijla zu Bedenken gegeben, dass man von israelischer Seite einer grundlegenden Fehleinschätzung der Hamas aufgesessen sei.[18] Man wisse einfach viel zu wenig über die sich in arabischen Gesellschaften abspielende lokale Politik. Der vollmundig von Netanyahu in Aussicht gestellte „totale Sieg" über die Hamas erinnere ihn an den seinerzeitigen US-Präsidenten George W. Bush, der sich vor zwei Jahrzehnten in Kabul hingestellt und behauptet habe, sie hätten nun die Taliban besiegt. Mit dem Ergebnis, dass diese nicht nur militärisch betrachtet nie „besiegt" gewesen seien, sondern

17 Siehe: Dov Lieber, Battle for Southern Gaza Could Take Months, Israeli Military Says, *Wall Street Journal* vom 24. Dezember 2023.

18 Experte zum Gazakrieg: „Sieg über die Hamas ist unmöglich", *die tageszeitung* vom 8. Januar 2024.

2021 in Afghanistan auch noch politisch an die Macht zurückkehren konnten.

Auch die Regierung Netanyahu habe nicht begriffen, dass die Hamas nicht nur eine terroristische Organisation ist. Schließlich sei sie als eine Art islamischer NGO gegründet worden, die der Bevölkerung in dem abgehängten und perspektivlosen Gaza-Streifen „Dienstleistungen" wie Bildung, Gesundheitsversorgung und anderes mehr angeboten habe. Die Keimzelle der Hamas sei ihre starke Fundierung als eine soziale Basisorganisation gewesen. „Sie haben Zugang zu verschiedenen Schichten der Gesellschaft. Das Netzwerk ist sehr gut ausgebaut: Viele Hamas-Mitglieder stammen aus sehr bekannten Großfamilien, die andere mobilisieren. Das Stammesnetzwerk, das mit der Politik verwoben ist, macht es sehr schwierig, die Hamas aus dem sozialen Gefüge der palästinensischen Gesellschaft herauszulösen oder zu trennen."[19] Im Gegensatz zu anderen Experten, die vor allem militärisch argumentieren, rückt Aljla die bei der Einschätzung des Gaza-Krieges weitgehend ausgeblendete soziale Dimension mit in den Vordergrund. Für ihn besitzt die Bezeichnung Netzwerk eine doppelte Aufgabe. Er bezieht sie sowohl auf ihre soziale wie auch ihre terroristische Funktion. In seinen Augen, so betont er, gehöre die Hamas „zu einem regionalen Netzwerk von Milizen", das vom Iran finanziert werde und aus diesem Grunde auch nicht einfach mehr von der Oberfläche verschwinden würde.

Ein ganz ähnliches Bild hat der Hamas-Experte Tareq Baconi gezeichnet. In einem Interview mit der *New York Times* erklärte er, dass die Hamas sowohl eine Bewegung als auch eine soziale Einrichtung sei und man sich deshalb nicht einfach die Hoffnung machen dürfe, sie vollständig vertreiben oder gar auslöschen zu können: „Die Vorstellung, dass Israel die Hamas besiegen oder militärisch dezimieren kann, ist unrealistisch. […] Selbst wenn die Hamas beseitigt würde, die Ideologie eines bewaffneten Widerstands für die Befreiung

19 Ebenda.

würde sich in einer anderen Bewegung manifestieren."[20] Auch ein israelischer Militärexperte und Analyst wie der als Hardliner eingeschätzte Kobi Michael teilt diese Einschätzung.[21] Ideologische Überzeugungen seien so tief in den Köpfen verwurzelt, dass es ganz anderer Anstrengungen bedürfe, erklärt er, diese zu beeinflussen oder gar qualitativ zu verändern. Ein solcher Prozess wäre vergleichbar mit der in den Jahren nach dem II. Weltkrieg in Deutschland durchgeführten Entnazifizierung.

Nicht auszuschließen wäre, dass am Ende des israelischen Militäreinsatzes, der nicht mit dem Ende der Hamas gleichzusetzen wäre, diese zwar personell stark dezimiert und in ihrer Feuerkraft weitestgehend lahmgelegt sein würde, insgesamt jedoch sogar „strategisch gestärkt" aus dem Konflikt hervorgehen könne. So lautete jedenfalls das Resümee eines für den *Spiegel* arbeitenden Autorenteams.[22]

20 „This Is How Hamas Is Seeing This". Tareq Baconi traces the history of Hamas and how its political goals have evolved, *New York Times* vom 5. Dezember 2023.

21 Militäranalyst über Gazaoffensive: „Das wird kein Sechstagekrieg. Diese Operation wird über Monate dauern", *Spiegel-Online* vom 19. Oktober 2023.

22 Monika Bolliger u.a., Hamas und ihr Mastermind: Das Monster von Gaza, *Der Spiegel* vom 16. Dezember 2023, Nr. 51, S. 10–19; hier: S. 19.

Benjamin Netanyahu

Spätestens am 7. Oktober hat sich gezeigt, was für ein Unglück es wohl ist, dass Israel ausgerechnet von einem Ministerpräsidenten wie Benjamin Netanyahu regiert wird. Es hat keinen anderen Premier gegeben, der das Land länger regierte. Inzwischen ist er 74 Jahre alt und hat bislang 17 Jahre als Regierungschef absolviert, mehr als jeder andere seiner Vorgänger, selbst mehr als Staatgründer David Ben-Gurion. Vermutlich wäre eine solch lange Amtszeit nicht möglich gewesen, ohne sich des Instrumentariums eines kühl kalkulierenden Machtstrategen zu bedienen – ohne zu tricksen und ohne zu antichambrieren.

Netanyahu hat in seiner langen Karriere nicht wenige Niederlagen hinnehmen müssen, aber er hat es immer wieder aufs Neue geschafft, an die Macht zurückzukehren. Inzwischen scheint er sich jedoch verkalkuliert zu haben. Und es gibt nicht wenige, die ihm angesichts des am 7. Oktober zu Tage getretenen Staatsversagens ein unwiderrufliches Ende seiner Karriere vorhersagen. Schließlich hat niemand anders eine größere Verantwortung für das sicherheitspolitische Desaster als der derzeit amtierende Premierminister. Er wird, da glauben sich die meisten Kommentatoren sicher zu sein, eines nicht allzu fernen Tages die Zeche dafür zahlen müssen.

Einer seiner Amtsvorgänger hat das und einiges andere mehr bereits wenige Tage nach dem 7. Oktober auf den Punkt zu bringen versucht. Es war Ex-Premier Barak, der in einem *Spiegel*-Interview erklärte, dass es Netanyahu persönlich sei, der „die Verantwortung für das größte Versagen in der Geschichte Israels“ zu tragen habe.[23] Um das zu untermauern, hat er seinen langjährigen Antipoden selbst zitiert, um ihn an dem für ihn vermutlich schmerzlichsten Punkt beim Wort zu nehmen. Als sich mit Ehud Olmert ein anderer Premier durch taktisches Ungeschick 2006 zu einem Krieg im Libanon hat-

23 Israel im Krieg: „Netanyahu trägt die Verantwortung für das größte Versagen in der Geschichte Israels“, *Der Spiegel* vom 20. Oktober 2023, Nr. 43, S. 86/87, hier: S. 87.

te provozieren lassen, reagierte Netanyahu, damals in der Rolle des Oppositionsführers, mit den Worten: „Die Person, die alles zerstört hat, kann es nicht reparieren."[24] Das gelte nun auch für Netanyahu selbst.

Netanyahus weltanschauliche und politische Überzeugungen sind tief verankert in seiner Familie. Es waren sein Großvater Nathan Mileikowski, ein polnischer Rabbiner und überzeugter Zionist, sowie sein Vater Benzion Netanyahu, die dafür sorgten, dass er und seine beiden Brüder in einem weltanschaulich-politischen Traditionszusammenhang aufwuchsen, der für eine entsprechende Grundorientierung sorgte. Schon der Großvater war 1920 zusammen mit seiner Frau Sarah nach Palästina emigriert. Deren Sohn hatte an der Hebräischen Universität in Jerusalem Geschichte studiert und sich ebenfalls der zionistischen Bewegung angeschlossen. Zu Beginn des Zweiten Weltkriegs begab sich Netanyahu Senior nach New York und geriet dort in den Bannkreis des aus Odessa stammenden Wladimir Jabotinsky, dem Begründer des extrem nationalistischen und radikalen „revisionistischen Zionismus". Mit Revisionismus ist eine Rückwendung zu dem von ihm besonders bewunderten, 1904 verstorbenen Gründungsvater des Zionismus, Theodor Herzl, gemeint. Diese Ausrichtung hätte unter dem Motto „Zurück zu den Wurzeln" stehen können und richtete sich vor allem gegen jene, die sich als „Allgemeine Zionisten" bezeichneten und die von Chaim Weizmann, dem seit 1921 amtierenden Präsidenten der *Zionistischen Weltorganisation* und späteren ersten israelischen Staatpräsidenten, angeführt wurden.

Von Jabotinsky stammte die 1923 erstmals verwendete Metapher, dass man zwischen den Arabern und den Juden am besten eine „Eiserne Mauer aus jüdischen Bajonetten" errichten sollte.[25] Das suggestive Bild hatte sich zunächst gegen eine

24 Ebenda.

25 Ze'ev Jabotinsky, The Iron Wall, *infocenters.co.il.* Abgerufen am 20. Januar 2024, ursprünglich am 4. November 1923 in der russischen Zeitschrift *Raszviet* erschienen.

Entscheidung des damaligen britischen Kolonialministers Winston Churchill gerichtet, der in einem Weißbuch angeordnet hatte, dass es von jüdischer Seite keinen Anspruch mehr auf Transjordanien gebe und Ansiedlungen am östlich gelegenen Ufer des Jordans damit untersagt seien. Für Jabotinsky war das eine inakzeptable geopolitische Einschränkung, weil sie sich gegen das von ihm für Zionisten beanspruchte Recht auf nationale Selbstbestimmung richtete. Da ihm klar war, dass sich die arabische Bevölkerung nicht einfach vertreiben lassen würde, setzte er auf den Einsatz von Zwangsmitteln. Auf die besagte „Eiserne Mauer aus jüdischen Bajonetten". Die Unversöhnlichkeit gegenüber den arabischen Bewohnern gehörte für ihn demnach von Anfang an zu seinen Überzeugungen.

Jabotinsky hatte damit den Grundpfeiler für eine überaus aggressive Abwehrhaltung gegenüber den Palästinensern gelegt, die über Generationen hinweg immer noch ihre Wirksamkeit unter Beweis stellt. Benjamin Netanyahus Vater Benzion fand an dieser Einstellung offenbar einen solchen Gefallen, dass er Jabotinskys Privatsekretär wurde und nach dessen Tod im August 1940 zum vielleicht wichtigsten Sprecher des revisionistischen Zionismus in den Vereinigten Staaten aufstieg. Nach seiner Rückkehr 1949 war etwas Entscheidendes geschehen. In Palästina hatte nicht mehr die mittlerweile abgedankte Mandatsmacht Großbritannien das Sagen, sondern der zionistische Staat Israel. Netanyahu Senior wurde Herausgeber der angesehenen Encyclopaedia Hebraica und Professor, zunächst für Hebräische Sprache und Literatur, dann für mittelalterliche jüdische Geschichte und Literatur. Dem Mann, der ultranationalistische Positionen vertrat, von einem Groß-Israel träumte und die Araber von Grund auf verachtete, blieb es versagt, politische Ämter zu bekleiden. Das ermöglichte es ihm andererseits jedoch, seine Hasstiraden ohne Rücksicht auf irgendwelche Konventionen oder Gepflogenheiten in aller Schärfe zum Ausdruck zu bringen. Im Jahr 2009 erklärte der damals 97-Jährige, der im Alter von 102 in Jerusalem verstarb, in einem Interview mit der meistgelesenen israelischen Tageszeitung *Maariv Daily*: „Die Neigung zum Streit liegt in der Natur des Arabers. Er ist der geborene Feind. Seine Persönlichkeit erlaubt ihm keinen Kompromiss. Es spielt keine Rolle, auf welchen Widerstand er stößt, welchen Preis er bezahlen muss. Er befindet sich in einem Zustand des immerwährenden Krieges."[26] Bei der Lektüre einer solchen Feinderklärung, in der die Bezeichnung „Palästinenser" tunlichst vermieden wird, drängt sich nicht von ungefähr der Eindruck auf, als seien hier die ideologischen Wurzeln für die politische Haltung seines zum politischen Anführer des zionistischen Staates aufgestiegenen Sohnes Benjamin freigelegt worden.

Bei dessen Aufstieg an die Macht hat freilich ein tragisches Ereignis eine besondere Rolle gespielt. Ohne einen von einem bundesdeutschen Terroristenpaar angeführten Terrorakt, bei dem im Juli 1976 im Auftrag der PFLP/SpecialCommand eine Air-France-Maschine ins ugandische Entebbe entführt und ihre Geiseln nach Juden und Nicht-Juden selektiert worden waren, wäre er wohl kaum Politiker geworden. Bei der israelischen Befreiungsaktion waren nicht nur die beiden Frankfurter Wilfried Böse und Brigitte Kuhlmann erschossen worden, sondern mit Yonathan „Yoni" Netanyahu auch einer der Befreier, der ältere Bruder des jetzigen Ministerpräsidenten.[27] Dieser hatte ebenso wie Benjamin, „Bibi" genannt, und sein jüngster Bruder Iddo in der Eliteeinheit *Sajeret Matkal* gedient, die vor allem zur Bekämpfung des Terrorismus eingesetzt wurde und immer noch wird. Sie untersteht zwar administrativ dem militärischen Geheimdienst *Aman*, wird in operativer Hinsicht jedoch durch den Generalstab der israelischen Armee eingesetzt. Während „Yoni" nach seinem Tod zum „Kriegshelden" und damit zu einer nationalen Legende

26 Benzion Netanyahu, in einem Interview mit der Tageszeitung *Maariv Daily*, zitiert nach: Sabine Brandes, Benzion Netanyahu, Historian and Zionist, *The Herald* vom 10. Mai 2012.

27 Vgl. Wolfgang Kraushaar, Die antisemitische Selektion eines bundesdeutschen Terroristen, in: ders., Die blinden Flecken der RAF, Stuttgart 2017, S. 250–298.

wurde, hat „Bibi" nichts unversucht gelassen, aus dessen Schatten herauszutreten.

Zunächst gründete er, nachdem er zwei Jahre in Boston als Unternehmensberater gearbeitet hatte, ein nach seinem ums Leben gekommenen Bruder benanntes Institut, das er bis 1980 leitete und dessen Hauptaufgabe darin bestand, den internationalen Terrorismus zu untersuchen und die Öffentlichkeit durch Publikationen und Konferenzen über die gefährlichsten Gegner Israels zu informieren. In dieser Rolle gelang es ihm, zu einem der meistgefragten Terrorismus-Experten der USA zu werden, der regelmäßig in der Nachrichtensendung „ABC News Night" zu sehen war. Das war sein Sprungbrett, um auf sich aufmerksam zu machen und erste Schritte in Richtung Politik zu unternehmen. Von großer Bedeutung war auf diesem Weg, dass ihm mit Moshe Arens der israelische Botschafter in Washington 1982 anbot, in den diplomatischen Dienst einzutreten. Netanyahu war eine Zeit lang stellvertretender Botschafter seines Landes und wechselte zwei Jahre später nach New York als Ständiger Vertreter Israels in die Vereinten Nationen. Als er wiederum zwei Jahre danach in seine Heimat zurückkehrte, verlief Netanyahus weitere politische Karriere wie am Schnürchen: 1988 wurde er Abgeordneter in der Knesset, danach Stellvertreter seines Förderers Arens, der es bis zum Außenminister geschafft hatte, und 1993 Parteichef des rechtsgerichteten, nationalkonservativen *Likud*.

Welch fatale Rolle er in der israelischen Politik zu spielen bereit war, verriet sich im Herbst 1995, als er sich als Gegner der Zweistaatenlösung zu profilieren versuchte und dabei nicht einmal davor zurückschreckte, als Hetzredner aufzutreten. Sein Ziel war es, die Umsetzung des zwei Jahre zuvor zwischen Yitzhak Rabin und Yasir Arafat in Oslo unterzeichneten Friedensabkommens zu verhindern. Die Aussicht, dass sein Land den Palästinensern einen eigenen Staat zugestehen würde, war für ihn schlicht inakzeptabel. Die Tatsache, dass Rabin wegen seiner Rolle als Generalstabschef im Sechstagekrieg, als Botschafter in den USA und als Premierminister großes Ansehen genoss, hielt Netanyahu nicht davon ab, ihn nun als Verräter an der nationalen Sache zu diskreditieren. Bei einer seiner hasserfüllten Reden putschte er seine Zuhörerschaft auf dem Zionsplatz in Jerusalem damit auf, dass man einem „Mörder“ wie Arafat nicht israelisches Territorium überlassen dürfe. Als Demonstranten daraufhin damit begannen, Rabin-Porträts anzuzünden, stieß die Menge „Verräter, Verräter“-Rufe aus. Nun lag also etwas in der Luft, jetzt war es nicht mehr weit, um Yitzhak Rabins Tod zu fordern und diese Absicht auch in die Tat umzusetzen. Das erfüllte sich wie eine self-fulfilling prophecy am Abend des 4. Novembers. Auf dem Platz der Könige hatten sich in Tel Aviv Zehntausende zu einer Friedenskundgebung versammelt. Das Motto lautete: „Ja zum Frieden, nein zur Gewalt!“ Es war schließlich ein Jurastudent namens Jigal Amir, der exakt das Gegenteil wollte und zur Waffe griff. Nachdem Rabin seine Rede gehalten hatte und von Sicherheitskräften begleitet zu seinem Auto gehen wollte, erschoss er ihn.

Amir war ein religiöser Fanatiker, ein rechtsradikaler Nationalist und hätte mit seiner Weltanschauung vermutlich gut zu einigen der heutzutage in Netanyahus Kabinett verfochtenen Überzeugungen gepasst. Eines war nach Rabins Ermordung jedenfalls klar – man hatte nicht nur einen der angesehensten Politiker des Landes umgebracht, sondern auch dem Prozess der Aussöhnung zwischen Israelis und Palästinensern schweren Schaden zugefügt. Ob es ohne den Einpeitscher Netanyahu dazu gekommen wäre, dürfte zumindest zweifelhaft sein.

Nicht anzuzweifeln ist hingegen, dass Netanyahu von Rabins Tod profitierte. Es dauerte nur ein Jahr, bis er zum ersten Mal in seinem Land Premierminister wurde. Nach Zwischenstationen als Außen- und Finanzminister schaffte er es 2009 zum zweiten Mal, ins Amt des Regierungschefs zu gelangen. Und das wiederholte sich 2013, 2015, 2019 und 2020 und nach einer Unterbrechung, als er 2021 Naftali Bennett unterlag, im November 2022 bislang zum letzten Mal. Schwierig wurde es für Benjamin Netanyahu, nachdem er 2017 unter Korruptionsverdacht geriet und gegen ihn seitens der Generalanwaltschaft ermittelt wurde. Es kam zu einem Strafverfahren, welches im Mai 2020 vor dem Jerusalemer Bezirksgericht zwar eröffnet, aber bis auf den heutigen Tag immer noch nicht abgeschlossen werden konnte. Insofern haben sich die letzten Jahre seiner politischen Karriere unter dem Damoklesschwert einer ihm drohenden Gefängnisstrafe abgespielt.

Es sind vor allem drei Punkte, die Netanyahus Handeln bestimmt haben:

Der erste besteht darin, dass er keine im eigentlichen Sinne politische Agenda für die Lösung des Nahostkonflikts verfolgt. Sein Handeln ist danach ausgerichtet, einer Kombination zwischen Gebietsannexion durch die Siedler auf der einen und deren Absicherung durch extensive Militarisierung auf der anderen Seite Priorität einzuräumen. Eine solche Zieloption lässt keinen Raum für diejenigen, die noch nicht einmal ihrem Namen nach Erwähnung finden – für die Palästinenser.

Der zweite ist darin begründet, dass Netanyahu aus taktischen Gründen ausgerechnet jene Repräsentanten der Palästinenser jahrelang unterstützt hat, die er nun am liebsten mit Stumpf und Stiel ausradieren möchte – die Hamas. Im März 2019 hatte er den Abgeordneten seiner *Likud*-Fraktion ins Gewissen zu reden versucht: „Wer auch immer die Gründung eines palästinensischen Staates verhindern möchte, muss unsere auf eine Stärkung der Hamas und auf Geldtransfers an die Hamas ausgerichtete Politik unterstützen.“[28] Das hatte zur Konsequenz, dass über die Grenzstation Erez aus Katar stammende Millionenbeträge an die Terroristen im Gaza-Streifen geliefert wurden – und zwar in bar, in prall gefüllten Geldkoffern.[29] Es gab zwei Minister in Netanyahus Kabinett,

28 Zitiert nach: Akram Belkaid, Wem nützt die Hamas, *Le Monde Diplomatique* vom 9. November 2023.

29 Richard C. Schneider, Krieg in Nahost: Warum Netanyahu die Hamas zur Gefahr werden ließ, *Spiegel-Online* vom 10. November 2023.

denen dieses Vorgehen nicht gefiel und die deshalb Konsequenzen zogen: Sowohl Verteidigungsminister Avidgor Lieberman wie auch Erziehungsminister Naftali Bennett erklärten ihren Rücktritt.

Und der dritte Punkt lautet, dass Netanyahu die von der Hamas aus dem Gaza-Streifen ins Westjordanland vertriebene Palästinensische Autonomiebehörde so weit als irgend möglich schwächen möchte. Auch diese Absicht wird durch seine bereits erwähnte Ansprache belegt. Der direkt anschließende Satz lautete: „Das ist Teil unserer Strategie, die Palästinenser in Gaza von jenen im Westjordanland zu isolieren."[30] Das aber hieß nichts anderes, als dass er eine Terrororganisation gefördert und eine Behörde, den letzten überhaupt noch in Sicht befindlichen Partner für eine politische Lösung, nach Kräften bekämpft hat.

Kurzum, Netanyahu hatte ausgerechnet jener Form des palästinensischen Terrorismus, die auf nichts anderes als die Auslöschung des Staates Israel ausgerichtet ist, den Vorzug gegenüber einem politisch agierenden Partner gegeben, der auch von den USA, der Europäischen Union und der Bundesrepublik als einigermaßen akzeptabel angesehen wird. Damit war die Perspektive auf ein friedliches Nebeneinander aus dem Weg geräumt. Und nun ist ihm am 7. Oktober ausgerechnet die Hamas, von der er wohl geglaubt hatte, dass sie nur eine ideologische, aber keine sicherheitspolitische Gefahr mehr darstellen würde, auf die Füße gefallen.

Auf die Frage, was eigentlich aus dem Gaza-Streifen werden solle, wenn die Hamas besiegt, die Geiseln befreit und der Krieg damit vorüber sei, hat er zumindest in den ersten drei Monaten keine Antwort geben wollen. Entweder hat er keinen Plan oder aber er will ihn noch nicht in der Öffentlichkeit ausbreiten, weil er ahnt, welche Gegenreaktionen er damit auslösen würde. In dieses Vakuum stoßen einige Minister vor, die nicht in dem einer gewissen Überparteilichkeit verpflich-

30 Ebenda.

teten Kriegskabinett vertreten sind, und deshalb mit exotisch anmutenden Vorschlägen vorpreschen können.[31]

Finanzminister Bezalel Smotrich etwa schlägt vor, den Gaza-Streifen komplett einzunehmen und völlig neu zu besiedeln. Das würde bedeuten, dass das, was im Westjordanland von militanten Siedlern seit Jahren verfolgt wird, die dort lebenden Palästinenser Stück für Stück zu vertreiben, nun unter den Rahmenbedingungen eines erfolgreich zu Ende geführten Krieges auf einen Schlag als umsetzbar erscheint. Dass derartige Ideen nicht völlig aus der Luft gegriffen sind, zeigt sich daran, dass es ein solches für Gaza konzipiertes Siedlungsprojekt schon einmal gegeben hat. Es befand sich ganz in der Nähe der im südlichen Teil gelegenen Stadt Rafah, bestand aus 16 Einzelsiedlungen und hieß „Gush Katif". Doch der damalige Premierminister Ariel Sharon war damit nicht einverstanden gewesen und hatte die Anlage 2005 räumen lassen. Die Häuser wurden sofort abgerissen und das Gelände anschließend den Palästinensern übergeben.

Nun glaubt man ausgerechnet während des Krieges, dessen Ende ebenso wenig wie dessen Folgen absehbar sind, derartige Siedlungsideen für den Gaza-Streifen wieder aufnehmen nehmen zu können. Besonderen Anklang findet diese Idee bei den radikalen Siedlern, die von ihrer religiösen Mission überzeugt sind und nun hoffen, neben dem Westjordanland in Gaza ein weiteres Gebiet übernehmen zu können. Unterstützung haben sie damit bereits bei Yossi Dagan gefunden, dem Vorsitzenden eines Siedlerrates aus der Region Samaria.

Und weitere Meinungsträger meinen offenbar, dass die palästinensische Bevölkerung für sie nichts anderes als eine Manövriermasse ist, mit der sie nach Belieben verfahren können. So träumen *Likud*-Politiker etwa davon, nun als „Umsiedlungen" deklarierte Vertreibungen im großen Stil in Gang bringen zu können. Einige von ihnen haben im *Wall Street Journal*

31 Vgl. Richard C. Schneider, Krieg in Nahost: Besetzen, besiedeln, vertreiben – die brutalen Pläne radikaler Israelis, *Spiegel-Online* vom 10. Dezember 2023.

die internationale Öffentlichkeit dazu aufgefordert, die Bevölkerung des Gaza-Streifens aufzunehmen. Vorgeschlagen wurden Kontingente von jeweils 20.000 pro Land. Und die ehemalige Justizministerin Avelet Shaked sprach im TV-Sender Channel 13 ungehemmt davon, dass sich jetzt durch den Krieg eine Gelegenheit biete, die man nicht ungenutzt verstreichen lassen dürfe. Die von der eigenen Armee herbeigeführten Zerstörungen an Gebäuden und Einrichtungen solle man zu seinem eigenen Vorteil nutzen. Die von ihr für Gaza als umsetzbar angesehene „Lösung" bestehe darin, möglichst alle dort lebenden Menschen, also weit über 2 Millionen Einwohner, abziehen zu lassen, damit sie sich in anderen Ländern der arabischen Region ansiedeln. Da bei solchen Planspielen als erstes automatisch an Ägypten gedacht wird, welches sich im Westen ja eine Grenze mit Gaza teilt, hat das Nachbarland derartige Überlegungen sofort kategorisch abgelehnt.

Deutschland als Partner

Um aufzuzeigen, wie schwierig es zwischen Israel und der Bundesrepublik war, auf staatlicher Ebene überhaupt zueinander zu finden, empfiehlt es sich, einen Blick zurück bis in die Nachkriegszeit zu werfen. Eigentlich grenzte es ja an ein Wunder, dass Israel und die Bundesrepublik nur wenige Jahre nach dem Holocaust wieder Kontakt miteinander aufnahmen. Dass dies geschah, lag sicher auch am Druck der Vereinigten Staaten, denen im ersten Jahrzehnt nach 1945 durch ihren Hochkommissar, neben denen Großbritanniens und Frankreichs, die Aufgabe oblag, die Entwicklung der jungen Nachkriegsrepublik gleichermaßen beratend, fördernd und fordernd zu begleiten, sie zugleich aber auch unter Kontrolle zu halten. So konnte es nicht überraschen, dass die wichtigsten Impulse zu einer Kontaktaufnahme von der Besatzungsmacht USA ausgingen. Im Grunde genommen hatten die Vereinigten Staaten in einem übertragenen Sinne zwei Sorgenkinder – Israel und die Bundesrepublik. Sie musste versuchen, zahlreiche Hürden zwischen beiden Ländern abzubauen, sie wirtschaftlich zu unterstützen, militärisch abzusichern und ihre internationale Anerkennung zu befördern.

Der ersten Bundesregierung unter Konrad Adenauer, der anfangs noch nicht einmal ein eigenes Außenministerium gestattet worden war, wurde klar zu verstehen gegeben, dass sie sich nur dann als souveräner Partner aufs internationale Parkett würde zurückbegeben können, wenn sie die Klärung ihres Verhältnisses gegenüber dem fast zur selben Zeit gegründeten Staat Israel aktiv vorantreiben würde. Wie extrem schwierig das war, und zwar in Israel noch weitaus mehr, verriet sich zu Beginn des Jahres 1952.

Ebenso wie in Tel Aviv war es Anfang Januar auch in Jerusalem zu heftigen Demonstrationen gegen die von Ben-Gurion geplanten Verhandlungen mit Vertretern der bundesdeutschen Regierung über eine „Wiedergutmachung“ für die Opfer des deutschen Judenmordes gekommen. Dabei spitzte sich die Lage vor der Knesset gefährlich zu. Rund 2.000 Nationalisten, Kommunisten und Anhänger der oppositionellen *Mapam*-Partei versuchten den Sitzungssaal zu stürmen. Die Polizei ging mit Tränengas und brennendem Öl gegen die Demonstranten vor und verletzte Hunderte von ihnen. Doch selbst eine eilends aus Militär- und Feuerwehrfahrzeugen errichtete Barrikade konnte die Demonstranten nicht aufhalten. Den meisten von ihnen gelang es, bis zur Knesset vorzudringen. Mit Steinen warfen sie die Scheiben des Sitzungssaales ein. Das Tränengas und die Rauchschwaden drangen nun auch bis ins Innere vor. Dort griff Menachem Begin, der einstige Chef der Untergrundorganisation *Irgun* und inzwischen Vorsitzender der ultrarechten *Cherut*-Partei, Ministerpräsident Ben-Gurion heftig an. „Israel wird sich mit den wilden Bestien", womit Begin die Deutschen meinte, „niemals an einen Tisch setzen. Es wird die Absicht der Regierung verhindern. Dies ist ein Kampf auf Leben und Tod."[32] Er beschimpfte Ben-Gurion als einen „Banditen" und drohte mit dem Ausbruch eines Bürgerkrieges. Dies würde, so Begin, Ben-Gurions letzte Parlamentsrede sein. Zuvor hatte er seinen Anhängern auf dem Zionsplatz zugerufen, dass es keinen Deutschen gäbe, der nicht „unsere Väter ermordet" hätte. Auch Adenauer sei ein „Mörder"; jeder Deutsche sei ein „Mörder". Trotz des heftigen Widerstands von linker wie von rechter Seite genehmigte die Knesset schließlich wenige Tage später, allerdings nur mit einer knappen Mehrheit, die Aufnahme von Reparationsverhandlungen mit der Bundesrepublik.

Es dauerte nicht lange, bis sich zeigte, dass Begin mit seinem Angriff auf Adenauer wohl mehr als nur in der Rolle eines Stichwortgebers auftreten würde. Denn ehemalige Angehörige seiner Untergrundorganisation versuchten, ausgerechnet dem Bundeskanzler nach dem Leben zu trachten. Doch der mit einer in München aufgegebenen Paketbombe

32 Vgl.: Israel – Das Dorf und Gottes Erde, *Der Spiegel* vom 23. Januar 1952, 6. Jg., Nr. 4, S. 18.

auf den Weg gebrachte Anschlag misslang. Allerdings kam am 27. März 1952 ein Sprengmeister bei seinem Versuch, die hochexplosive Ladung zu entschärfen, ums Leben. Zwei Tage später erhielten zwei amerikanische Presseagenturen in ihren Pariser Niederlassungen ein überaus zynisches Bekennerschreiben. Darin hieß es: „Wir sind im Krieg mit dem Volk der Mörder […] Reparationen? Wir werden sie zahlen, wir haben Ihnen gerade (eine Rate) geschickt, und andere, viele andere werden folgen […] Keine jüdische, israelische oder andere Vertretung in der Welt hat die Vollmacht, Reparationen von Deutschland anzunehmen. Nur die Opfer können das entscheiden und das haben sie schon längst getan. Auf die Mauern der Krematorien-Öfen haben sie mit ihrem Blut das Wort ‚Nekamah' (Vergeltung) geschrieben, und ihr Testament werden wir erfüllen, bis zum Ende."[33] Absender war eine ominöse „Organisation jüdischer Partisanen". Sie hatte die Verantwortung für den Mordanschlag auf den, wie es hieß, „Kanzler des Mördervolks Dr. K. Adenauer" übernommen.

Obwohl nur kurz darauf in Paris von der französischen Polizei fünf Tatverdächtige festgenommen werden konnten, bei denen es sich mit einer Ausnahme um ehemalige *Irgun*-Mitglieder handelte, unterließ es die Bundesregierung, den Fall weiter zu verfolgen. Man hatte sich dagegen entschieden, weil man damit nicht die zur gleichen Zeit in Gang gekommenen Wiedergutmachungsverhandlungen gefährden wollte. Erst ein halbes Jahrhundert später wurde der Fall des terroristischen Mordversuchs am bundesdeutschen Regierungschef aufgeklärt. Einer der Beteiligten hatte ein schriftliches Geständnis abgelegt und dies einem deutschen Journalisten übermittelt, der die Geschichte mithilfe der Ermittlungsakten nun minutiös zu rekonstruieren in der Lage war.[34]

33 Zitiert nach: Christian Zentner, Illustrierte Geschichte der Ära Adenauer, München 1984, S. 151.

34 Henning Sietz, Attentat auf Adenauer. Die geheime Geschichte eines politischen Anschlags, Berlin 2003.

Als am 20. März 1952 in Wassenaar bei Den Haag die Verhandlungen über ein Wiedergutmachungsabkommen zwischen Israel und der Bundesrepublik Deutschland begannen, zeigte sich schon bald, auf welche Schwierigkeiten man dabei stoßen würde. Und zwar nicht so sehr wegen Differenzen unter den beiden Delegationen, sondern aufgrund der deshalb in beiden Ländern aufbrechenden Konflikte, von denen der Kampf um die Knesset, wie bereits geschildert, weitaus am heftigsten war. Kein Wunder, schließlich standen sich ja im Land der Opfer zum Teil Holocaust-Überlebende und in dem der Täter zum Teil Ex-Nazis gegenüber.

Während einer Sitzung des Bundeskabinetts in Bonn, an der auch der Bankier Hermann Josef Abs teilnahm, versuchten zwei Wochen später die Mitglieder der deutschen Delegation, Franz Böhm und Otto Küster, den Bundeskanzler davon zu überzeugen, dass den Israelis bei der Eingliederung der von den Nazis vertriebenen Juden Kosten in Höhe von drei Milliarden DM entstanden seien. Diese Summe sei von Experten des Vertriebenenministeriums errechnet worden, die bei ihrer Kalkulation einen Betrag von 3.000 Dollar je Flüchtling zugrunde gelegt hätten. Abs wollte das nicht akzeptieren und hielt es aus taktischen Gründen für einen verhängnisvollen Fehler, den Israelis überhaupt eine Summe zu nennen. Er drohte deshalb sogar mit seinem sofortigen Rücktritt als Leiter der deutschen Delegation bei der Londoner Schuldenkonferenz. Adenauer ließ sich davon jedoch nicht beeindrucken und stimmte dem Vorschlag Böhms und Küsters schließlich zu. Dabei dürfte auch eine Rolle gespielt haben, dass dem Kanzler am Tag zuvor vom amerikanischen Hochkommissar bedeutet worden war, dass er unbedingt für einen befriedigenden Abschluss der Verhandlungen mit den Israelis sorgen müsse.

Schließlich war es am 10. September 1952 so weit. Im Rathaus von Luxemburg konnte der zwischen der Bundesrepublik und Israel ausgehandelte Vertrag unterzeichnet werden. Auf israelischer Seite bezeichnete man ihn als „Abkommen über die Erstattung von Eingliederungskosten", auf deutscher Seite dagegen als „Wiedergutmachungsabkommen". Wegen verschiedener Attentatsdrohungen hatten Ort und Zeitpunkt der Unterzeichnung bis zum letzten Moment geheim gehalten werden müssen. Der gesamte Akt ging schweigend über die Bühne. Leiter der bundesdeutschen Delegation waren Bundeskanzler Adenauer und Staatssekretär Walter Hallstein, Leiter auf israelischer Seite war Außenminister Moshe Sharett. Mit der Unterzeichnung erklärte sich die Bundesrepublik bereit, drei Milliarden DM an den Staat Israel für die Aufnahme jüdischer Flüchtlinge aus Deutschland zu zahlen. Der Wert dieser Summe sollte im Laufe von zwölf Jahren in Form von Dienstleistungen und Waren nach Israel geliefert werden. Individualansprüche nationalsozialistischer Opfer waren in dem Abkommen nicht berücksichtigt worden.

Auf einer Pressekonferenz gab Bundespressechef Felix von Eckardt eine Erklärung ab, mit der er im Namen der Bundesregierung der Kritik verschiedener arabischer Staaten entgegentrat, die in dem Abkommen lediglich eine Unterstützung der israelischen Militärkraft zu sehen glaubten. In den Kreis der Kritiker des Abkommens reihte sich auch der Großmufti von Jerusalem, Mohammed Amin el Husseini, ein. Er bezeichnete Adenauer und den verstorbenen amerikanischen Präsidenten Roosevelt als „Werkzeug des Weltjudentums" und kündigte für den Fall, dass die Bundesrepublik zahlen werde, Konsequenzen an.

Es dauerte nicht lange, bis Vertreter des Libanon, Ägyptens, des Irak und Syriens als Mitglieder einer arabischen Delegation in Bonn eintrafen und versuchten, das Wiedergutmachungsabkommen noch nachträglich zu Fall zu bringen. Doch der Bundeskanzler lehnte entschieden ab. Nach Beendigung des offiziellen Besuchs nahmen die Mitglieder der arabischen Delegation Kontakt zu Politikern und Industriellen auf. Unter anderem besuchten sie auch Hjalmar Schacht, den einstigen Reichsbankpräsidenten unter Hitler.

Am 18. März 1953 wurde schließlich das Luxemburger Abkommen vom Bundestag gebilligt. Die Parteien hatten allerdings zuvor eine Vereinbarung getroffen, keine Debatte über das Vertragswerk zu führen. Die einzelnen Fraktionen begnügten sich mit der Abgabe von Erklärungen. Für den Vertrag stimmten 239 Abgeordnete, dagegen waren 35 und 86 enthielten sich der Stimme. Die Ablehnungsfront setzte sich aus Abgeordneten mehrerer rechtsradikaler Parteien und der KPD, aber auch einiger Regierungsparteien zusammen. Mit der Annahme des Luxemburger Abkommens konnten nun Zahlungen und Warenlieferungen an den Staat Israel in Höhe der besagten drei Milliarden DM und an die *Jewish Claims Conference*, die die Interessen der nicht in Israel lebenden jüdischen Flüchtlinge vertrat, in Höhe von 450 Millionen DM getätigt werden. In der Folge sollte sich jedoch zeigen, dass in beiden Ländern schwerwiegende Verwicklungen auftreten würden.

So trat etwa der israelische Ministerpräsident David Ben-Gurion im Dezember 1957 zurück, weil sich eine seiner Koalitionsparteien geweigert hatte, Waffenkäufen in der Bundesrepublik zuzustimmen. Er selbst hatte zuvor in der Knesset die Verstärkung der israelischen Armee mit modernen Waffen als Notwendigkeit bezeichnet. Da die USA Waffenlieferungen an Israel ablehnten und die Ostblockstaaten dafür ohnehin nicht in Frage kämen, bliebe als möglicher Lieferant nur noch die Bundesrepublik übrig. Das wiederum rief die Bundesregierung auf den Plan, die die Äußerungen Ben Gurions in einer amtlichen Erklärung umgehend dementierte. „Es ist nicht bekannt", hieß es in der Stellungnahme, „welche Vorgänge oder Tatsachen die israelische Regierung zur Annahme veranlasst haben könnten, dass sie in der Bundesrepublik Waffen kaufen könnte, die in anderen westlichen Ländern nicht erhältlich sind. Durch die Festlegung der Warenlisten sind Waffen und Kriegsmaterial von Lieferungen im Rahmen des deutsch-israelischen Wiedergutmachungsabkommens ausgeschlossen."[35]

35 Archiv der Gegenwart vom 8. Januar 1958, XXVII. Jg., S. 6831.

Kurz zuvor hatte Bundesverteidigungsminister Franz Josef Strauß die Nachricht erreicht, dass eine von Generalstabschef Moshe Dayan angeführte israelische Delegation ihn besuchen wolle. Das Treffen, hieß es weiter, müsse unbedingt geheim gehalten werden. Da der Minister in Bonn nicht zu Unrecht einen Pressewirbel befürchtete, verlegte er es kurzerhand in seinen Privatwohnsitz im entlegenen Rott am Inn. Es gab jedoch schon erste Gerüchte, dass mit Dayan der „Held" des 1956 von Israel unternommenen Sinai-Feldzuges in die Bundesrepublik kommen werde, woraufhin dieser lieber auf seinen Besuch verzichtete. Stattdessen entsandte Dayan mit Shimon Peres den Generalsekretär des israelischen Verteidigungsministeriums und mit General Haim Laskov den Chef der israelischen Panzertruppen sowie einen weiteren hohen Offizier. Sie erklärten Strauß, dass sich Israel trotz seiner militärischen Erfolge immer noch in großer Gefahr befände. Das Land benötige deshalb dringend militärische Unterstützung in Form von Waffen und schwerem Gerät. Auf ihrer umfangreichen Liste standen Transportflugzeuge, Hubschrauber, Artillerie, Panzerabwehrraketen und anderes mehr. Obwohl die noch im Aufbau befindliche Bundeswehr selbst nur über eine eher bescheidene Ausstattung verfügte, sagte Strauß zu, sein Möglichstes zu tun.

Nachdem er sich von Bundeskanzler Adenauer die nötige Rückendeckung geholt und neben Heinrich von Brentano und Heinrich Krone mit Fritz Erler auch den verteidigungspolitischen Experten der Opposition informiert hatte, ließ er seine nicht ganz legale Unterstützungsaktion ablaufen. Aus verschiedenen Bundeswehrdepots wurden heimlich – nicht ohne anschließend bei der Polizei Anzeige wegen Diebstahls zu erstatten – Geräte und Waffen geholt und auf Umwegen nach Israel transportiert. Von den gewünschten Transportflugzeugen und Hubschraubern entfernte man zunächst die Hoheitszeichen, bevor sie nach Frankreich geflogen und im Hafen von Marseille in Richtung Israel verschifft wurden. Im Zuge dieser Geheimaktion, schrieb Strauß später in seinen

Memoiren,[36] seien insgesamt militärische Lieferungen im Wert von 300 Millionen DM (was später einem Wert von 1,2 Milliarden DM gleichgekommen sei) ohne die Forderung eines Gegenwertes nach Israel geschickt und insofern geschenkt worden. Auch wenn es sich dabei nicht direkt um „Wiedergutmachungsleistungen“ gehandelt habe, so seien diese illegalen Akte vom damaligen Bundesverteidigungsminister gleichwohl als solche verstanden worden.

Das verriet, dass man in Sachen Wiedergutmachung ein doppeltes Spiel betrieb. Rüstungsexporte waren für das von einem Bedrohungsszenario ins andere geratende Israel noch weitaus wichtiger als der in Luxemburg vereinbarte Transfer von Geldmitteln. Dies jedoch konnte die Bundesregierung schon aus rechtlichen Gründen nicht zugeben. Denn im 2. Absatz von Artikel 26, in dem das Grundgesetz die Vorbereitung zur Führung eines Angriffskrieges verbietet, heißt es, dass zur Kriegführung bestimmte Waffen nur mit Genehmigung der Bundesregierung „hergestellt, befördert und in Verkehr gebracht“ werden dürften. Näheres dazu werde in einem eigenen Kriegswaffenkontrollgesetz geregelt. Darin wiederum heißt es noch einmal verschärfend, dass es „für jede Handlung in Bezug auf Kriegswaffen (auch für den Export) stets einer Genehmigung“ bedürfe. Und in dessen § 6 wiederum wird festgelegt, dass das Bundeswirtschaftsministerium Exporte grundsätzlich nicht genehmigen dürfe, wenn die Gefahr bestehe, dass die gelieferten Waffen „bei einer friedensstörenden Handlung, insbesondere bei einem Angriffskrieg“ verwendet würden. Für einen Export von Waffen in Krisengebiete waren damit so enge Linien gezogen, dass es nicht an Kritikern gemangelt hat, die meinten, mit dieser Bestimmung würden Lieferungen von Kriegswaffen in Krisengebiete generell verboten.

Es war dieser verfassungsrechtliche und durch ein eigenes Kontrollgesetz zusätzlich untermauerte Rahmen, der immer dann zum Problem wurde, wenn die Bundesrepublik im Nah-

36 Franz Josef Strauß, Die Erinnerungen, West-Berlin 1989, S. 342f.

ostkonflikt stillschweigend Partei ergreifen wollte. Weil sie mit ihrer militärischen Unterstützung Israels dem Gegner verschiedener arabischer Staaten und insbesondere der Palästinenser zu helfen versuchte, machte sie sich darüber hinaus auch zur Zielscheibe von Angriffen durch die betroffenen Länder.

So hatte etwa mit Dr. Issam Sartawi ein ehemaliger palästinensischer Herzchirurg, der sein Skalpell gegen ein Maschinengewehr ausgetauscht hatte, die Bundesrepublik im März 1970 wegen ihrer Waffenlieferungen an Israel massiv angegriffen. Wegen des Todes seines bei einem israelischen Angriff ums Leben gekommenen Bruders hatte er eine eigene Untergrundorganisation aufgebaut, die im Februar 1970 auf dem Münchner Flughafen Riem eine Maschine der israelischen Linie El-Al überfiel. Dabei war ein aus Haifa stammender Passagier, Sohn eines deutschen Holocaust-Überlebenden, ums Leben gekommen und mehrere andere, darunter die Schauspielerin Hannah Maron, waren schwer verletzt worden.[37]

In einem Interview mit der Illustrierten *Stern* erklärte Dr. Sartawi nun: „Wir betrachten Westdeutschland als feindliches Gebiet [...] Die Deutschen haben 3,5 Milliarden Mark Wiedergutmachung an Israel gezahlt. Westdeutschlands finanzielle und technische Unterstützung Israels war ein wesentlicher Faktor für die Entwicklung der israelischen Kriegsmaschine. [...] Wir sind nicht gegen die Wiedergutmachung der Naziverbrechen an den Juden. Im Gegenteil, das war die Pflicht des deutschen Volkes. Die Wiedergutmachung hätte durch die individuelle Entschädigung der Opfer oder ihrer Erben geschehen müssen. Aber die Aufrüstung Israels richtet sich gegen uns. Auf diese Weise kann Westdeutschland sich rühmen, in einer Generation zwei Völkermorde begangen zu haben. Den Völkermord an den Juden und – durch

37 Vgl. Wolfgang Kraushaar, „Wann endlich beginnt bei Euch der Kampf gegen die heilige Kuh Israel?" München 1970: über die antisemitischen Wurzeln des deutschen Terrorismus, Reinbek 2013, S. 37–65.

die überlebenden Juden – den Völkermord an den Arabern."[38] Die Gleichsetzung der Opfer des Holocausts mit denen der Nakba war gewiss inakzeptabel. Immerhin hatte in diesem Fall jedoch ausgerechnet der Chef einer palästinensischen Terrororganisation, der ein Jahrzehnt später selbst noch wegen seiner diplomatischen Beziehungen Opfer eines von anderen Palästinensern verübten Mordanschlags werden sollte, die Wiedergutmachung für die an den Juden begangenen NS-Verbrechen ausdrücklich begrüßt.

Es würde zu weit führen, an dieser Stelle die weitere Entwicklung zwischen Israel und der Bundesrepublik nachzuzeichnen, sei es die erst im August 1965 erfolgte wechselseitige diplomatische Anerkennung oder der ebenfalls nicht unumstrittene Austausch von Botschaftern, mit all ihren Aufs und Abs. Jedoch sollte auch die von der Bundesrepublik den Palästinensern entgegengebrachte Haltung an dieser Stelle nicht völlig ausgespart werden.

Nach dem Ende der Ära Adenauer, in der es ja im März 1960 als vorläufigem Höhepunkt des Aussöhnungsprozesses zum berühmten Treffen des Kanzlers mit seinem israelischen Amtskollegen Ben-Gurion im New Yorker Waldorf-Astoria Hotel gekommen war, und der anschließenden Großen Koalition versuchte sich die von Willy Brandt angeführte sozialliberale Bundesregierung trotz des Risikos, dass man Israel als Partner damit irritieren oder gar hätte verprellen können, an einer Neujustierung der Nahostpolitik. In Vorbereitung des ersten Besuches eines israelischen Regierungsmitgliedes – angekündigt war für den Februar 1970 der damalige Außenminister Abba Eban – beriet man sich im Bundeskanzleramt.[39]

Während der Sitzung erinnerte Bundesaußenminister Walter Scheel, zugleich Vizekanzler, noch einmal daran, dass es

38 Fred Ihrt / Walter W. Krause, „Wir kämpfen gegen Bonn". Dieser Mann befahl das Münchner Attentat, *Stern* vom 15. März 1970, 23. Jg., Nr. 12, S. 22–26.

39 Vgl. Kraushaar, „Wann endlich beginnt bei Euch …", ebenda, S. 39/40.

zu den Grundsätzen der Bundesrepublik gehöre, keine Waffen in Spannungsgebiete zu liefern. Die Normalisierung in den Beziehungen zu den arabischen Staaten dürfe nicht auf Kosten Israels gehen. Um sich den Vorwurf zu ersparen, dass es sich bei der Gewährung größerer Kredite gegenüber Israel doch nur um eine andere Form der Waffenlieferung handle, solle allerdings der Grundsatz gelten, Israel so lange keine Finanzhilfe mehr zu gewähren, wie dies nicht auch offen vertreten werden könne. Das war zwar vorsichtig, lief aber gleichwohl auf eine gravierende Änderung in den deutsch-israelischen Beziehungen hinaus. Man wollte offenbar die Beziehungen gegenüber den Palästinensern intensivieren und selbst eine aktivere Rolle, nämlich die eines Vermittlers, spielen.

Der als „Brandts Nordafrika-Experte" (*Der Spiegel*) geltende SPD-Abgeordnete Hans-Jürgen Wischnewski hatte deshalb schon zuvor seine Fühler in Richtung der Maghreb-Staaten ausgestreckt. Zur Jahreswende hatte er sich in Tunis und Tripolis zu Sondierungsgesprächen mit dem tunesischen und dem libyschen Außenminister getroffen. Geplant war ein „Geheimtreffen" zwischen Bundesaußenminister Scheel und einem seiner arabischen Amtskollegen. Doch daraus wurde nichts, weil ausgerechnet zu diesem Zeitpunkt, mit dem bereits erwähnten, am 10. Februar 1970 verübten Überfall auf eine am Flughafen München-Riem zwischengelandete El-Al-Maschine, die Luftpiraterie palästinensischer Organisationen auch auf die Bundesrepublik übergegriffen hatte.

Im Laufe der siebziger Jahre wurden die Pläne, die Nahostpolitik zugunsten einer stärkeren Anerkennung palästinensischer Interessen zu korrigieren, durch den palästinensischen Terrorismus, der keine Scheu besaß, mit den in der Bundesrepublik agierenden Stadtguerilla-Gruppen wie der RAF etwa nicht nur zu kooperieren, sondern sie auch auszubilden und in seinen antiisraelischen Kampf einzuspannen, zunehmend ausgebremst. Die Sorge um die Innere Sicherheit drängte die eigenen Ambitionen in Richtung auf eine veränderte Nahostpolitik immer weiter zurück. Insbesondere unter Helmut

Schmidt, der im Mai 1974 Brandts Nachfolge im Kanzleramt angetreten hatte, war das spürbar. Unter den zunehmenden terroristischen Herausforderungen trat immer mehr pures Krisenmanagement ins Zentrum politischen Handelns.

Dazu gehörte auch, im Geheimen mit führenden Palästinensern zu sprechen, die nach israelischer Darstellung selbst in deren terroristische Aktivitäten verstrickt waren, um mit ihnen Absprachen zu treffen, von denen man sich die Einstellung entsprechender Kampfhandlungen zumindest auf dem eigenen Territorium versprach. So kam es im November 1977 in Wien etwa zu einem denkwürdigen, von österreichischer Seite mit Bundeskanzler Bruno Kreisky und dessen Innenminister Erwin Lanc hochrangig besetzten Geheimtreffen mit dem ehemaligen Anführer der terroristischen AOLP, Dr. Issam Sartawi, und dem Arafat-Vertrauten Ali Hassan Salameh. An dieser Zusammenkunft nahm auch der Wischnewski-Stellvertreter Peter Kiewitt teil, gewiss nicht ohne zuvor die Bundesregierung davon informiert und zumindest inoffiziell ihr Einverständnis eingeholt zu haben.[40]

Auf der letzten Sitzung des Rates der PLO in Kairo habe man beschlossen, so hieß es, im Kampf für die Rechte der Palästinenser nur noch solche Mittel anzuwenden, die nach den Kriterien der Vereinten Nationen und der Genfer Konvention legitim seien. Die PLO habe sich deshalb dafür entschieden, verschiedene europäische Länder bei der Bekämpfung des Terrorismus zu unterstützen. Zu diesem Zweck werde man auch mit deren Sicherheitsorganen zusammenzuarbeiten und ihnen entsprechende Informationen zukommen lassen. Sollten die legitimen Ziele der Palästinenser anerkannt werden – mit dem Endziel, hieß es weiter, einen eigenen Staat auf der Westbank zu errichten – und auf dieser Grundlage ein bilaterales

40 Vgl. Aufzeichnung, Betr.: Zusammenarbeit mit der PLO in der Bekämpfung des Terrorismus; hier: Gespräche mit PLO-Vertretern in Wien am 24.11.77, verfasst von VLR Peter Kiewitt, Archiv der sozialen Demokratie der Friedrich-Ebert-Stiftung, Nachlass Hans-Jürgen Wischnewski, 863, S. 2.

Arrangement zur Bekämpfung des Terrors zustandekommen, dann müssten auch andere Länder miteinbezogen werden. Es sei sogar vorstellbar, für diese Aktivitäten an einem neutralen Ort wie Wien eine Zentrale einzurichten.

Ein besonderes Gewicht hatte dabei, dass diese Ziele durch Salameh expressis verbis unterstützt wurden. Der Mann, der in der einschlägigen Presse zumeist nur als „der rote Prinz" bezeichnet wurde, weil er als Showman und zugleich als designierter Nachfolger von Arafat galt, stand seit 1972 im Zuge der nach dem Münchner Olympia-Anschlag angeordneten Operation „Caesarea" gewissermaßen auf der Abschussliste des Mossad.[41] Er erklärte nun, dass er die Schleyer-Entführung angeblich für einen großen Fehler hielte und die RAF-Leute, von denen er einige selbst ausgebildet hätte, für nichts anderes als „fehlgeleitete Kinder". Was aus diesen Kooperationsbemühungen der PLO, die Kiewitt in einem Bericht befürwortete, wurde, ist unbekannt. Salameh hatte allerdings nur noch etwas länger als ein Jahr zu leben. Im Januar 1979 wurde er in Beirut Opfer einer von einer Mossad-Agentin ausgelösten Autobombe, die auch zwei seiner Begleiter und mehrere Passanten mit in den Tod riss.

Das Kapitel Terrorismus, das schon damals die Weltöffentlichkeit in ihrem Bann hielt, hatte im Gefolge der sich zur selben Zeit im Iran abspielenden Chomeini-Revolution eine andere Gestalt angenommen. An die Stelle einer national-ethnisch begründeten Terrorismus-Variante wie im Fall der Palästinenser und einer sozialrevolutionären wie im Fall der RAF oder den *Roten Brigaden* war eine religiös gerechtfertigte getreten, die unter islamischen Vorzeichen all das weit in den Schatten zu stellen vermochte, was zuvor schon an Schrecklichkeiten geschehen war. Den Unterschied gegenüber der *Fatah*, der PFLP oder anderer palästinensischer Organisationen hat man heute in Gestalt der Hamas vor Augen.

41 Vgl. Kraushaar, „Wann endlich beginnt bei Euch …", ebenda, S. 546–554.

Seit der Gründung der Palästinensischen Autonomiebehörde, die ja in Folge ihres verlorenen innerpalästinensischen Kampfes mit der Hamas von Gaza ins Westjordanland abgeschoben worden war, haben sich die Interessen auf ein anderes Terrain verschoben und zugleich eine eher zivile Gestalt angenommen. Anstatt um den bewaffneten Kampf geht es nun vor allem um Subventionen, um finanzielle Unterstützung, kurzum ums Geld. Doch auch das birgt immer noch genügend Konfliktstoff.

Als weltweit wichtigster Geldgeber der Palästinensischen Autonomiebehörde, die ohne finanzielle Unterstützung von außen kaum funktionieren könnte, gilt seit Langem die Europäische Union. Nach Angaben der EU-Kommission sind zwischen 2021 und 2024 rund 1,2 Milliarden, von denen Deutschland für etwa ein Fünftel aufgekommen ist, in die Gebiete der Palästinenser geflossen. Es geht dabei um die Zahlung von Gehältern und Pensionen, aber auch um Sozialhilfe, mit denen den Verarmten ein menschenwürdiges Leben ermöglicht werden soll.

Bei alledem gerät Präsident Mahmud Abbas immer wieder in die Kritik. Zum einen grundsätzlich aufgrund der im Westjordanland besonders stark verbreiteten Korruption, zum anderen aber auch wegen der sogenannten „Märtyrerrenten“. Dabei handelt es sich um Gelder, die die Behörden an die Hinterbliebenen von Terroristen zahlen, die bei Angriffen auf Israelis entweder selbst getötet oder verwundet worden sind oder sich in Haft befinden. Allein im Laufe des Jahres 2017 sollen in solchen Fällen 291 Millionen Euro an Angehörige gezahlt worden sein. Dieser Verwendungszweck stellt gewiss den heikelsten Teil unter den genannten EU-Geldern dar. Es ist naheliegend, dass auf diesem Wege der Terrorismus auch noch mit Geldern aus dem Topf der EU alimentiert worden ist.

Der mittlerweile 88-jährige Abbas, der 1948 zusammen mit seinen Eltern nach Damaskus geflohen war, hat eine lange politische Karriere hinter sich. So war er bereits bei der 1964 erfolgten Gründung der PLO mit dabei und 1968 Generalsekretär des Exekutivkomitees der PLO geworden. Zunächst hatte er in Syrien Englische und Arabische Literatur sowie Rechtswissenschaft studiert und war später an die Patrice-Lumumba-Universität in Moskau gewechselt, wo er, obgleich nun im Fach Geschichte, auch promoviert wurde. Bemerkenswert war der Titel seiner 1982 im Fachbereich „israelische Politik" eingereichten Dissertation. Das Thema lautete „Die Verbindungen zwischen Zionismus und Nazismus 1933–1945" und suggerierte, es habe eine Konvergenz zwischen der Gründungsideologie des Staates Israel und dem Nationalsozialismus gegeben. Worum es ihm bei dieser angeblichen weltanschaulichen Ähnlichkeit wohl ging, war die Herunterstufung des Holocausts. Zum einen zog er in Zweifel, dass in Vernichtungslagern wie Auschwitz überhaupt Gaskammern zur Ermordung eingesetzt worden seien und zum anderen, dass die Nazis 6 Millionen Juden umgebracht hätten. Es seien, so behauptete er, „möglicherweise weniger als eine Million" gewesen.

Als dann zwei Jahre später in Amman das auf seiner Dissertation basierende Buch „Die andere Seite: Die geheime Beziehung zwischen Nazismus und Zionismus" erschien, ging Abbas so weit, die historisch vielfach belegte Tatsache der 6 Millionen ermordeten Juden als eine „fantastische Lüge" zu diskreditieren. Er sprach nun davon, dass sich nur wenige hunderttausende als Opfer belegen lassen würden, allerhöchstens seien es 896.000 gewesen.[42] Das war zwar noch keine Leugnung des Holocausts, aber eine unbestreitbare Tendenz, den jüdischen Opferstatus zu schmälern und herabzuwürdigen.

Eine ganz neue Qualität nahm diese judenfeindliche Haltung jedoch ein, nachdem Abbas 2005 Präsident der palästinensischen Autonomiebehörde geworden war. Bei einer Ansprache vor dem Palästinensischen Nationalrat in Ramallah

42 Vgl. Ludovic Hennebel / Thomas Hochmann, Genocide Denials and the Law, Oxford 2011. Als Quelle für seine Zahlenangabe führte Abbas ausgerechnet Raul Hilbergs Standardwerk über „The Destruction of the European Jews" an. Dort kommt die von ihm genannte Zahl jedoch gar nicht vor.

ging es ihm 2018 nicht mehr um ein bloßes Herunterrechnen von Opferzahlen, sondern um eine Kehrtwende in den für das Zustandekommen des Holocausts anzunehmenden Kausalverhältnissen. Nun sollten die Juden auf einmal selbst an ihrer Vernichtung schuld sein. Nicht der Antisemitismus sei das Problem gewesen, sondern das „soziale Verhalten" der Juden, die nicht durch ihre Religion, sondern in ihrer Rolle als Geldverleiher Pogrome provoziert hätten. Zudem bestritt er, dass das jüdische Volk über irgendwelche historischen Wurzeln im Nahen Osten verfüge.[43] Seine kurz darauf gegebene Zusicherung, dass der Holocaust „das abscheulichste Verbrechen der Geschichte" darstelle und er nicht etwa die Entfernung des Staates Israel hätte fordern wollen, sondern nur einen eigenen palästinensischen Staat, der nach einem Leben in Frieden trachte, wirkte demgegenüber wie aufgesetzt.[44]

Angesichts dieser offen antisemitischen Einstellung konnte es kaum verwundern, dass der einstige Arafat-Zögling auch bei einem Berlin-Besuch mit seinen Vorbehalten gegenüber dem israelischen Staat nicht unbedingt hinter den Berg halten würde. Bei einer am 16. August 2022 im Kanzleramt abgehaltenen Pressekonferenz hatte er sich von Bundeskanzler Olaf Scholz durch die Frage herausfordern lassen, ob er sich 50 Jahre nach dem Anschlag auf die israelische Olympia-Mannschaft in München nicht endlich für das vom *Schwarzen September* begangene Verbrechen entschuldigen wolle, und diese – ohne auch nur mit einem einzigen Wort auf das angeschnittene Thema einzugehen – mit der Bemerkung zu kontern versucht, dass Israel bis zur Gegenwart „50 Massaker an 50 palästinensischen Orten" begangen habe. Diese „50 Massaker", fügte Abbas sichtlich aufgebracht noch hinzu, seien nichts anderes als „50 Holocausts" gewesen. Er erweckte dabei den Eindruck, als habe er sich persönlich verletzt gefühlt und des-

43 Abbas gibt Juden Schuld am Holocaust, *Die Welt* vom 1. Mai 2018.

44 Antisemitische Rede: Abbas entschuldigt sich für Holocaustäußerung, *ZEIT-Online* vom 4. Mai 2018.

halb in eine Art Überbietungswettbewerb eintreten wollen, bei dem er offensichtlich jegliches Maß verlor. Der Kanzler, der mit keinem Wort auf die Holocaust-Relativierung reagiert hatte und erst im Nachhinein meinte das der *Bild*-Zeitung gegenüber bedauern zu müssen, wurde anschließend wegen seines zeitweiligen Schweigens vom Zentralrat der Juden in Deutschland heftig kritisiert.

Das Thema Waffenlieferungen an Israel, das den Palästinensern immer ein Dorn im Auge geblieben war, sorgte auch in der jüngsten Gegenwart noch für hohe Aufmerksamkeit. Pressemeldungen zufolge haben deutsche Rüstungsexporte nach Israel seit dem 7. Oktober extrem zugenommen und sich mit einer Steigerung von 32 auf 302 Millionen Euro dem Vorjahr gegenüber sogar fast verzehnfacht. Da die Bundesregierung zu solchen Lieferungen grundsätzlich keine Einzelheiten bekanntgibt, wird darüber spekuliert, um welche Gerätschaften oder Waffengattungen es dabei gehen könnte. In der Vergangenheit sollen jedenfalls vorwiegend U-Boote nach Israel geliefert worden sein, deren Export wohl auch noch mit Steuergeldern subventioniert worden ist. Obwohl die hohe Steigerungsrate vor allem als Reaktion auf den 7. Oktober zu interpretieren ist, stellt der Zuwachs an sich keine besondere Überraschung dar. Denn Kanzler Scholz hatte im März 2023 beim letzten Besuch von Premierminister Netanyahu in Berlin mit diesem eine noch engere Kooperation im Rüstungsbereich verabredet.

Die Bundesregierung hat inzwischen allerdings, wie sich zuletzt herausstellte, auch Waffenlieferungen an Saudi-Arabien genehmigt, das lange Zeit als ein „No Go“-Abnehmerland galt. Die autoritär regierte Monarchie, die als größte Militärmacht im Nahen Osten gilt, war zuletzt vor allem aus zwei Gründen in die Kritik geraten. Zum einen, weil sie sich in einen Stellvertreterkrieg mit dem Iran im Jemen verwickeln ließ und zum anderen, weil sie den ihr gegenüber kritisch eingestellten Journalisten Jamal Khashoggi von Auftrags-Killern im Gebäude ihres Generalkonsulats in Istanbul hatte ermorden lassen. Aus diesen beiden Gründen waren seit 2018 keine Waffenexporte mehr an das Land zwischen dem Roten Meer und dem Persischen Golf erfolgt.

Die nun getroffene Entscheidung stieß jedoch bei den Grünen und damit im Lager des eigenen Koalitionspartners wegen der in Bezug auf die dortigen Menschenrechtsverstöße als inakzeptabel angesehenen Situation auf erhebliche Kritik. Die Zustimmung, die sich offenbar auf den Export von 150 Lenkflugkörpern der Marke Iris-T bezieht, war deshalb erfolgt, weil es zwischen Israel und Saudi-Arabien zuletzt zu einer Annäherung gekommen war.

7. Die Gleichsetzungen

Die Bilder, die seit dem 7. Oktober um die Welt gehen, haben in zahlreichen Ländern zu einem Aufflammen des Antisemitismus in einem kaum bekannten Ausmaß geführt. Begleitet wurden diese Reaktionen von uferlosen Debatten, die häufig affektbesetzt gewesen und mit latenten oder zuweilen auch offenen Aggressionen ausgetragen worden sind. Man könnte getrost von einer babylonischen Sprach- und Begriffsverwirrung im Angesicht einer desaströsen Zuspitzung eines Dauerkonflikts sprechen.

Bereits Arthur Koestler hatte 1948 im Jahr der Staatsgründung Israels beklagt, dass es in den Diskussionen über das „Palästinaproblem“ immer wieder zu einer „semantischen Verwirrung“ komme, die „durch emotionale Voreingenommenheit“ verschlimmert würde.[1] Für den ehemaligen Zionisten, der schon 1926 einige Zeit in einem Kibbuz zugebracht hatte, basierten die unterschiedlichen Betrachtungsweisen auf Referenzsystemen, die in ihr je eigenes „Universum der Argumentation“ eingebettet seien. Wie sehr diese Beobachtung auch 75 Jahre später Gültigkeit für sich beanspruchen kann, zeigte sich in den Tagen, Wochen und Monaten nach dem 7. Oktober.

1 Arthur Koestler, Mit dem Rücken zur Wand – Israel im Sommer 1948. Ein Augenzeugenbericht, Coesfeld 2020, S. 17.

Die Sprach- und Begriffsverwirrung am Abend des 7. Oktobers

Wie weit die Probleme reichten, wurde aber auch an Schwierigkeiten deutlich, für die Gräueltaten der Hamas und ihre Einordnung ins Spektrum von Gewalttätern die treffenden Worte zu finden. Dabei ging die wichtigste hiesige Presseagentur offenbar mit schlechtem Beispiel voran.[2] Angedeutet hatte sich das am 7. Oktober bereits in aller Frühe mit einer Eilmeldung. Die Deutsche Presse-Agentur (dpa) schrieb von „militanten Palästinensern", die Raketen auf Israel abgefeuert hätten. Bei dieser Verharmlosung, mit der der Eindruck verbreitet wurde, als habe man es eher mit gewaltbereiten Demonstranten als mit Terroristen zu tun, war kein Ausrutscher, sondern hatte zunächst durchaus System. Entweder war in Bezug auf die Hamas von Militanten, Bewaffneten oder aber von Kämpfern die Rede. Erst unter dem Eindruck der anwachsenden öffentlichen Empörung über das Geschehene besann man sich eines Besseren und begann damit, von „Terroristen" und von „Terror" zu schreiben.

Ganz ähnlich verhielten sich die öffentlich-rechtlichen Fernsehprogramme.[3] Als die ARD am Abend des 7. Oktobers mit dem „Brennpunkt" eine Sondersendung ins Programm nahm, konnte man sich des Eindrucks nicht erwehren, dass man damit eher unwillig das ritualisierte Samstagabend-Programm, demzufolge sich die deutsche Familie seit den Zeiten von Peter Frankenfeld und Hans-Joachim Kulenkampff in solchen Stunden um ein imaginäres „Lagerfeuer" schart, unterbrechen wollte. Als auch hier von „palästinensischen, militanten Kämpfern" die Rede war, erlaubte sich der als Interviewpartner zugeschaltete israelische Botschafter Ron Prosor die Bemerkung, dass es sich bei der Hamas weder um „Militante"

2 Vgl. Froben Homburger, Wenn die dpa von Terroristen spricht, *Frankfurter Allgemeine Zeitung* vom 17. Dezember 2023.

3 Vgl. Michael Hanfeld, Wie man menschenverachtende Barbarei benennt, *Frankfurter Allgemeine Zeitung* vom 9. Oktober 2023.

noch um irgendwelche „Kämpfer" handle, sondern um Terroristen, die Wehrlose auf offener Straße ermordeten. Danach jedoch folgte, als wäre nichts weiter als eine viertelstündige Verspätung zu akzeptieren gewesen, die von Barbara Schöneberger moderierte Sendung „Verstehen Sie Spaß?". Ob das zu Zuschauer-Protesten beim Sender oder irgendjemandem sonst geführt hat, sich über eine derartige Geschmacklosigkeit zu beklagen, ist zwar denkbar, aber unbekannt.

Noch problematischer gestalteten sich freilich die Reaktionen im II. Fernsehprogramm, dem ZDF. Dort kommentierte der langjährige Nahost-Experte Michael Lüders so, als könne er sich angesichts der Nachrichtenlage einer gewissen Genugtuung nicht erwehren. Während das „israelische Militär-Establishment" eine „Schlappe" habe hinnehmen müssen, meinte er, könne man hinsichtlich der Hamas durchaus von einem „Erfolg" sprechen. Seine eindimensionale Schlussfolgerung lautete, dass die israelische Politik, die Palästinenser völlig zu entrechten, nun wohl als gescheitert angesehen werden müsse.

Doch weder die dpa noch die Öffentlichen-Rechtlichen waren in ihrer anfänglichen Vermeidungsstrategie, die Mörderbanden angemessen zu benennen, eine Ausnahme. Auch der Fernsehsender n-tv und selbst der Deutschlandfunk besaßen offenbar Hemmungen, die Täter als Terroristen zu bezeichnen, und zogen es deshalb ebenfalls vor, sie lieber mit der Etikettierung „Kämpfer" gewissermaßen als neutral eingestellte Kombattanten einzustufen. Noch weiter gingen allerdings andere Agenturen wie die französische Agence France Presse (afp), die amerikanische Associated Press (AP) sowie die BBC, „... die bis heute in ihren Formulierungen den Terror-Terminus weder für das Massaker vom 7. Oktober noch für die Hamas als Organisation verwenden."[4]

Der Grund dafür hängt zumindest bei der BBC-Redaktion damit zusammen, dass es sogar eine explizite Anweisung gibt,

4 Ebenda.

den Terminus „Terrorismus" oder „Terrorist" möglichst zu vermeiden, um einen aus ideologischen Gründen bedingten Missbrauch zu verhindern, der in autokratischen Systemen gang und gäbe sei. Angesichts der Tatsache, dass Potentaten wie der türkische Staatspräsident Erdoğan oder sein russischer Kollege Putin kaum eine Gelegenheit versäumen, um missliebige ethnische Minderheiten oder oppositionelle Gruppierungen als „Terroristen" zu diskriminieren, um sie dadurch mundtot oder zu Objekten staatlicher Repression zu machen, dürfte der Grundgedanke nicht ganz verkehrt sein. Im Fall der Hamas schießt diese Vermeidungsstrategie jedoch eindeutig über ihr Ziel hinaus. Indem sie dazu führt, Etikettierungen so weit aufzuweichen, dass sie einem bei Sportveranstaltungen verwendeten Vokabular ähneln, leisten sie unfreiwillig einer Verharmlosung terroristischer Täter Vorschub.

Aus diesen und anderen Gründen ist es deshalb an der Zeit, die altbekannten, häufig antisemitismusverdächtigen Stereotypen von triftigen Argumenten zu trennen. Dabei geht es um eine Ordnung des diskursiven Feldes nach Maßgabe einer Unterscheidung zwischen den unverzichtbaren zivilisatorischen Minima auf der einen und der Präzisierung und Ausdifferenzierung der Problem- und Grenzfälle auf der anderen Seite.

Vergleiche und Analogien

Vergleiche haben in der zeitgeschichtlichen Forschung wie den Sozialwissenschaften insgesamt seit dem Anfang der neunziger Jahre Hochkonjunktur. Dass dem so ist, hing nicht zuletzt mit dem Epochenbruch von 1989/90 zusammen, der im Nachhinein allenthalben Vergleiche zwischen dem Sowjetkommunismus und dem Nationalsozialismus evoziert hat. In der alten Bundesrepublik hatte es jedoch nur wenige Jahre zuvor bereits eine Art Schule der Vergleichsproblematik gegeben. Diese war durch den 1986 von dem Historiker Ernst Nolte ausgelösten Historikerstreit in Gang gekommen. Es war dabei maßgeblich um die Frage gegangen, ob man den Nationalsozialismus, der mit dem als singulär verstandenen Holocaust einen Zivilisationsbruch begangen hatte, mit dem Bolschewismus bzw. Kommunismus vergleichen könne und ob Letzterer ein „Prius" im Verhältnis zum NS gewesen sei.

Bei solchen Debatten war rasch erkennbar geworden, dass die Zurückweisung derartiger Vergleichsoperationen häufig mit dem banalen Sachverhalt zu tun hatte, dass „vergleichen" als „gleichsetzen" verstanden wurde. Die Standardschlussfolgerung lautete dann zumeist: vergleichen ja, aber nur um dadurch die Unterschiede beider Vergleichsobjekte näher bestimmen zu können. Es lief in der Konsequenz darauf hinaus, vordergründige Analogiebildungen möglichst zu vermeiden.

Nun geht es also darum, sich nicht von der Inflation an problematischen, falschen oder völlig inakzeptablen Gleichsetzungen und Analogiebildungen verwirren zu lassen. Mal wird Netanyahu als „Faschist" beschimpft, mal der Zionismus mit „Rassismus" gleichgesetzt und ein anderes Mal wiederum die Palästinenser in ihrer Gesamtheit als „Terroristen" bezeichnet. Besonders hoch im Kurs steht derzeit die Ansicht, dass Israel das „Dritte Reich von heute" sei. Das denken in Europa, wie der im vergangenen Jahr von der Bertelsmann Stiftung erhobene Religionsmonitor herausgefunden hat, je nach Land mittlerweile zwischen 31 und 51 Prozent. Der Satz, dem sie zugestimmt hatten, lautete: „Was der Staat Israel heute mit den Palästinensern macht, ist im Prinzip auch nichts anderes als das, was die Nazis im Dritten Reich mit den Juden gemacht haben."[5] Bei einer vom Institut für angewandte Sozialwissenschaft (infas) im Sommer 2023, mehrere Monate vor dem 7. Oktober durchgeführten Umfrage unter 11.000 Personen ab 16 Jahren mit Internetzugang schlossen sich dieser Feststellung in Deutschland sogar 43 Prozent an. Das war ein höherer Anteil, als der Gesamtdurchschnitt von 38 Prozent in den insgesamt sieben untersuchten Ländern ergab.[6]

Auf jeden Fall lohnt es sich, bei einigen solch unverantwortlicher Gleichsetzungen einmal näher hinzuschauen, um die vermeintlichen Grundlagen derartiger Operationen sichtbar zu machen.

Nakba gleich Holocaust bzw. Shoah

Die wohl größte Hypothek für die palästinensisch-israelischen Beziehungen bestand darin, dass die Gründung des zionistischen Staates mit der Begehung eines Vertreibungsverbrechens einhergegangen war. Die Rede ist von der „Nakba", dem arabischen Wort für Unglück oder Katastrophe. Die Bezeichnung stammt von einem ausgesprochenen Vorreiter des arabischen Nationalismus und damals an der Amerikanischen Universität in Beirut als Historiker lehrenden Constantin Zureiq, ein griechisch-orthodoxer Christ, der sie erstmals in seinem 1948 erschienenen Buch „Ma ‚na al-Nakba" (Die Bedeutung der Katastrophe) verwendet hat, in der das Wort bereits im Titel genannt wurde.[7] Es sollen mindestens 700.000 arabische Palästinenser gewesen sein, die zwischen dem Herbst 1947 und dem Frühling 1949 geflüchtet oder vertrieben wor-

5 Jeder dritte Europäer vergleicht Israel mit Nazis im Dritten Reich, *Jüdische Allgemeine* vom 31. Dezember 2023.

6 Ebenda.

7 Constantin Zureiq, Ma 'na al-Nakba (The Meaning of the Nakba), Beirut 1948.

den waren. Viele ihrer Häuser wurden zerstört, zum Teil in die Luft gesprengt, und nicht wenige ihrer Äcker angezündet, um ihnen damit die Grundlage für eine etwaige Rückkehr zu entziehen.

Außerdem kam es verschiedentlich zu Massakern, durchgeführt von Angehörigen der beiden Untergrundorganisationen *Irgun* und *Lechi*, die sogenannte „Stern-Bande".[8] Das berüchtigtste war ein am 9. April 1948 in dem kleinen, nordwestlich von Jerusalem gelegenen und nur 600 Einwohner zählenden Dorf Deir Yasin verübtes.[9] Man geht davon aus, dass an diesem Tag über hundert, vielleicht sogar bis zu 254, von ihnen ermordet worden waren. „Die Eroberung des Dorfes", räumte Yitzhak Levy vom Geheimdienst der Haganah später ein, „wurde mit großer Grausamkeit durchgeführt. Ganze Familien – Frauen, alte Menschen, Kinder – wurden getötet."[10] Einige der Gefangengenommenen, darunter wiederum Frauen und Kinder, seien selbst anschließend noch „von ihren Entführern auf grausame Weise ermordet" worden. Nur vier Tage später begingen arabische Freischärler an dem oberhalb von Jerusalem gelegenen Skopusberg eine Vergeltungsaktion, indem man einen jüdischen Sanitätskonvoi durch eine Straßenmine in einen Hinterhalt lockte. Nach stundenlangen Kämpfen wurden deren Busse mit Benzin übergossen und angezündet. Am Ende waren 78 Angehörige tot, die meisten von ihnen verbrannt.[11]

In einem an Ministerpräsident David Ben-Gurion gerichteten Brief hatten Martin Buber, Ernst Simon und andere mit den Worten protestiert, dass das Massaker an der Zivilbevölkerung von Deir Yasin „ein schwarzer Fleck auf der Ehre der

8 Die britische Mandatsmacht benannte die *Irgun*-Abspaltung nach ihrem Begründer Avraham Stern.

9 Vgl. Benny Morris, 1948 – Der erste arabisch-israelische Krieg, Berlin/Leipzig 2023, S. 180–183.

10 Ebenda, S. 181.

11 Ebenda, S. 183/184.

jüdischen Nation" sei. Auch Hannah Arendt und Albert Einstein hatten sich mit anderen zusammen wenig später bei einem USA-Besuch von *Irgun*-Chef Menachem Begin[12] in einem von der *New York Times* veröffentlichten Brief insbesondere darüber empört gezeigt, dass man sich nicht einmal gescheut hätte, Auslandskorrespondenten an den Ort des Verbrechens einzuladen, um ihnen voller Stolz die Leichenberge zu präsentieren.[13]

Unter Historikern ist es allerdings umstritten, ob es sich bei diesem und anderen an der Zivilbevölkerung verübten Verbrechen um ethnische Säuberung gehandelt hat, wie das etwa von dem israelischen Historiker Ilan Pappe behauptet worden ist.[14] Sein Kollege Benny Morris, der den unmittelbar nach der Staatsgründung ausgebrochenen ersten arabisch-israelischen Krieg in seinem Werk „1948" wohl am detailliertesten untersucht hat, schreibt, dass nach den ihm vorliegenden Dokumenten die Vertreibung der arabischen Bevölkerung keineswegs eine Richtline gewesen sei, der das Militär sich zu fügen gehabt hätte. Der Prozess von Flucht und Vertreibung sei demnach nicht ideologisch motiviert gewesen, sondern habe sich eher sukzessive, durch unterschiedliche Faktoren determiniert, im Zuge des Kriegsgeschehens entwickelt.[15]

Seit dem Jahr 2004 wird zum Gedenken an das damalige Geschehen jeweils am 15. Mai ein eigener „Nakba-Tag" begangen. Eingeführt hatte ihn Yasir Arafat, der langjährige PLO-Vorsitzende und damalige Präsident der Palästinensi-

12 Dieser war später so weit gegangen, das von ihm kommandierte Massaker mit den Worten zu verteidigen, dass es „ohne den Sieg von Deir Yasin" einen israelischen Staat niemals hätte geben können. Vgl. Markus A. Weingardt, Deutsche Israel- und Nahostpolitik, Frankfurt am Main 2002, S. 33.

13 New Palestine Party. Visit of Menachem Begin and Aims of Political Movement Discussed, *New York Times* vom 4. Dezember 1948.

14 Vgl. Ilan Pappe, Die ethnische Säuberung Palästinas, Frankfurt am Main 2007.

15 Morris, 1948 – Der erste arabisch-israelische Krieg, ebenda, S. 9.

schen Autonomiebehörde. Damit sollen die in verschiedenen arabischen Ländern untergekommenen Flüchtlinge und deren Angehörige daran erinnert werden, sich für die Rückkehr in ihre vielfach immer noch als Heimat angesehenen Gebiete einzusetzen. Es heißt, dass palästinensische Familien einen Schlüssel aufbewahren würden, mit dem sie in ihre früheren Häuser irgendwann zurückzukehren versuchen wollten. Das jedoch kann kaum mehr als symbolisch gemeint sein, weil die damaligen Gebäude wohl kaum noch existieren dürften und ihnen der Weg dorthin ohnehin versperrt ist.

Diesen Tag nun aber ausgerechnet mit dem Holocaust bzw. der Shoah gleichsetzen zu wollen, um damit auf das Leid der Palästinenser hinzuweisen, ist vermessen. Denn die Ermordung der europäischen Juden war ein staatlich organisierter, rassistisch begründeter und industriell betriebener Vernichtungsakt. Die Nakba war sicherlich auch eine Tragödie, sie war aber weder von ihrer Form noch ihrer Ursache her ein systematisch herbeigeführter Massenmord.

Bemerkenswert ist allerdings, dass in Israel für das Wort Holocaust fast ausschließlich der Ausdruck Shoah verwendet wird. Da dieses hebräische Wort ebenfalls „Katastrophe" bedeutet, existiert eine etymologische Gleichsetzung mit der Bedeutung des arabischen Worts Nakba. Das ist gewiss unbeabsichtigt gewesen, verrät aber etwas davon, mit welchen Semantiken verschiedene, in diesem Fall in einen tragischen Dauerkonflikt verstrickte Völker ihrem Leid Ausdruck zu verleihen suchen.

Zudem sollte nicht unerwähnt bleiben, dass es seit 1948 auch eine umgekehrte Vertreibung gegeben hat. Sie spielte sich in verschiedenen arabischen Ländern ab, wie Ägypten, Syrien, Libyen, dem Libanon, dem Irak sowie den Ländern des Maghreb, und betraf die dort lebenden Jüdinnen und Juden. Sie dauerte bis zum Beginn der siebziger Jahre an und übertraf mit 850.000 quantitativ betrachtet sogar noch die im Fall der palästinensischen Bevölkerung Betroffenen. Ihre Flucht wird in einer Art Umkehrschluss zuweilen als „jüdische Nakba" bezeichnet.[16] Auch das war eine Entwurzelung und bestimmt ebenfalls mit traumatisierenden Spätfolgen verbunden.

Gaza gleich Ghetto

Angesichts der schon immer bedrückenden Zustände, die im Gaza-Streifen herrschten und ihn zu einer Enklave der Perspektivlosigkeit machten, die das Schicksal der Palästinenser mehr als an jedem anderen Ort sonst auf der Welt zu einer Wartehallenexistenz machte, war es durchaus nachvollziehbar, nach immer weiteren Metaphern Ausschau zu halten, um der schwer erträglichen Situation zumindest sprachlich einigermaßen Herr zu werden. Dabei spielen wie Israel insgesamt gegenüber auch Vergleiche eine Rolle, die sich hemmungslos besonders ausdrucksstarker Signalworte aus der Geschichte des Nationalsozialismus und der Judenvernichtung bedienen. Insofern gab es schon seit Langem die Tendenz, die schwierigen Etappen der israelischen Geschichte mit Kennwörtern aus dem Arsenal der NS-Herrschaft zu belegen und sie auf diese Weise nach Möglichkeit zu diskreditieren.

Seit dem 7. Oktober ist es im Umgang mit derartigen semantischen Praktiken jedoch zu einer regelrechten Konjunktur gekommen. So hatte angesichts der Bilder von Not und Elend selbst der Menschenrechtsbeauftragte des Vatikans, Kurienkardinal Renato Martino, keine Hemmungen, in die altbekannte Kiste zu greifen: „Schauen wir uns", führte er in einem Interview mit dem Online-Organ *Il Sussidario* aus, „die Lebensbedingungen im Gazastreifen einmal an: Das ähnelt immer mehr einem riesigen Konzentrationslager."[17] Als er damit auf Kritik stieß, versuchte er mit der Bemerkung zurückzurudern, dass er damit nicht etwa die Hamas hätte verteidigen wollen. Was in Gaza geschehe, sei furchtbar und men-

16 Vgl. Lyn Julius, Recognising the Jewish ‚Nakba', *The Guardian* vom 25. Juni 2008.

17 Zitiert nach: Israels Regierung entsetzt: Vatikan vergleicht Gazastreifen mit KZ, *taz.de* vom 29. Januar 2024.

schenunwürdig, auf beiden Seiten herrsche der Egoismus vor und es mangele vor allem an einem „Gespür für die Menschenwürde". Aus welchem Grund er es nun aber für richtig hielt, Israel die alleinige Verantwortung für diese Situation in die Schuhe schieben zu müssen, weil es in Gaza angeblich ein Riesen-KZ geschaffen hätte, ließ er allerdings unbeantwortet.

Wie derartige Vergleichsoperationen optisch funktionieren, lässt sich im Netz beobachten, wo bereits seit Längerem Graphiken zirkulieren, die wie die passgenaue Umsetzung des vom Kurienkardinal angestellten gedanklichen Kurzschlusses ausschauen. So ist etwa eine Bildcollage zu sehen, die in großen Lettern mit dem Begriff „Menschenwürde" einsetzt, darunter eine Aufnahme aus einem Ghetto zeigt, dann die Zeile „Warschau 1943", mit der Aufnahme von einem kleinen Jungen versehen, der einen Luftballon in seiner Hand hält und auf den Trümmern eines bombardierten Gebäudes steht, und zum Schluss die Zeile „Gaza 2009 – 2012 – 2014". Das alles ist suggestiv gemacht, kommt ohne irgendwelche Erklärungen aus und ist so weit als irgend möglich auf die Bildersprache reduziert.

In diesem bereits vor zehn Jahren verfassten und nun auf der Online-Seite der *Neuen Rheinischen Zeitung* wieder publizierten Artikel, unternimmt dessen Autor immerhin den Versuch, den Vergleich des Gaza-Streifens mit dem Warschauer Ghetto durch die Aufzählung von sieben vermeintlich aussagekräftigen Merkmalen zu rechtfertigen.[18] Die beiden Situationen seien dadurch gekennzeichnet, heißt es, dass es sich um kleine Territorien handle, dass sie von Stacheldrahtzäunen umgeben und überwacht würden, dass die darin befindliche Bevölkerung von einer ihr gegenüber feindlich eingestellten Besatzungsmacht abhängig sei, die Nahrungsmittel, Kommunikationsmittel, Medikamentenverteilung, Energie- und Wasserversorgung kontrolliere, dass sie eigene Vertreter

18 Elias Davidsson, Betrachtung anlässlich des israelischen Massakers in Gaza: Sind Gaza und Warschauer Ghetto vergleichbar? *Neue Rheinische Zeitung / NRhZ-Online*, abgerufen am 30. Januar 2024.

gewählt habe, dass sie sich ein Tunnelsystem geschaffen habe, dass die Besatzungsbehörde nicht das Ziel verfolge, die Lebensbedingungen der Eingeschlossenen zu verbessern, und es letztlich keinen einzigen Staat gebe, der die dort ausharrende Bevölkerung schützen würde.

Manches daran mag phänomenologisch betrachtet durchaus gewisse Ähnlichkeiten haben, dennoch aber bedeutet es nicht, dass die einzelnen Bildelemente im Ganzen betrachtet auf ein- und dieselbe Stufe zu stellen sind. Die entscheidende Differenz besteht darin, dass das Warschauer Ghetto eine Zwischenstation auf dem Weg in die Vernichtungslager war. Es losgelöst vom Holocaust begreifen zu wollen, führt in die Irre. Nahezulegen, dass man die Bevölkerung des Gaza-Streifens mit den Insassen eines NS-Ghettos auf eine Stufe stellen könne, stellt deshalb eine Zumutung dar.

Der immer häufiger strapazierte Gaza-Ghetto-Vergleich ist zuletzt aber vor allem deshalb in die Schlagzeilen geraten, weil er von der aktuellen Preisträgerin des von der Heinrich-Böll-Stiftung gemeinsam mit dem Bremer Senat verliehenen Hannah-Arendt-Preises verwendet worden ist. Es handelt sich um die amerikanisch-russische Journalistin Masha Gessen, die in einem kurz zuvor vom *New Yorker* unter dem Titel „In the Shadow of the Holocaust" veröffentlichten Essay[19] die von Kritikern für den Gaza-Streifen verwendete Bezeichnung „Freiluftgefängnis" als unzureichend ansah und vorschlug, sie besser durch das Wort „Ghetto" zu ersetzen. Das sei deshalb für das, was in Gaza gerade passiere, zutreffender, weil jetzt auch dieses Ghetto offenbar „liquidiert" werden solle, nun aber – so könnte man den Gedankengang fortsetzen – nicht von den Nazis, sondern von den Israelis.

Aufgrund dieser Argumentation gingen die Preisgeber umgehend auf Distanz und die noch anstehende Preisverleihung wäre beinahe abgesagt worden. Sowohl die Böll-Stiftung als

19 Masha Gessen, In the Shadow of the Holocaust. How the politics of memory in Europe obscures what we see in Israel and Gaza today, *The New Yorker* vom 9. Dezember 2023.

auch der Bremer Senat weigerten sich jedenfalls, an ihr teilzunehmen. Am Ende fand die Verleihung dennoch in einem kleineren Kreis statt, jedoch um den Preis, eine Debatte in Gang gesetzt zu haben, die die kulturelle Szene wochenlang in Atem hielt. Gessen, die jüdischer Herkunft ist, versuchte ihren Vergleich mit dem Argument zu verteidigen, dass ein solcher auch in umstrittenen Fällen zulässig sein müsse. Schließlich solle damit verhindert werden, „dass Dinge, von denen wir wissen, dass sie passieren können", am Ende auch tatsächlich passierten.

Der Begründer des Online-Magazins *Perlentaucher*, Thierry Chervel, unterzog daraufhin Gessens Essay und die von ihr nachgereichten Rechtfertigungsversuche einer grundlegenden Kritik.[20] Dabei stellte Chervel zunächst einmal fest, dass Masha Gessen, wie von ihr beansprucht, keinen Vergleich, sondern eine Gleichsetzung betrieben habe. Dies sei der Fall, wenn man ein- und denselben Namen benutze, um damit zwei unterschiedliche Sachverhalte zu benennen. Der „eigentliche Skandal" in Gessens Argumentation liege jedoch in dem, was sie nicht benenne und insofern auch nicht miteinander vergleichen könne. Nämlich die von der Hamas verübten Pogrome. Sie kämen im Essay der Autorin zwar am Rande vor, stellten jedoch nicht mehr als ein „Hintergrundrauschen" dar. Verräterisch sei, so Chervel weiter, dass sie in diesem Zusammenhang von Gräueltaten spreche, die man „noch nicht ganz begreifen" könne. Während der NS-Vergleich für sie mit Blick auf Israel durchaus zulässig sei, wäre er es mit Blick auf die Hamas ebenso wie auf Putins Ukrainekrieg nicht. In der „Leerstelle" der bei Gessen in vager Ferne liegenden Hamas-Verbrechen liege „der größte Horror" ihres Essays. Hier dröhne ein „Schweigen", das es verdiene, ebenfalls benannt zu werden.

Und das scheint in der Tat der Punkt zu sein, in dem sich Gessens Gaza-Ghetto-Gleichsetzung mit den auch von

20 Thierry Chervel, Namenlose Verbrechen, *perlentaucher* vom 18. Dezember 2023.

manch anderem propagierten Varianten verbindet. Sie stellen keine wirklichen Vergleiche her, sondern betreiben in suggestiver Manier Gleichsetzungen, die letzten Endes nur zu häufig auch noch in einer Rhetorik der Auslassung kulminieren. Bei Kurienkardinal Martino ist es die Nicht-Erwähnung der Hamas, bei Davidsson das Verschweigen der Tatsache, dass das Warschauer Ghetto eine Transit-Station auf dem Weg nach Auschwitz war, und bei Gessen ist es das Herunterspielen des Hamas-Massakers zu einem tendenziell unbegreifbaren Vorfall. Durch solche Weglassungen und Ausklammerungen wird am Ende eine kognitive Durchdringung der divergenten Zusammenhänge sabotiert. Was übrigbleibt, das sind blinde Flecke auf einem überaus verminten Diskurs-Feld.

Westjordanland gleich Apartheid

Was der Ausdruck Apartheid bedeutet, der ja wörtlich genommen „Getrenntheit" und damit in einem sozialwissenschaftlichen Sinne Segregation bedeutet, woher dieser Begriff stammt und worauf er zur Klärung von rassistisch bedingten Unrechtsverhältnissen bezogen werden kann, schien lange Zeit nicht in Frage zu stehen. Dass dem bislang so gewesen ist, hängt damit zusammen, dass Apartheid mit der in Südafrika praktizierten Form der Rassentrennung assoziiert wird und eher selten Versuche unternommen worden sind, den maßgeblichen Ausdruck für das 1994 nach Jahrzehnten weißer Vorherrschaft beendete Apartheidsystem, auf andere politische Systeme zu übertragen.

Genau das spielt sich aber im Falle Israels immer wieder ab und hat sich zuletzt weiter verstärkt. In seiner anklagenden Funktion wird der Begriff „Apartheid" maßgeblich auf das Westjordanland oder aber auf Israel selber bezogen. Das geschieht etwa dann, wenn die Bewegung *Boycott, Divestment and Sanctions* (BDS) Israel vorwirft, es würde wie im einstigen Südafrika eine Politik der Apartheid praktizieren, und mit diesem Vorwurf seine Boykottaufrufe Israel gegenüber begründet.

Auch angesehene Organisationen wie *Amnesty International* oder *Human Rights Watch* sind davon nicht weit entfernt.

Nun ist es ausgerechnet unter zwei der angesehensten und sich untereinander auch durchaus kollegial respektierenden Historikern zu einem erbitterten Streit über die Anwendbarkeit des Apartheitsbegriffs auf Israel und insbesondere das Westjordanland gekommen. Mit empirisch unterfütterten Werken vermochten beide Standardwerke zur Geschichte des Zionismus sowie zur Gründung Israels vorzulegen. Der eine ist mit Tom Segev, ein in Jerusalem geborener Sohn aus dem Deutschen Reich nach Palästina geflohener Eltern, der vielleicht wichtigste Vertreter der sogenannten neuen Historiker. Er behauptet, die Verwendung des Begriffs Apartheid sei, ebenso wie die des Begriffs Kolonialismus im Kontext des Nahostkonflikts, nichts anderes als ein Indiz für „intellektuelle Faulheit". Sein kaum weniger renommierter Kollege Omer Bartov ist der exakt gegenteiligen Ansicht. Im Gegensatz zu Segev, Jahrgang 1945, entstammt Bartov, Jahrgang 1954, einer streng zionistischen Familie und hat zudem als Infanterist den für Israel extrem bedrohlichen Jom-Kippur-Krieg miterlebt. Während Segev eher als Experte für Israel, Palästina und die britische Mandatszeit gilt, wird Bartov vor allem mit der Erforschung des Holocausts und mit Expertisen im Rahmen der Genozidforschung assoziiert.

In einem *Spiegel*-Interview, in dem er die israelische Regierung wegen ihrer massiven Angriffe auf den Gaza-Streifen kritisiert hatte, behauptete Bartov, dass zumindest das, was sich im Westjordanland abspiele, „eindeutig ein Apartheitsregime" sei. Den drei Millionen dort lebenden Palästinensern stünden rund 750.000 Siedler gegenüber, die in jeweils ganz unterschiedlichen Rechtssystemen agierten. „Die Juden", so fuhr er weiter fort, „sind extraterritoriale israelische Bürger, die nach israelischem Recht das israelische Parlament wählen können und alle Rechte genießen. Die Palästinenser hingegen leben unter einem Militärregime. Das bedeutet, dass sie willkürlich verhaftet werden können, dass ihnen ihr Eigentum weggenommen werden kann und dass sie von Militärrichtern verurteilt werden, die im Grunde Anwälte in Uniform sind, also einseitig urteilen."[21]

Den ihm von dem Interviewer entgegengehaltenen Einwand, dass man den Apartheitsbegriff in dem genannten Kontext nicht verwenden dürfe, weil Israel im Gegensatz zu Südafrika eine und zwar die einzige im Nahen Osten funktionierende Demokratie sei, kontert er damit, dass im Westjordanland ein Besatzungsregime regiere und keineswegs eine Demokratie. Großbritannien, das in Palästina bis 1948 als Mandatsmacht agierte, sei zwar eine Demokratie, deshalb aber seien die von ihm beherrschten Kolonien längst noch nicht ebenfalls demokratisch gewesen. Während die sich fortwährend weiter ausbreitenden Siedler mit ihren Gebäuden große Gebiete zerstückelten, verfüge auf palästinensischer Seite nur eine kleine Minderheit über das, was man als volle Autonomie bezeichnen könne. Israel benötige keine Rassengesetze wie sie seinerzeit in Südafrika verwendet wurden, weil die Palästinenser über einen ganz anderen, erheblich niedriger einzustufenden Rechtsstatus als israelische Bürger verfügen. Würde man die am 6. November 1962 von der Generalversammlung der UNO verabschiedete Resolution zur Verurteilung des damals in Südafrika noch herrschenden Apartheitsregimes zu Rate ziehen, dann müsse man feststellen, dass alle darin aufgestellten Kriterien auch auf das Westjordanland zuträfen.

Einen knappen Monat später brachte nun Segev seine Einwände gegen den Apartheitsbegriff vor, allerdings ohne sich direkt auf Bartov zu beziehen, jedoch ebenfalls in einem Interview mit dem *Spiegel*. „Bei uns geht es", so führte er aus, „um einen Konflikt zwischen zwei Völkern um das Land, es ist kein Rassenkonflikt."[22] Die Mehrheit der Israelis stamme nicht aus Europa, es handle sich bei ihnen um arabische Juden. Nicht

21 „Israel wendet exzessiv und unverhältnismäßig Gewalt an" Historiker über den Gazakrieg, *Spiegel-Online* vom 8. November 2023.

22 Israel nach dem Massaker vom 7. Oktober „Die Begriffe Apartheid oder Kolonialismus verstehe ich als intellektuelle Faulheit", *Spiegel-Online* vom 3. Dezember 2023.

jede Diskriminierung könne man mit Apartheid gleichsetzen. Das Gleiche gelte im Übrigen auch für den Kolonialismus-Begriff: „Israel ist nicht kolonialistisch, weil die Gründe des Kolonialismus entweder wirtschaftlich oder strategisch sind. Zionismus ist eine nationale Ideologie."[23] Auf den ersten Blick sind beider Argumentationen nachvollziehbar und entfalten in ihrem Urteil durchaus plausibel erscheinende Gedanken. Allerdings dürfte ihr reflexives Potential, da sich die Kontrahenten nicht in einer direkten Debatte bewegt haben, längst nicht ausgeschöpft worden sein.

Israel als Staat pauschal Apartheid vorwerfen zu wollen, ist vor allem Ausfluss einer Ideologie. Eingefleischte Gegner suchen ganz offenbar nach einer Skandalisierungsvokabel, mit der sie diesen diskreditieren und letztlich in Gänze verurteilen können. Dass das insbesondere von Exponenten der Identitätspolitik unternommen wird, liegt auf der Hand. Für sie geht es in ihrem manichäischen Weltbild vor allem darum, die Vorstellung, dass Israel von „Weißen" beherrscht werde, die als „Indigene" eingeschätzte Palästinenser zu unterdrücken versuchten, mit einem entgrenzten Rassismusvorwurf zu verbinden. Der zionistische Staat ist jedoch weder im Hinblick auf sein Rechtssystem noch auf seine Politik mit dem untergegangenen südafrikanischen Apartheidsystem gleichzusetzen.

Die Verhältnisse im Westjordanland stellen sich allerdings anders dar; denn wir haben es dort mit einer Art Mischverhältnis zu tun. Zum einen untersteht das westlich des Jordans gelegene Gebiet der Palästinensischen Autonomiebehörde und markiert damit für sie das Kerngebiet eines künftigen Palästinenserstaates. Zum anderen aber ist eine nach internationalem Recht als illegal verurteilte, aber von der Regierung Netanyahu maßgeblich beförderte Siedlerbewegung in dieses Areal massiv vorgedrungen und hat sich mit ihren partiell zu Festungen ausgebauten Anlagen immer weiter zu etablieren vermocht. Da diese in einem erheblichen Maße aus religiösen

23 Ebenda.

Motiven gespeiste Bewegung darauf aus ist, die dort rechtmäßig lebende palästinensische Bevölkerung zu verdrängen, wenn nicht gar zu vertreiben, ist der Eindruck, es hier mit einem kolonialistischen Vorstoß zu tun zu haben, nicht einfach von der Hand zu weisen. Im Falle der Siedlerbewegung handelt sich jedoch nicht um einen Staat, sondern um eine Akteurskohorte, die zweifellos als der verlängerte Arm der gegenwärtigen israelischen Regierung und damit des israelischen Staates angesehen werden muss. Und diese von Minister Ben-Gvir mit Waffen ausgestatteten Aktivisten treten den palästinensischen Bäuerinnen und Bauern gegenüber wie Eroberer auf. Insofern dürften zumindest einige der von Omer Bartov erhobenen Vorwürfe durchaus zutreffend sein.

Hamas gleich Befreiungsbewegung

In der zweiten Hälfte der sechziger Jahre hatte sich unter emphatischen Vorzeichen eine Öffnung zum Internationalismus vollzogen: Mit einem Mal standen der *Vietcong* und die antikolonialen Befreiungsbewegungen der Dritten Welt im Zentrum aller Solidaritätsbemühungen. Entfernungen spielten nur noch eine untergeordnete Rolle. Der Protest, insbesondere der gegen den Vietnamkrieg der USA, schien die Demonstranten zum aktiven Teil einer globalen Oppositionsbewegung zu machen. Das *global movement* aber war mehr als nur eine Metapher, es war virtuell und real zugleich. Erste Vernetzungen zwischen den Aktivistinnen und Aktivisten existierten durchaus; sie stellten Verbindungen zwischen Ankara und Athen, Berlin und Berkeley, Kairo und Kopenhagen, Washington und Wien her.

Die Transnationalität war sowohl von ihrem Ziel als auch von ihrer Form her ein wesentlicher Gesichtspunkt vorhergehender Protestbewegungen. Von der klassischen Arbeiterbewegung einmal ganz abgesehen, die sich den Internationalismus schon lange zuvor auf ihre Fahnen geschrieben hatte, gab es bereits Ende der vierziger und Anfang der fünfziger Jahre zwei Bewegungen, die sich explizit die Abschaffung bzw.

die Überwindung des Nationalstaats zum Ziel gemacht hatten – die Weltbürger- und die Europabewegung. Während die eine rasch am Fundamentalismus ihrer supranationalen Utopie scheiterte, ging die andere mehr oder weniger in den pragmatischen Schritten der europäischen Integration auf. Eine dritte transnationale Bewegung jener Zeit, die kommunistische Weltfriedensbewegung, verfolgte ihre über den Nationalstaat hinausgehenden Ziele jedoch nur zum Schein. In Wirklichkeit artikulierte sie ihre Interessen letztlich nur zum Zweck einer Stärkung des sowjetkommunistischen Blocks.

Anders sah es mit den beiden Friedens- und Abrüstungsbewegungen aus, die am Ende der fünfziger Jahre entstanden – der Anti-Atomtod- und der Ostermarschbewegung. Sie begriffen sich von Anfang an als Ausdruck antimilitaristischer Strömungen, die über die National- ebenso wie die Blockgrenzen hinweggingen. Eine besondere Rolle spielten dabei die Kooperationen mit der Anti-Nuklearbewegung in Japan, wo es wegen der Atombombenabwürfe auf Hiroshima und Nagasaki ein außerordentlich hohes Mobilisierungsniveau gab. Der Brückenschlag, der zwischen Europa und Japan auf der einen und zwischen Japan und Nordamerika auf der anderen Seite hergestellt wurde, hatte zugleich ein erstes wichtiges Netz zur Koordinierung von Protestaktivitäten gespannt. Neben den Friedensbewegungen, die immer schon a priori transnational ausgerichtet waren, gab es in den fünfziger und sechziger Jahren eine weitere Grundströmung, aus der eine Vielzahl von Gruppen und Organisationen entstanden ist – den Antikolonialismus.

Mit der Neuaufteilung der Welt nach dem Ende des Zweiten Weltkriegs, die zu einer Schwächung der beiden Kolonialmächte Frankreich und Großbritannien führte, erlebten die antikolonialistischen Bestrebungen einen großen Aufschwung. Die beiden europäischen Großmächte hatten das Kriegsende zwar auf der Seite der Sieger erlebt, gleichzeitig waren ihnen jedoch zahlreiche Niederlagen in Konflikten mit ihren Kolonien vorgezeichnet. In Indien, Afrika und Asien gelang es einem Land nach dem anderen, seine nationale Unabhängigkeit zu erringen. Im Zeitalter der Dekolonialisierung erfuhr der Internationalismus, auch wenn sich die Erringung staatlicher Souveränität unter jeweils nationalen Vorzeichen vollzog, einen Durchbruch.

Als sich dann 1965 herausstellte, dass die USA zur Sicherung ihrer strategischen Interessen bereit waren, in Vietnam nicht nur einen verdeckten, sondern auch einen offenen Krieg zu führen, wurde dies in allen Erdteilen als ein schwerer Rückschlag erfahren. Die Weltmacht, die bei kaum einem internationalen Konflikt die Gelegenheit ausließ, sich hinter die Vereinten Nationen zu stellen, schien nun in die kolonialistische bzw. imperialistische Vergangenheit zurückzufallen. Dies führte in den Vereinigten Staaten innerhalb kürzester Zeit zur Entstehung einer Antikriegsbewegung, die ihre Aktivitäten rasch in Kontakt mit Gruppen anderer Länder zu organisieren begann. So kam es bereits 1965 zu ersten Internationalen Protesttagen gegen den Vietnamkrieg, die sich um den gesamten Erdball spannten und in den Jahren darauf in einzelnen Wellen weiter verdichteten. Ohne den Einsatz größerer Organisationen und mit einem nur geringen technischen Aufwand gelang es, über Zehntausende von Kilometern hinweg gemeinsame Protestaktionen durchzuführen. Von San Francisco nach Sydney, von New York nach Tokio, von Kopenhagen nach Kairo, von Montreal nach Sao Paulo und von Washington nach London, Paris und Rom bedurfte es offenbar keiner großen Überredungskunst, um die Kriegsgegner auf die Straße zu bringen. Im Handumdrehen war ein Fanal gesetzt worden. Ein Zusammenhang hatte sich konstituiert, der auf dem besten Wege war, aus der Phrase des „Weltweit" Ernst zu machen.

Als der SDS dann in West-Berlin „Amis raus aus Vietnam!" und „Solidarität mit dem Vietcong" forderte, war das in der Frontstadt des Kalten Krieges zwar lediglich die Stimme einer winzigen Minderheit, was diese jedoch von der einer obskuren Sekte unterschied, war die Tatsache, dass vermutlich mehr als der halbe Erdball hinter den Parolen stand. Die nicht unpathetische Orientierung an den Befreiungsbewegungen der Dritten Welt verführte allerdings auch dazu, politische Modelle zu importieren, die für eine Auseinandersetzung in der Ersten Welt untauglich waren. Es war vermutlich mehr als nur ein Zufall, dass im Juni 1967 der Staatsbesuch eines ausländischen Potentaten, des Schahs von Persien, in West-Berlin den Anlass für Proteste und diese wiederum für eine Polizeiaktion bot, die mit dem Germanistikstudenten Benno Ohnesorg einen Toten forderte, der schließlich zum Signal des Aufbruchs wurde.

Die Dritte Welt war eine regelrechte Projektionsbühne für romantisch aufgeladene Bilder eines internationalen Befreiungskampfes. Die fernen Guerilleros dienten der 68er-Bewegung als Ersatz für ihre im eigenen Land mehr oder weniger gegenstandslosen revolutionären Hoffnungen. Gegen die Mächte des Bösen waren Antikolonialismus und Antiimperialismus angesagt. Die Befreiungsbewegungen wurden dagegen als das Gute schlechthin angesehen. Ihre politische, moralische oder ethische Integrität in Zweifel zu ziehen, galt als frevelhaft. In der Identifikation mit dem *Vietcong* wollte man selbst in die Rolle einer Partisanengruppe schlüpfen und in der Heroisierung von Che Guevara, Fidel Castro und Ho Chi-Minh sich in die Figuren revolutionärer Führer hinein phantasieren. Indem man sich als Teil internationaler Solidarität verstand, versuchte man zugleich an einem globalen Mythos teilzuhaben und sich auf diesem Umweg einen revolutionären Nimbus zu geben.

Das alles war reichlich überspannt und von einer Vermessenheit bestimmt, für die bundesdeutsche Linksradikale offenbar besonders anfällig waren. Wie kaum eine zweite kannte die in die USA emigrierte Totalitarismustheoretikerin Hannah Arendt die Verführungskraft bestimmter philosophischer Traditionen, die in Deutschland aus dem Hegelschen Idealismus resultierten, im Marxschen Klassenkampf-Denken weitergewirkt und in sogenannten „direkten Aktionen" eine politisch besonders wuchtige Gestalt angenommen hatten. Nicht ohne Grund warnte sie deshalb im November 1967 in einem an einen deutschen 68er gerichteten Brief vor einer „Art umgekehrter Größenwahnsinn".

Gegenüber den Ambitionen, Diktaturen weltweit zu bekämpfen, Befreiungsbewegungen zu unterstützen und so Politik für die Dritte Welt insgesamt machen zu wollen, plädierte sie energisch für eine Eingrenzung des Denkens ebenso wie des Handelns. „Keine Frage, es geht uns an, wenn in Persien, Vietnam und Brasilien ‚unwürdige Zustände' herrschen, aber es liegt wahrhaftig nicht an uns. Das scheint mir, ist eine Art umgekehrter Größenwahnsinn. Probieren Sie einmal, Politik in Persien zu machen, und sie werden rasch davon geheilt sein. Ihre Verantwortung ist zu verhindern, dass in Deutschland unwürdige Zustände herrschen und dass Studenten, die demonstrieren, totgeschossen werden. Damit, fürchte ich, werden Sie bereits alle Hände voll zu tun haben. Politics like charity begins at home. Wenn sich morgen, z.B. – was durchaus möglich ist – nach dem Abzug amerikanischer Truppen aus Vietnam die Vietnamesen gegenseitig die Gurgeln durchschneiden, werde ich mich wenigstens nicht im Mindesten verantwortlich fühlen. Politik ist unter anderem ja auch immer noch die Kunst des Möglichen, und die Möglichkeiten der Menschen und der Völker sind immer limitiert. Solche Grenzen nicht anzuerkennen, ist Größenwahnsinn, auch wenn er sich hinter erhabenen Gefühlen verbirgt. Und er ist in der Politik, und nicht zuletzt in Deutschland, sehr gefährlich [...] Worauf es politisch ankommt, ist limitiert denken lernen. Das ist für Leute wie Sie und mich, die aus einer so gewichtigen und großartigen philosophischen Tradition wie der deutschen kommen, nicht ganz leicht, denn es liegt im Wesen des Denkens, Grenzen zu übersteigen."[24]

Arendt warnte also inständig davor, sich von der Philosophie dazu verleiten zu lassen, die Grenzen des Politischen ständig weiter auszudehnen und aktives Handeln an einer solchen Vermessenheit zu orientieren. Doch für derartige Ein-

24 Wolfgang Kraushaar, Hannah Arendt und die Studentenbewegung. Anmerkungen zum Briefwechsel zwischen Hans-Jürgen Benedict und Hannah Arendt, in: *Mittelweg* 36, 17. Jg., Heft 1/2008, Februar/März 2008, S. 9–13.

wände schien in einer Zeit, in der Berichte über Kriege, Aufstände und Gräueltaten sofort auf ein großes Echo stießen, niemand mehr empfänglich zu sein. Ein überbordendes Gerechtigkeitsgefühl schien es nicht mehr zuzulassen, einfach so weitermachen zu können, als würde einen das, was Tausende von Kilometern entfernt an Gewalt und Ungerechtigkeit geschah, nicht tangieren.

Und mit einer solchen Sichtweise blickte man auch auf die Palästinenser mit ihrer Vielzahl an „Befreiungsorganisationen", die sich dem Projekt nationaler Unabhängigkeit verschrieben, aber zu einem gehörigen Teil die Gestalt von terroristischen Kampfverbänden angenommen hatten.

Das obszön klingende Bonmot, dass „des einen Terrorist des anderen Freiheitskämpfer" sei, verrät, wie weit zuweilen Meinungen und Haltungen auseinandergehen, die sich eigentlich nicht in einer solch elementaren Einschätzung widersprechen sollten. Als mit Yasir Arafat am 13. November 1974 der PLO-Vorsitzende vor die Vollversammlung der Vereinten Nationen trat, um in Uniform und Palästinensertuch, der traditionellen Kufiya, sowie einem um seinen Leib geschnallten Pistolenholster für die staatliche Anerkennung seines Volkes zu werben, erklärte er:

"Wer auf Seiten einer gerechten Sache steht, wer für die Freiheit seiner Heimat und seine Unabhängigkeit gegen Eroberung, Besatzung und Kolonialismus kämpft, auf den kann in keiner Weise das Attribut Terrorist angewandt werden; [...] Derjenige aber, der die Waffe gegen die gerechte Sache trägt, derjenige, der den Krieg für die Besatzung der Heimatländer anderer, für ihre Beraubung, Ausbeutung und Kolonialisierung führt, der ist der Terrorist."[25]

Für ihn war also die Sache so klar, wie sie kaum hätte klarer ausfallen können. Doch eine solche Unterscheidung existierte nur auf dem Papier. In Wahrheit bestand Arafats Geschick

25 http://www.palaestina.org/dokumente/plo/rede_von_praesident_yassir_arafat.pdf, S. 9.

gerade darin, mit allen nur denkbaren rhetorischen Kniffen zu verschleiern, welche Terrorgruppen sich unter dem Deckmantel der PLO verbargen. Nur aus taktischen Gründen rang er sich nach Terrorschlägen, deren Täterschaft kaum zu bestreiten war, hin und wieder eine Distanzierung ab.

Die unter seiner Hut befindlichen Gruppierungen wie etwa die PFLP waren zumeist säkularer und nicht religiöser Natur. Bei der Hamas jedoch handelt es sich unbestreitbar um eine fundamental-islamische und damit in ihrem Kern religiös determinierte Organisation. Sie besitzt freilich – wie bereits beschrieben – verschiedene Gesichter. Denn die „Organisation des islamischen Widerstands“, wie sie am liebsten gesehen werden möchte, ist auch eine Art islamischer NGO, mit einem karitativen Zweig, der Schulen, Waisenhäuser und Kliniken betreibt, sie ist auch Teil eines Netzwerks, sie ist eine politische Partei, die Repräsentantin verschiedener lokaler Behörden und sie stellt sogar die letzte demokratisch legitimierte Vertretung des Gaza-Streifens dar. All diese Facetten können jedoch in keiner Weise darüber hinwegtäuschen, dass es sich um eine extrem radikalisierte islamische Terrororganisation handelt, die man mit dem *Islamischen Staat* (IS), der ebenfalls noch nicht ganz von der Bildfläche verschwunden ist, zumindest im Hinblick auf seine vor keiner Grausamkeit zurückschreckende Ideologie und Praxis auf eine Stufe stellen kann.

Es gehört schon ein ziemliches Ausmaß an Verblendung dazu, in Bezug auf die Hamas überhaupt einen Zusammenhang wie den einer angeblichen Widerstands- und Befreiungsbewegung als eine irgendwie offene Frage erörtern zu wollen. Spätestens mit der Bekanntgabe ihrer Charta hätte man ein solches Vorhaben getrost ad acta legen können. Sich an dieser Stelle nun aber dennoch damit zu befassen, verfolgt das Ziel die ideologischen Bezugsfelder und deren Protagonisten genauer zu bestimmen, die auf Teufel komm raus unbedingt an ihrer Verklärung festhalten wollen.

Zu den Protagonisten solcher Verdrehungen zählt die 2013 in den USA gegründete *Black Lives Matter*-Bewegung (BLM), die im Mai 2020 nach der Tötung des Afroamerikaners George Floyd durch einen weißen Polizeibeamten mit der Organisierung von Protesten weltweit bekannt geworden war und auch hierzulande über eine beträchtliche Anhängerschaft verfügt. Nach dem 7. Oktober reagierte sie ebenso rasch wie dezidiert. Zuerst verkündete sie am 9. Oktober, als wolle sie damit jeglichen Zweifel an der vermeintlichen Legitimität der Hamas für die von ihr begangenen Taten ausräumen, dass „Palästinensische Freiheitskämpfer keine Terroristen" seien. Sie würden deshalb „den Widerstand in Palästina" vollumfänglich unterstützen. Und einen Tag später postete BLM von Chicago aus eine Aufnahme mit einem Gleitschirmflieger, unter der sich trotzig der Slogan „I stand with Palestine" fand.

Derartige Reaktionen konnten Beobachter der Szene freilich nicht überraschen. Denn im Sommer 2020 war es nach dem Polizistenmord an George Floyd immer wieder zu antiisraelischen und antijüdischen Ausschreitungen gekommen. Dabei waren etwa in Los Angeles die Geschäfte vermeintlich jüdischer Inhaber zerstört und Synagogen mit Slogans wie „Free Palestine!" und „Fuck Israel" beschmiert worden. Derartige Attacken sind im Umfeld afroamerikanischer Proteste keine Seltenheit. Sie verweisen zudem auf eine lange Vorgeschichte, allerdings auf eine, die mit der sich Mitte der sechziger Jahre vollzogenen Spaltung der US-amerikanischen Bürgerrechtsbewegung zu tun hatte. Während ihr Vorkämpfer und zeitweilig unbestrittener Anführer Martin Luther King keinen Zweifel daran ließ, Jüdinnen und Juden als „großartige Verbündete" im Kampf gegen Rassismus zu betrachten, schlug die militante, sich vom gewaltfreien Widerstand abgespaltene und von Stokely Carmichael angeführte Black-Power-Bewegung eine andere Richtung ein. Sie propagierte zum Teil sogar eine umgekehrte Segregation zwischen Weißen und Schwarzen und besaß immer weniger Hemmungen damit, die Grenzen der Legalität zu überschreiten.

Eines ihrer Vorbilder war der im Februar 1965 ermordete charismatische Bürgerrechtler Malcolm X, der zum Islam konvertiert war, eine Pilgerreise nach Mekka unternommen hatte und sich als Mitglied der *Nation of Islam* feiern ließ. Auswirkungen hatte das auch auf die im Oktober 1966 im kalifornischen Oakland gegründete *Black Panther Party*. Sie wechselte zwar nicht zum Islam über, nahm dennoch aber eine kritische bis feindliche Haltung Israel gegenüber ein. Für sie war der Judenstaat ein Hort des Kolonialismus und der Ausbeutung, den es zu bekämpfen galt. Die Palästinenser und die Bewohner verschiedener arabischer Staaten galten ihnen hingegen – als sei alles nur eine Frage der Pigmentierung – als unterdrückte „People of Colour".

Black Lives Matter-Aktivisten bewegen sich, auch wenn ihnen das selbst nicht klar sein sollte, insofern in einem Traditionsstrom. Dieser Zusammenhang dürfte es ihnen erleichtert haben, ein entsprechendes Netzwerk aufzubauen. Da ihre Kernparole immer populärer wurde, gab es in den USA nicht wenige Großkonzerne, die wie Amazon, Apple, McDonalds und Walmart auf diesen Zug aufzuspringen versuchten und entweder verkündeten, ihre Mitarbeiter einem Diversity Training zu unterziehen, oder aber BLM finanziell zu unterstützen. Als auch noch *Pepsi* mit einer auf die Solidaritätsbewegung bezogenen TV-Werbung einstieg und darin eine blumige Botschaft von Einigkeit, Frieden und mehr Miteinander verkündete, mehrten sich kritische Stimmen, die darin eine kommerzielle Instrumentalisierung sahen, mit denen das Bild der Afroamerikaner auf anstößige Weise verklärt würde. Doch zurück zum Thema der fragwürdigen Gleichsetzung der Hamas mit einer Unabhängigkeitsbewegung.

Eine Vorreiterin war in dieser Hinsicht unzweifelhaft die an der Universität Berkeley lehrende Philosophin Judith Butler, die sich in der Tradition des Poststrukturalismus sowie der Kritischen Theorie bewegt und seit ihrer 1990 erschienenen Arbeit über „Das Unbehagen der Geschlechter" als Vorkämpferin der Diversität angesehen wird. Auf einem Teach-in an der Universität Berkeley hatte sie 2006 die Hamas (zusammen mit der Hisbollah) als soziale Bewegung bezeichnet, diese als

„progressiv" eingeordnet und behauptet, sie würde „zur globalen Linken" gehören.[26] Das geschah zu einer Zeit, als die Hamas schon längst kein unbeflecktes Blatt mehr war und mit ihren über Jahre hinweg verübten Selbstmordattentaten in Israel für Angst und Schrecken gesorgt hatten. Die für die Verleihung des Theodor-W.-Adorno-Preises zuständige Jury, der obligatorisch auch der Oberbürgermeister der Stadt Frankfurt angehörte, hatte das 2012 nicht davon abgehalten, sie als erste Frau mit einem Preis auszuzeichnen, der nach einem der bedeutendsten Antisemitismus-Kritiker benannt ist. Anschließend hagelte es an vorwurfsvollen Kommentaren.

Doch die Gescholtene, selbst jüdischer Herkunft, beeindruckte das nur wenig. Sie verteidigte nicht nur ihre Pro-Hamas-Position, sondern fuhr in ihrer verdrehten Sichtweise des palästinensisch-israelischen Konflikts in all den Jahren unverändert weiter fort. Nur wenige Tage nach dem 7. Oktober verfasste sie unter dem Titel „The Compass of Mourning" (Kompass der Trauer) einen Essay für die *London Review of Books*, in dem sie das von der Hamas verübte Massaker einerseits historisch einzuordnen, es andererseits aber zu relativieren und seine Urheber damit zu entlasten versuchte.[27] Sie beklagte sich vor allem darüber, dass „die moralische Reaktion des Augenblicks" das „Verständnis für die radikalen Ungerechtigkeiten, die das besetzte Palästina und die gewaltsam vertriebenen Palästinenser erdulden" müssten, nun in den Hintergrund abdrängen würde.

In einer der Reaktionen darauf wurde der Titel von Butlers Essay wortwörtlich genommen, die dabei eingeschlagene

26 Butlers Statement lautete wörtlich: „I think: Yes, understanding Hamas/Hezbollah as social movements that are progressive, that are on the left, that are part of a global left, is extremely important. That does not stop us from being critical of certain dimensions of both movements." Zitiert nach: Zahi Zalloua, Continental Philosophy and the Palestinian Question: Beyond the Jew and the Greek, London 2017, S. 64.

27 Judith Butler, The Compass of Mourning, *London Review of Books* vom 19. Oktober 2023, 45. Jg., Nr. 20.

Richtung jedoch umgedreht. Er stammte von dem an der Universität Potsdam Jüdische Studien und Philosophie lehrenden Christoph Schulte und lautete schlicht: „Judith Butler und der defekte Kompass".[28] Darin wirft er ihr vor allem eine Unterkomplexheit in der historischen Rekonstruktion des Hamas-Massakers vor und die Bedienung der üblichen gegen Israel erhobenen Kolonialismus- und Apartheitsvorwürfe.

Als sich die Kritisierte am 1. November 2023 in einen von Nancy Fraser und anderen verfassten antiisraelischen Aufruf einreihte, der den schlichten, aber in dieser Situation besonders Partei ergreifenden Titel „Philosophy for Palestine" trug, war das für ihre an der Yale University lehrende Kollegin Seyla Benhabib Anlass genug, um Butler einen Offenen Brief zu schreiben. Er erschien am 5. November im Rundbrief des am Bard College angesiedelten Hannah Arendt Center for Politics and Humanities. Die deutsche Übersetzung wiederum unter dem die wohl deutlichste Differenz markierenden Titel „Die Hamas ist keine Befreiungsbewegung" in den *Blättern für deutsche und internationale Politik*.

Darin schreibt die einer sephardisch-türkischen Familie entstammende Benhabib, dass es ein kolossaler Fehler sei, die Hamas „als angebliche Vorhut des palästinensischen ‚Befreiungskampfes'" nicht nur einzuordnen, sondern auch zu unterstützen. „Die Hamas", ließ sie keinerlei Zweifel an deren Verurteilung, „ist eine nihilistische Organisation, die die Zivilbevölkerung des Gazastreifens als ihre Geisel behandelt. Der Führer der Organisation, Ismail Hanijeh, sitze in einem Luxushotel in Katar, während Kinder auf den Straßen von Gaza sterben."[29] Die aus Istanbul stammende Benhabib nutzte die Gelegenheit, um in ihrem Appell auch dazu aufzurufen, dass sich das palästinensische Volk von der Geisel der Hamas befreien müsse. Da-

28 Christoph Schulte, Judith Butler und der defekte Kompass, *Jüdische Allgemeine* vom 16. November 2023.

29 Seyla Benhabib, Die Hamas ist keine Befreiungsbewegung. Eine Antwort auf „Philosophy for Palestine", *Blätter für deutsche und internationale Politik*, Dezember 2023, S. 71–76; hier: S. 73.

bei ließ sie es sich nicht nehmen, auf das Staatsoberhaupt jenes Landes einzugehen, aus dem sie selbst stammt.

Denn einer derjenigen, die sich ebenfalls um keinerlei Einwand kümmern und das Bild von der Hamas als einer unterstützenswerten „Befreiungsbewegung“ unbeeindruckt weiterverbreiten, ist der türkische Staatspräsident Recep Tayyip Erdoğan. So hatte er am 25. Oktober auf einer Fraktionssitzung der AKP, seiner eigenen Partei, in Ankara vollmundig erklärt: „Hamas ist keine Terrororganisation, sondern eine Befreiungs- und Mudschaheddin-Gruppe, die für den Schutz ihres Landes und ihrer Bürger kämpft.“[30] Mit Mudschaheddin sind islamische Guerillakämpfer gemeint, die zuweilen auch als „Gotteskrieger“ bezeichnet werden.

Als Erdoğan im November mit einer Kurzvisite in Berlin aufwartete, war das, was er dort bei seinen Begegnungen mit Bundespräsident Steinmeier und Bundeskanzler Scholz zu hören bekam, alles andere als nach seinem Geschmack. Was er davon hielt, kommentierte er in einer Rede, die er nach seinem Rückflug in die Türkei bei einem nationalen Studentenverband hielt. „Sie reden immerzu“, polterte er dort los, „nur von Hamas, Hamas, Hamas und behaupten die Hamas habe den Krieg begonnen.“[31] In Berlin habe er dagegengehalten und klipp und klar festgestellt, dass Israel „ein Terrorstaat“ sei, den man verurteilen müsse. Das Bindeglied westlicher Staaten, setzte er seine Tirade weiter fort, seien „Strukturen der Kreuzritter und Imperialisten“, mit denen man die Türkei daran hindern wolle, ihre Ziele als „Dampfmaschine der islamischen Welt“ zu erreichen. Zu diesem Selbstverständnis passt, dass er in den vergangenen Jahren immer wieder dafür gesorgt hat, führende Funktionäre der Hamas in seinem Land einzubürgern. Und im Juli 2023 mit Ismail Haniyye den Chef des Hamas-Politbüros in den Präsidentenpalast einlud, als wolle er

30 Erdoğan bezeichnet Hamas als Freiheitskämpfer, *Jüdische Allgemeine* vom 25. Oktober 2023.

31 Vgl. Gerd Höhler, Erdoğan springt Hamas bei, *Badische Zeitung* vom 20. November 2023.

damit unterstreichen, dass er einen solchen Besuch wie den eines Staatsgastes einstufte.

Israel gleich Imperialismus

Der Begriff Imperialismus geht bekanntlich auf das lateinische Verb „imperare“ für beherrschen zurück und daraus wiederum leitet sich das Substantiv „Imperium“ für Weltreich ab. Als erstes denkt man bei der Verwendung eines solchen Begriffes an das Imperium Romanum, das fast ein Jahrtausend vom 8. Jahrhundert vor bis zum 7. Jahrhundert nach Christi Geburt existierte. Der aus dem Ausdruck Imperium abgeleitete Begriff Imperialismus ist jedoch erst im Zuge der Neuzeit aufgekommen. Seit dem 16. Jahrhundert galt er als herrschaftskritisch aufgeladener Terminus, mit dem man vor allem Militärmächte, mitunter auch Diktaturen und Despotien an den Pranger stellen wollte.

Die eigentliche Konjunktur erfuhr diese Negativbezeichnung jedoch erst im Laufe der zweiten Hälfte des 19. Jahrhunderts. Parallel zur Industrialisierung hatten verschiedene europäische Mächte wegen ihres zunehmenden Hungers auf Bodenschätze, aber auch billige Waren und Arbeitskräfte Übersee-Territorien aufgebaut oder ihre bereits bestehenden weiter ausgedehnt. Als Inbegriff für ein Imperium galt das Vereinigte Königreich, die zu seiner Zeit unbestritten größte Seemacht der Welt, das sein sich über ein Viertel des Globus erstreckendes *British Empire* etablierte. Aber auch Frankreich, Belgien, die Niederlande und das 1871 gegründete Deutsche Reich beteiligten sich mit ihren kolonialen Eroberungen am Kampf um ein möglichst großes Stück Kuchen von der Weltmacht.

Je stärker sich die Kolonialisierung weltweit durchsetzte, umso mehr vergrößerte sich im Angesicht der damit verbundenen kriegerischen Eroberungen und rücksichtslosen Ausbeutung der sich dort bietenden Arbeitskräfte und Bodenschätze auch das Interesse, ein theoretisches Instrumentarium für das Begreifen der Mechanismen der in diesen Prozessen zu Tage tretenden Dynamiken zu entwickeln. Nachdem der britische Ökonom John Atkinson Hobson unter dem Eindruck des zweiten Burenkrieges zu Beginn des 20. Jahrhunderts eine erste Imperialismustheorie hervorgebracht hatte, wurde dieses Themenfeld wegen seines herrschaftskritischen Potentials schon bald zum Areal marxistischer Theoretiker.

Die erste, die sich in dieser Hinsicht noch vor dem Ausbruch des Ersten Weltkrieges einen Namen zu machen vermochte, war die später von der kommunistischen ebenso wie der sozialistischen Linken als Ikone verehrte Rosa Luxemburg. In ihrem Hauptwerk über „Die Akkumulation des Kapitals" glaubte sie, streng ökonomisch argumentierend, den Imperialismus als „eine historische Notwendigkeit" ansehen zu können, die zwangsläufig ins Endstadium des Kapitalismus führen müsse.[32] Ihr folgten der sozialdemokratische Vordenker Karl Kautsky sowie der russische Revolutionär und baldige Begründer der Sowjetunion, Wladimir Iljitsch Lenin, der mit seinem 1916 in Zürich verfassten Werk „Der Imperialismus als höchstes Stadium des Kapitalismus" die Logik des von Luxemburg entwickelten Determinismus weiterzuentwickeln versuchte. Aufgrund dieser ungewöhnlichen Karriere des Imperialismusbegriffs gingen andere Wirtschaftstheoretiker mehr und mehr auf Distanz, weil sie die zunehmende Unterminierung der auf große Resonanz stoßenden Imperialismustheorien durch ideologisch bedingte Aufladungen befürchteten.

Es wäre jedoch ein Irrtum zu glauben, dass diese Strömungen ausschließlich ein Tummelfeld der seinerzeitigen Linken, von Sozialdemokraten, Bolschewisten und anderen Kräften, gewesen wäre. Unter dem Einfluss von Soziologen wie Max Weber, Joseph Schumpeter und anderen mehr entwickelte sich auch eine wirkmächtige, von Marxisten häufig als „bürgerlich" diskreditierte Variante der Imperialismustheorie, die etwa als

32 Rosa Luxemburg, Die Akkumulation des Kapitals. Ein Beitrag zur ökonomischen Erklärung des Imperialismus, Berlin 1913.

Zweig der Politikwissenschaften auch heute noch über einen nicht vollends aufgebrauchten Kredit verfügt. Insofern existiert keineswegs ein Automatismus, um Imperialismustheorien per se als einen ideologisch überfrachteten Nebenarm der Herrschaftskritik zu verwerfen. Allerdings sind andererseits die Gefahren eines terminologischen Missbrauchs nicht zu übersehen. Das wiederum verriet sich, als Israel im Zusammenhang mit der bis zum 7. Oktober wohl schärfsten Zäsur zum bevorzugten Objekt imperialismuskritischer Attacken wurde. Um das zu begreifen und auch die Rolle der bundesdeutschen Linken besser verorten zu können, muss man mehr als ein halbes Jahrhundert zurückgehen.

Die Rede ist vom Sechstagekrieg, dem dritten arabisch-israelischen Krieg, der 1967 nach dem ersten, dem 1948 in Reaktion auf die Gründung des israelischen Staates entfesselten Militärkonflikt, und nach der sogenannten Suez-Krise von 1956 ausgebrochen war. Der sich vom 5. bis 11. Juni abspielende Sechstagekrieg war ein Präventivschlag gegenüber Ägypten und den beiden anderen mit dem Regime von Staatspräsident Gamal Abdel Nasser verbündeten arabischen Staaten Jordanien und Syrien. Ausgelöst worden war er nicht nur durch eine extreme Form der Drohpropaganda, sondern durch mehrere, sich während des Vormonats Mai kurz hintereinander einstellende Anzeichen für einen unmittelbar bevorstehenden Militärschlag: der von Nasser ultimativ geforderte Abzug der seit 1956 zur Friedenssicherung stationierten UNEF-Truppen von der Sinai-Halbinsel, die ebenfalls vom ägyptischen Präsidenten verhängte Schließung der den Golf von Akaba mit dem Roten Meer verbindenden Meerenge von Tiran, durch die Israel größtenteils von seiner mit Schiffen erfolgenden Ölversorgung abgeschnitten wurde, sowie der mit tausend Panzern unterstützte Aufmarsch von an die 100.000 ägyptischen Soldaten an den Grenzen zu Israel.

Als keine der westlichen Großmächte – weder die USA noch Großbritannien oder Frankreich – erkennen ließ, konkrete Maßnahmen zu Israels Schutz einzuleiten und am 2. Juni der französische Staatspräsident Charles de Gaulle gar ein Waffenembargo über den jüdischen Staat verhängte, sah dieser für sich keine andere Wahl mehr, als zum Schutze seiner Existenz einen Überraschungsangriff auf die drei erwähnten arabischen Staaten zu starten, indem er am 5. Juni – ohne zuvor eine Kriegserklärung abgegeben zu haben – auf einen Schlag fast alle Flugzeuge der ägyptischen Luftwaffe noch am Boden zerstörte. Durch die damit sichergestellte Kontrolle über den Luftraum gelang es den israelischen Armeeverbänden in den Tagen darauf, in kurzen Zeitabständen den Gaza-Streifen, Ostjerusalem, das Westjordanland, den Suez-Kanal und die an Syrien grenzenden Golanhöhen zu erobern. Der letzte der Waffenstillstände konnte bereits am 11. Juni unterzeichnet werden. Die in militärischer Hinsicht so eindeutige Niederlage der arabischen Widersacher war jedoch alles andere als gleichbedeutend mit ihrer Anerkennung einer in ihrer Region maßgeblich veränderten Landkarte. Als im August 1967 die arabischen Staaten in Khartum zu einer Gipfelkonferenz zusammenkamen, wurde rasch Einigkeit darüber hergestellt, dass man Israel immer noch nicht anerkennen würde und es keinen Frieden mit dem ungeliebten Staat in ihrer Mitte, nicht einmal Verhandlungen in eine solche Richtung geben könne.

Dass der Sechstagekrieg den Nahen Osten geopolitisch auf nachhaltige Weise verändert hat, hängt vor allem damit zusammen, dass es Israel nicht bei einem singulären militärischen Erfolg hat bewenden lassen wollen, sondern durch die Annexion der zuvor eroberten Gebiete des Gazastreifens, der Sinai-Halbinsel, des Westjordanlandes, der Golan-Höhen und des Ostteils von Jerusalem sein Territorium beträchtlich ausweiten und damit seine Sicherheit gegenüber Angriffen von außen verstärken wollte.

Die Auswirkungen, die die Grenzverschiebungen im Nahen Osten hatten, waren weltweit zu spüren, auch in der Bundesrepublik und dort am stärksten vielleicht innerhalb der damaligen Neuen Linken. Ein düsteres Zeichen für das, was noch kommen würde, war eine Verweigerung gewesen, die sich im

Juli 1967 im Auditorium maximum der Freien Universität Berlin abgespielt hatte. Der Sozialphilosoph Herbert Marcuse war aus Kalifornien zu einer mehrtägigen Vortragsreihe über „Das Ende der Utopie" eingetroffen und von seinen ihm gebannt lauschenden Studierenden geradezu wie ein Messias empfangen worden. Dieses ausgesprochen einseitige Verhältnis wurde auf eine überraschende Belastungsprobe gestellt.

Denn während seines abschließenden Vortrags warf Marcuse seinen von ihm so begeisterten Zuhörerinnen und Zuhörern vor, den Nahostkonflikt zu verdrängen. Er ließ es sich nicht nehmen, selbst ausführlich darauf einzugehen. Zwar geizte er einerseits nicht mit Kritik an der Behandlung der Palästinenser durch Israel, andererseits jedoch ließ er keinen Zweifel daran, dass begangenes Unrecht nicht durch noch größeres Unrecht, womöglich die Zerstörung Israels, gutgemacht werden könne. „Sie werden verstehen", erklärte er vor seinem Auditorium, „dass ich mich in einer sehr persönlichen und nicht nur persönlichen Weise mit Israel solidarisch und identisch fühle."[33] Israel sei schließlich zum Fluchtort für die von Verfolgung bedrohten Juden geworden, der nicht zur Disposition gestellt werden dürfe.

Der nachfolgende Redner war mit Rudi Dutschke ausgerechnet jener Soziologiestudent, der die beginnende Revolte wie kein zweiter repräsentieren und im Nachhinein geradezu personifizieren sollte. Doch er wechselte sofort das Thema und sprach stattdessen über Che Guevara, den Vietnamkrieg und die Rolle der Großmächte. Auch kein anderer nahm das die internationalen Schlagzeilen immer noch beherrschende Thema auf. Es gab offenbar niemanden, der auf dieses ganz unmissverständliche Bekenntnis des von ihnen so bewunderten

33 Horst Kurnitzky / Hansmartin Kuhn (Hrg.), Das Ende der Utopie. Herbert Marcuse diskutiert mit Studenten und Professoren Westberlins an der Freien Universität Berlin über die Möglichkeiten und Chancen einer politischen Opposition in den Metropolen in Zusammenhang mit den Befreiungsbewegungen in den Ländern der Dritten Welt, West-Berlin 1967, S. 139.

Sozialphilosophen eingehen wollte. Die von Marcuse dezidiert aufgeworfenen Themen Antisemitismus und Judenvernichtung, Israel und Palästina blieben jedenfalls ohne irgendein Echo.

Die Folgen waren zwei Monate später auf der alljährlich stattfindenden SDS-Delegiertenkonferenz im Frankfurter Studentenhaus zu erleben. Dort schlug die wichtigste Organisation links von der SPD einen Kurs ein, der sich nicht nur als strikt antizionistisch, sondern auch als ausgesprochen antiisraelisch bezeichnen ließ. Zur Debatte stand eine besonders brisante Resolution. Ihr Titel lautete: „Der Konflikt im Nahen Osten".

Bereits mit den ersten Sätzen wurde eine Perspektive eingeschlagen, aus deren Vorgaben es in der darauffolgenden Klärung der politischen Fragen kaum noch ein Entrinnen zu geben schien. Zunächst wurde postuliert, dass der Nahostkonflikt nur aus der Profitmaximierungslogik bestimmter Erdölkonzerne verstanden werden könne: „Der Krieg zwischen Israel und seinen arabischen Nachbarn kann nur auf dem Hintergrund des antiimperialistischen Kampfes der arabischen Völker gegen die Unterdrückung durch den angloamerikanischen Imperialismus analysiert werden. Auf der arabischen Halbinsel liegen die reichsten und profitabelsten Ölquellen der Welt. [...] Über 70 % der arabischen Ölproduktion befindet sich in Händen angloamerikanischer Konzerne."[34] Nur durch eine Nationalisierung der Erdölproduktion und die „Schaffung eines einheitlichen Arabischen Ostens" sei die Voraussetzung für eine Überwindung des israelisch-arabischen Konflikts zu schaffen. Eine arabische Homogenisierung des Nahen Ostens jedoch, so wäre hier bereits einzuwenden gewesen, hätte auf eine Auflösung des Staates Israel hinauslaufen müssen.

Die insgeheimen Stichworte zur Charakterisierung der israelischen Politik lauteten Kolonialisierung, Aggression und Expansion: „Zionistische Kolonisierung Palästinas hieß und heißt

34 „Der Konflikt im Nahen Osten", in: Bundesvorstand des Sozialistischen Deutschen Studentenbundes (Hg.), Die XXII. ordentliche Delegiertenkonferenz des SDS (Resolutionen und Beschlüsse), Frankfurt/Main o.J. [1967], S. 48–54; hier S. 48.

bis heute: Vertreibung und Unterdrückung der dort lebenden eingeborenen arabischen Bevölkerung durch eine privilegierte Siedlerschicht. [...] Die gegenwärtigen Annexionspläne des zionistischen Kapitalismus haben den letzten Zweifel am reaktionären Charakter Israels beseitigt."[35] Der Zionismus wurde hier unter völliger Abstraktion von seinen historischen Entstehungsbedingungen mit Kapitalismus, Kolonialismus und Imperialismus gleichgesetzt. Das war eine an Eindeutigkeit kaum noch zu überbietende Feinderklärung an den Staat Israel und die dort lebenden Bürgerinnen und Bürger.

Die SDS-Grundposition lautete von nun an: „Die Anerkennung des Existenzrechts der in Palästina lebenden Juden durch die sozialrevolutionäre Bewegung in den arabischen Ländern darf nicht identisch sein mit der Anerkennung Israels als Brückenkopf des Imperialismus und als zionistisches Staatsgebilde. [...] Nur der Aufbau einer revolutionären sozialistischen Bewegung mit dem Ziel der Überwindung des Imperialismus und der von ihm gezogenen Grenzen und die Errichtung einer einheitlichen arabischen sozialistischen Republik, die über eine gemeinsame Politik mit einem sozialistischen Israel zur territorialen Integrität gelangt, kann einen dauerhaften Frieden im Nahen Osten bringen."[36]

Die Stichworte hießen auf der einen Seite Imperialismus und Kolonialismus und – als vermeintlicher Gegenentwurf dazu – auf der anderen Seite Anti-Imperialismus und Sozialismus. Unter dem Schutzschild derartig abstrakter Großkategorien, die vordergründig eine programmatische Herrschaftskritik zu verbürgen schienen, beabsichtigte man, sich gegen naheliegende Vorwürfe, es ginge beim Antizionismus in Wirklichkeit um nichts anderes als die Wiederauferstehung des Antisemitismus, gleichzeitig immunisieren zu können.

So wie mit dem SDS die Hochschulgruppe der SPD seit Anfang der fünfziger Jahre eine regelrechte Vorreiterrolle für

35 Ebenda, S. 49.

36 Ebenda, S. 53.

die Wiedergutmachung der Nazi-Verbrechen am jüdischen Volk und die Anerkennung des Staates Israel gespielt hatte, so nahm sie nun – nachdem sie 1961 wegen ihrer Annäherung an die SED aus der Mutterpartei hinausgeworfen worden war – auf einmal die Aufgabe einer Avantgarde für die um staatliche Unabhängigkeit kämpfenden Palästinenser wahr.

Die Radikalisierung, die sich seit 1965 im Kontext der Proteste gegen den Vietnamkrieg und der allgemeinen Identifikation mit dem *Vietcong* und den sogenannten Befreiungsbewegungen der Dritten Welt insgesamt durchzusetzen begonnen hatte, führte ganz offenbar auch zu einer Neubewertung des Nahostkonflikts und der Haltung zu Israel. Anders jedenfalls ließ sich nicht nachvollziehen, dass sich der Bundesvorstand des SDS bereits vor Ausbruch des Sechstagekrieges einer Solidarisierung entzogen bzw. sie geradezu blockiert hatte. Es sprach jedenfalls vieles für die Annahme, dass der israelische Präventivschlag gegen Ägypten sowie die beiden anderen arabischen Staaten und der sich rasch abzeichnende militärische Erfolg verbunden mit den weitreichenden Gebietsannexionen im SDS bereits im Gang befindliche Kursänderungen beschleunigt hatte und der Krieg letztlich nur das Ventil für seinen als spektakulär wahrgenommenen Kurswechsel war.

Israel gleich Postkolonialismus

Eine gewichtige Rolle in den Kontroversen um die Legitimität israelischer Politik, zumal des Einsatzes ihrer Militär- und Sicherheitskräfte, spielt der Verweis auf den in den letzten Jahren unter der akademisch sozialisierten Linken besonders in Mode gekommenen Postkolonialismus. Dieser scheint im Arsenal ideologischer Versatzstücke die Stelle des seinerzeit – wie bereits beschrieben – von der Neuen Linken strapazierten Begriffs des Imperialismus eingenommen zu haben.

War es nach der Zeitenwende des Sechstagekrieges vom Juni 1967 noch darum gegangen, den Staat Israel einfach als den Hauptposten des US-Imperialismus im Nahen Osten zu betrachten, um im Gegenzug dazu die Palästinenser als ein unterdrücktes Volk zu begreifen, deren Organisationen, die nichts anderes als „Befreiungsbewegungen“ der Dritten Welt seien, kommt es den Ideologen von heute darauf an, den nach 1945 in Gang gekommenen Prozess einer weitgehenden Dekolonialisierung, der unbestreitbar zur staatlichen Unabhängigkeit Dutzender ausgeplünderter Länder und unterjochter Völker geführt hatte, als halbherzig zu betrachten, weil durch das eurozentrische Denken der Kolonialismus angeblich in den Köpfen weiter erhalten geblieben sei. Gegenüber stehen sich in Israel/Palästina demnach „weiße Unterdrücker“ und „indigene Palästinenser“, die so betrachtet zu jedem Widerstandsrecht gegenüber ihren „Unterdrückern“ legitimiert sind. Das jedoch ist blanke Ideologie.

Andererseits betrachtet ist die Sache mit dem „Kolonialismus“ jedoch nicht ganz so einfach wie es angesichts ihrer ideologischen Verwendung durch die Cancel-Culture nach zu urteilen zu sein scheint. Denn es gibt im israelischen Kontext zwei Phänomene, dic tatsächlich als „kolonialistisch“ identifiziert werden können. Das eine ist eher ein geistesgeschichtlich-konzeptionelles, dessen Entstehung schon ein ganzes Jahrhundert zurückliegt, und das andere ein soziales und zugleich politisches, das in Israel bereits vor über einem halben Jahrhundert in Gang gekommen war, aber erst unter den rechtsgerichteten Regierungen des *Likud*, insbesondere unter den von Netanyahu angeführten, sich immer mehr ausgebreitet und inzwischen ein Problemfall ersten Ranges geworden ist. Die Rede ist zum einen von der Kolonisierungsidee des bereits erwähnten „revisionistischen“ Zionismus und zum anderen von der Siedlerbewegung, die wie eine unkontrollierbare, den Palästinensern gegenüber extrem feindlich eingestellte Kraft das Leben im Westjordanland vergiftet und dieses als Ganzes mehr und mehr zu zersetzen begonnen hat.

Interessant ist nun, dass die Idee einer Kolonisierung in ihrer besonders einflussreichen Variante des revisionistischen Zionismus für die Netanyahus, zuerst den Vater Benzion und danach für seinen Sohn Benjamin, seit vielen Jahrzehnten einen festen Stellenwert besaß. Für Netanyahu Senior war der Platz einer ideologischen Vaterfigur von Wladimir Jabotinsky besetzt, für den es selbstverständlich gewesen war, sich die zionistische Landnahme in der Form einer Kolonialisierung vorzustellen. Keineswegs in einem übertragenen, sondern in einem ganz expliziten, sehr konkreten Sinne. In seinem bereits erwähnten Aufsatz „The Iron Wall /We and the Arabs" verglich er die jüdischen Siedler mit den Pilgervätern, den Pionieren Nordamerikas. Sie seien von höchster Moral angetrieben gewesen und hätten angeblich niemandem Schaden zufügen wollen, am allerwenigsten den „Indianern". In der Prärie hätte es ja genügend Platz für die *Palefaces* ebenso wie für die *Redskins* gegeben. Allerdings hätte es für die Kolonisierten keinen Unterschied gemacht, ob die Eindringlinge aus guten oder aus eher schlechten Motiven gehandelt hätten. Sich zu wehren hätten sie auf jeden Fall versucht. Schließlich betrachteten sie ihr Land als ihr eigenes Territorium. Für ihn war klar: „Die einheimische Bevölkerung, zivilisiert oder unzivilisiert, hat den Kolonisten immer hartnäckig Widerstand geleistet, unabhängig davon, ob sie zivilisiert oder wild waren. Und es machte überhaupt keinen Unterschied, ob sich die Kolonisten anständig verhielten oder nicht."[37] Und dasselbe gelte auch für die Araber, mit denen man nun in Palästina konfrontiert sei.

Da es historisch betrachtet kein einziges Beispiel dafür gebe, dass sich Ureinwohner widerstandslos fügen würden, sei es unvermeidlich, Zwang anzuwenden. Wenn man also einen jüdischen Staat gründen wolle, dann müsse dieser stark und wehrhaft sein. Das sei die einzig erfolgversprechende Perspektive. Um aber Ausgleich und dauerhaften Frieden zu schaffen, müssten die Araber dazu gezwungen werden, ihre extremistisch eingestellten Anführer fallen zu lassen und die Führung an gemäßigtere Kräfte zu übergeben. Dann könne man in be-

37 Ze'ev Jabotinsky, The Iron Wall, *infocenters.co.il.* Abgerufen am 20. Januar 2024, ursprünglich am 4. November 1923 in der russischen Zeitschrift *Raszviet* erschienen.

grenztem Umfang auch einige Kompromisse aushandeln, die etwa Fragen einer rechtlichen Gleichstellung und einer nationalen Autonomie beträfen, die sich aber nicht auf die Einräumung individueller Rechte bezögen.

Zumindest eine gewisse Nähe zu Benjamin Netanyahus Überzeugungen dürfte sich hier konstatieren lassen. Der britische Historiker Christopher Hitchens geht noch einen Schritt weiter und glaubt sogar, in Netanyahus Außenpolitik eine direkte Fortsetzung von Jabotinskys kolonialistischen Vorstellungen wiedererkennen zu können.[38] Es gibt zumindest einen Minister in seinem Kabinett, der sich mit einer Gesinnung brüstet, die man durchaus als Ausdruck eines Siedlerkolonialismus begreifen kann. Es handelt sich um den bereits mehrfach erwähnten Itamar Ben-Gvir, einen ausgewiesenen Rassisten und Rechtsradikalen.

Als der Demagoge, dem Netanyahu zunächst noch ein Ministeramt hatte verwehren wollen, im Mai 2021 in einem Ostjerusalemer Stadtteil die Siedler in ihrem Konflikt mit den dort ansässigen Palästinensern unterstütze, scheute er sich nicht, nach seiner Pistole zu greifen und die Polizei dazu aufzufordern, auf die rechtmäßigen Einwohner zu schießen. Er schien dabei jegliche Selbstkontrolle verloren zu haben und schrie: „Wir sind hier die Herren im Haus, denkt daran, ich bin euer Hausherr!“[39] Es dauerte nicht lange und ausgerechnet dieser Aufwiegler wurde zum Minister für Nationale Sicherheit ernannt, verbunden mit einer Erweiterung seiner Kompetenzen, womit ihm auch noch die Verantwortung für die im Westjordanland zuständige Grenzpolizei übertragen wurde. Als das geschah, warf der aus dem Amt scheidende Verteidigungsminister Benny Gantz seinem Premier vor, er habe damit nichts anderes getan, als Ben-Gvir eine Privatarmee zur Verfügung zu stellen. Dazu passt, dass der Minister der äußersten

38 Vgl. Christopher Hitchens, Netanyahu's Iron Wall, *The Nation* vom 13. April 1998.

39 Toi Staff, Extremist MK Ben-Gvir pulls out gun during Sheik Jarrah Clash, *The Times of Israel vom* 14. Oktober 2022.

Rechten zusammen mit seiner Frau und ihren sechs Kindern selbst in einer im Westjordanland befindlichen Siedlung lebt, genauer in Kirjat Arba nahe Hebron.

10/7 gleich 9/11

Die Schwierigkeit, einen historischen Sachverhalt zu durchdringen, verrät sich häufig bereits in dem Problem, dafür eine angemessene Bezeichnung zu finden. Das zeigte sich schon etwa, als man es 1977 nicht schaffte, die 44 Tage anhaltende und schließlich mit der Ermordung des Opfers endende Zeit der Schleyer-Entführung mit einem Wort allein zum Ausdruck zu bringen. Denn mit der Entführung einer Lufthansa-Maschine nach Mogadischu und dem kollektiven Selbstmord der RAF-Spitze in Stammheim gab es zwei andere Komplexe, die mit dem erstgenannten zwar in enger Verbindung standen, in den Gesamtablauf der Entführung jedoch nicht einfach integriert werden konnten. Um aus diesem Dilemma einen Ausweg zu finden, behalf man sich damit, ein in der kulturellen Szene zirkulierendes Wort, das des „Deutschen Herbstes", aufzugreifen, um der Vielschichtigkeit des Geschehens durch den Gebrauch einer Metapher gerecht zu werden.

Die terroristischen Angriffe auf das New Yorker World Trade Center am 11. September 2001 sind ein anderes Beispiel für die Schwierigkeit, dafür einen treffenden Ausdruck zu finden. Da es neben den Zwillingstürmen aber auch das Pentagon und – wie der Absturz einer Maschine in Pennsylvania verriet – noch ein weiteres, drittes Ziel gegeben hatte, war es fast unmöglich, diesen Terrorakt mit einem einzigen Wort zu benennen. Daher hatte sich in den USA dafür die Nennung des Datums „9/11" eingebürgert und von dort aus über weite Teile der Welt verbreitet.

Äußerlich betrachtet erschien es zunächst ganz eindeutig zu sein, was sich am Vormittag des 11. September 2001 in New York abgespielt hatte: Eine Verkehrsmaschine flog in ein Hochhaus. Nur wenige Minuten später wiederholte sich das

Drama. Mit diesem Parallelvorgang löste sich die anfängliche Vermutung, dass es sich zwar um einen besonders spektakulären, jedoch nie vollkommen auszuschließenden Unglücksfall handeln könnte, in Rauch auf. So unwahrscheinlich ein solcher Crash auch sein mochte, er war immer möglich. Ein völlig identischer Vorgang innerhalb nur weniger Minuten ließ jedoch keinen anderen Schluss zu, als dass es sich hier wohl nicht um kontingente Ereignisse handeln könne, sondern um absichtsvoll herbeigeführte Mordaktionen. Eine Stunde nach dem Einschlag der ersten Boeing stürzte der Südturm ein, bald darauf auch der Nordturm.

In diesen Momenten war nicht nur die Wahrnehmungsfähigkeit vollkommen überfordert, sondern auch das Reflexions- und damit das Erklärungsvermögen. Nicht ohne Grund lautete der vielfache Ausruf Manhattaner Bürger, die das Geschehen unmittelbar mitansahen: „My God!". Und in der Schlagzeile der noch am Abend des 11. September verbreiteten Ausgabe der *Bild*-Zeitung wurde ebenfalls ein ans Religiöse gemahnender Appell zum Ausdruck gebracht: „Großer Gott, steh uns bei!"[40] In dem Hilferuf verriet sich nicht nur die Hilflosigkeit der Augenzeugen, sondern auch die verbreitete Tendenz zur Kapitulation vor einer rationalen Durchdringung des Geschehens und eine Regression auf den Glauben. Die Hoffnung auf ein Begreifen des Furchtbaren schien schon im ersten Moment aufgekündigt zu sein. Die Anschläge vom 11. September waren ein monströser Terrorakt, ein Makroverbrechen, ein Massenmord an anonymen Zivilisten, ja, das vermutlich größte Attentat, das es bis dahin in der Geschichte gegeben hatte.

Die Anschläge vollzogen sich in gewisser Weise in einem luftleeren Raum. Nach ersten, von einer Mischung aus Angst, Schock und wilder Spekulation bestimmten Minuten setzte sich rasch die Erkenntnis durch, dass es sich – dem Ablauf der Katastrophe nach zu urteilen – nicht um einen Unfall

40 *Bild*-Zeitung vom 12. September 2001.

handeln konnte, sondern um eine bislang unbekannte Form von Terroranschlag. Wer die Terroristen waren, woher sie kamen und welche Ziele sie mit ihrem monströsen Zerstörungsakt bezweckten, war zunächst völlig unklar. Kein Geld wurde gefordert, keine Häftlinge sollten freigepresst werden, nichts. Es handelte sich weder um einen Erpressungs- noch um einen Gefangenenbefreiungsversuch, weder um einen räuberischen noch um einen kriegerischen Akt, jedenfalls um keinen herkömmlichen, mit dem erkennbare Ziele hätten verfolgt werden sollen. Die Attentäter gingen in einem zynischen Sinne in ihrer Tat auf. Sie hatten sich ausgelöscht, pulverisiert, im wahrsten Sinne des Wortes vernichtet. In den Stunden darauf wartete die Öffentlichkeit vergeblich auf ein Zeichen. Doch kein Bekennerbrief, kein Anruf, kein Hinweis folgte. Es war ein Anschlag ohne Bekenntnis, ein anonymer, namenloser Anschlag. Der Terrorakt, der in eine Serie von vier miteinander verknüpften Luftoperationen unterteilt war, schien nur für sich zu stehen.

Sollte man nun aber von „10/7“ sprechen und gar behaupten, dass dieser für seine Einwohner so traumatisierende Tag, „das israelische 9/11“ gewesen sei wie das etwa der Münchner Militärexperte Carlo Masala getan hat? Es gibt gewiss einige Parallelen, reichen diese aber aus, so ist zu fragen, um zwei Daten, von denen das eine nun schon über zwanzig Jahre hinweg als historische Zäsur betrachtet wird, so eng miteinander zu verbinden, dass sie als gleichrangig verstanden werden müssen?

Ganz unzweifelhaft haben wir es in beiden Fällen mit Terroranschlägen zu tun, die in nur kurzer Zeit extrem hohe Opferzahlen gezeitigt haben; im ersten knapp 3.000 und im zweiten – wie die Korrektur ursprünglich höherer Zahlenangaben später ergeben hat – wohl etwa 1.100. Beide Anschläge waren nicht vorhergesehen und als massive Überraschung angesehen worden. Und im Hinblick auf die Ausübung der beiden Terrorakte drängt sich der Eindruck der Punktualisierung auf. In nur kurzer Zeit hatten sich enorme Gewaltpotentiale entladen.

Doch die Differenzen sind beträchtlich. Schon die reine Phänomenologie spricht dagegen, beide Anschläge auf eine Stufe stellen zu wollen. Ein Hochhaus-Duo wie die Twin-Towers mit zwei von Luftpiraten gekaperten, vollbesetzten Zivilflugzeugen zu attackieren, um sie dadurch in Schutt und Asche zu legen, ist etwas völlig anderes als Hunderte von Kibbuz-Bewohnern und Besuchern eines Musikfestivals auf barbarische Weise abzuschlachten. Letzteres ist von einer Gruppe von Akteuren begangen worden und ähnelt Pogromen ebenso wie Amokläufen. Ersteres hingegen war von Form und Struktur her etwas nie zuvor Gesehenes. Schon die Schwierigkeit, es kognitiv zu durchdringen, war beispiellos.

Im Gegensatz zur Komplexität dessen, was sich in Manhattan zugetragen hatte, war das vor den Toren zum Gaza-Streifen Geschehene vergleichsweise überschaubar. Zwar wurde auch dort eine Reihe von technischen Elementen eingesetzt, jedoch nichts, was so außergewöhnlich gewesen wäre, um es deshalb als einmalig einzuordnen. Kein Vergleich zum Einsatz von Flugzeugen als kamikazeartigen Rakcten. Damit ist eine Figur verbunden, die vor dem Gaza-Streifen vollständig gefehlt hat, die des Selbstmordattentäters. Die Angehörigen der Mohammed-Atta-Gruppe waren sich völlig bewusst, dass sie ihre spektakuläre Kampfform mit dem eigenen Leben bezahlen würden. Das war im Fall der Hamas gravierend anders. Zwar musste man davon ausgehen, dass sich Israel als angegriffener Staat massiv zur Wehr setzen würde. Das jedoch bedeutete nicht, dass solch eine Tat im Bewusstsein begangen worden wäre, sich gleichzeitig auch selbst auszulöschen. Ja, es war gefährlich, vielleicht auch so sehr, dass es mit dem eigenen Tod enden konnte, dieser dürfte aber nicht als zwingend eingeplant gewesen sein.

Eine andere Vergleichsgröße ist die Medialität. 9/11 konnte zumindest nach dem Einschlag der ersten Maschine in einen der beiden Twin-Towers live und damit in Echtzeit vom Fernseher aus verfolgt werden. Das war bei den Eindringlingen der Hamas nicht der Fall. Aber ein Teil von ihnen benutzte dabei Body-Cams und Smartphones, um ihre Mord-, Vergewaltigungs- und Entführungsaktionen aufnehmen und über Social-Media-Kanäle global verbreiten zu können. Während die Medialität per TV nicht in der Hand der Terroristen lag, so war genau das bei den Videokameras ebenso wie den mobilen, mit Kameras ausgestatteten Mini-Computern der Fall. Die Akteure konnten nicht nur bei ihrer Mordaktion Regie führen, sondern auch bei ihrer filmischen Reproduktion und Verbreitung.

Im Ganzen betrachtet spricht mehr gegen einen Vergleich beider Komplexe als dafür, von einer Gleichsetzung ganz zu schweigen. Dieses Resultat allein ist jedoch nicht zu vergleichen mit seiner möglichen Bedeutung. Deren Gewicht lässt sich ohnehin nur schwer aus dem Augenblick heraus bestimmen. Um die Relevanz eines solchen Geschehens und seinen möglichen Zäsurcharakter besser beurteilen zu können, bedarf es zumindest einer größeren zeitlichen Distanz, vielleicht aber auch eines räumlichen und zugleich auch sozialen Abstands.

Auf 9/11 war von der damaligen US-Regierung unter George W. Bush mit dem „War on Terror" reagiert worden – mit dem Patriot Act, durch den zahlreiche Rechte von US-Bürgern eingeschränkt wurden, der „Operation Enduring Freedom" in Afghanistan, um Ausbildungsstätten von Terroristen auszuheben und die Taliban zu stürzen, mit der Inhaftierung Verdächtiger in der auf Kuba gelegenen US-Enklave Guantanamo, und schließlich im März 2003 mit dem Einmarsch im Irak, um unter dem Vorwand, dort angeblich existierende Massenvernichtungswaffen zu beseitigen, den Sturz des Regimes von Saddam Hussein herbeizuführen.

Das alles hatte nicht nur den Ruf der Vereinigten Staaten und damit des Westens insgesamt schwer beschädigt, sondern zu einer gigantischen Anzahl von Todesopfern geführt. Die 1985 mit dem Friedensnobelpreis ausgezeichnete Organisation IPPNW, einem internationalen Zusammenschluss von Ärzten zur Verhütung des Atomkrieges, war in einer Studie zu dem Ergebnis gelangt, dass im „War on Terror" über 1,3 Millionen Menschen ihr Leben verloren hatten.[41] Darin hieß es zudem, dass diese Anzahl etwa das Zehnfache dessen betrage, was in den westlichen Staaten von Politikern, Fachleuten und den großen Medien verbreitet werde. Hinzu kommt, dass im Zusammenhang mit dem „War on Terror" die Anzahl der Dschihadisten weltweit in ungeahnte Höhen geschossen ist. Der am Londoner King's College lehrende Politikwissenschaftler Peter Neumann vermutete 2015, dass man insgesamt wohl mit über 100.000 Dschihadisten rechnen müsse.[42]

Im Angesicht einer solchen Dimension muss es geradezu als vermessen erscheinen, 10/7 mit 9/11 auf eine Stufe stellen zu wollen. Falls sich das Kürzel zum 7. Oktober in Parallele zu dem vom 11. September dennoch etablieren sollte, so dürfte es gleichwohl viel zu früh sein, um die Folgen bewerten zu können. Die Einrichtung eines Kriegskabinetts durch den israelischen Präsidenten Netanyahu und die Eröffnung des Gaza-Krieges zum Zweck der Auslöschung der Hamas bildeten die ersten Gegenreaktionen. Doch beides ist auch nach Monaten immer noch im Gange und wenn es tatsächlich irgendwann damit zu Ende sein sollte, das Kriegskabinett aufgelöst und die Kämpfe beendet wären, dann würde sich die Frage stellen, was wohl als nächstes kommen wird.

Vielleicht dürften weder Opfer- noch Täterkollektive für eine rückblickende Beurteilung, so könnte man angesichts ihrer emotionalen Involviertheit denken, besonders prädestiniert sein. Die Dritten im Bunde, die sogenannten Bystander, so ließe sich einwenden, aber vielleicht noch weniger.

41 Body Count. Opferzahlen nach 10 Jahren „Krieg gegen den Terror". Irak – Afghanistan – Pakistan, Internationale Ausgabe, deutsche Version, hrsg. von IPPNW, PSR und PGS, Berlin 2015, S. 17. IPPNW steht für *International Physicians for the Prevention of Nuclear War*, PSR für *Physicians for Social Responsibility* und PGS für *Physicians for Global Survival.*

42 Vgl. Wolfgang Günter Lerch, Zur Zukunft des Terrors, *Frankfurter Allgemeine Zeitung* vom 30. November 2015.

Einer, der ebenfalls vom „Nine-Eleven Israels" gesprochen und damit beide Tatkomplexe sogar mehr als nur gleichgesetzt, sondern in gewisser Weise miteinander verschmolzen hatte, war der bereits erwähnte Tom Segev. Es dauerte jedoch nicht lange und der angesehene Historiker machte einen Rückzieher und bezeichnete seine Ineinssetzung als eine spontane Reaktion, die er nach genauerem Nachdenken nicht noch einmal wiederholen würde.[43]

43 Michael Hesse, Israel-Krieg: Historiker Segev fordert Ende der Gefechte in Gaza, *Frankfurter Rundschau* vom 10. Januar 2024.

8. Parolen und Narrative

In den Anfangsjahren der Bundesrepublik, der ersten Amtszeit von Konrad Adenauer, hatte es im Bundestag eine Vielzahl von gegen den neugegründeten Staat Israel und das jüdische Volk als solches gerichteten Verbalinjurien gegeben. Sie stammten fast ausnahmslos von Alt-Nazis, die für sich eine zweite Chance zu sehen meinten und deshalb in rechtsradikalen Splitterparteien, in einem Fall aber auch in einer offen als NS-Nachfolgepartei angetretenen wie etwa der 1952 vom Bundesverfassungsgericht verbotenen *Sozialistischen Reichspartei*, zu reüssieren versuchten. Doch nach der Einführung der Fünf-Prozent-Hürde war der Spuk vorbei, zumindest im Parlament. Bis zum Jahr 2017, als die AfD mit knapp hundert Abgeordneten in den Bundestag einzog.

Aber solche Hass-Tiraden und Diffamierungen, gespickt mit den wildesten Gleichsetzungen, tauchten später in der Bonner Republik immer mal wieder auf, und zwar keineswegs nur in rechtsradikalen Kreisen. Für viele überraschend ausgerechnet in der 68er-Bewegung, die sich den Antifaschismus und die Bekämpfung von Alt-Nazis in der NPD und Ex-Nazis wie dem damaligen Bundeskanzler Kurt-Georg Kiesinger aufs Panier geschrieben hatte. Und dies spielte sich nicht etwa an der Peripherie der damaligen Studentenbewegung ab, sondern in ihrem Zentrum.

Der „Judenknax" und der „Kampf gegen die heilige Kuh Israel"

Mit dem Sieg Israels im Sechstagekrieg und den damit verbundenen Gebietsannexionen wurde der Staat, der auch vielen Holocaust-Überlebenden eine Zuflucht geboten hatte, plötzlich mit anderen Augen betrachtet. Aus Opfern waren nun Sieger und damit potenzielle Täter geworden. Im Sommer 1967, in dem die damalige Protestbewegung, indem sie von West-Berlin auf Westdeutschland übersprang, überhaupt erst ins Rollen gekommen war, kam es in nicht unerheblichen Teilen des *Sozialistischen Deutschen Studentenbundes* (SDS), der der eigentliche Motor des Aufbruchs war, zu einer Wendung um 180 Grad. Einerseits glaubte man nun in Israel nur noch den vorgeschobenen Posten des US-Imperialismus im Nahen Osten zu sehen und ihn schon allein deshalb bekämpfen zu müssen, und andererseits entdeckte man die Palästinenser als Unterdrückte, die es nun an der Seite des *Vietcong* und anderer unter die Befreiungsbewegungen der Dritten Welt aufzunehmen galt.

Dieser Perspektivwechsel war folgenreich, keineswegs nur in ideologischer Hinsicht, sondern auch in einer ganz praktischen. Denn die bereits existierenden Kontakte des SDS mit der über einen bewaffneten Flügel verfügenden *Fatah* wurden intensiviert und führten schließlich im Juli 1969 zum Besuch Dutzender seiner Mitglieder in einem terroristischen Ausbildungslager in Jordanien. Eine solche Bezeichnung hätte man natürlich als Versuch einer Diskreditierung weit von sich gewiesen. Schließlich ging es ja um die angeblich gute Sache, die Bekämpfung von Imperialismus und Spät-Kolonialismus.

Ihnen folgten drei Monate später mehrere Berliner Kommunarden, darunter mit Dieter Kunzelmann der einstige Kopf der berühmt-berüchtigten *Kommune I*, die mit ihren Späßen und provokativen Aktionen einen regelrechten Medien-Hype ausgelöst hatte. Sie wurden nicht nur vom PLO-Vorsitzenden Arafat empfangen, sondern in einem *Fatah*-Lager auch im Umgang mit Waffen und Sprengstoff unterwiesen. Nach ihrer Rückkehr verfasste einer von ihnen in der Berliner Szene-Zeitung *Agit* 883 einen „Brief aus Amman". Das war zwar ein Schwindel, weil sie sich zu diesem Zeitpunkt bereits längst wieder in West-Berlin aufhielten, wenn auch im Untergrund, in einer abgeschirmten WG, was aber nichts daran änderte, dass sie nun ihre Genossen mit einem flammenden Appell für die Sache, sprich den Kampf der Palästinenser, mobilisieren wollten.

Wie auf einer Klaviatur wurde ein Register nach dem anderen gezogen: „Wenn wir endlich gelernt haben, die faschistische Ideologie ‚Zionismus' zu begreifen, werden wir nicht mehr zögern, unseren simplen Philosemitismus zu ersetzen durch eindeutige Solidarität mit AL FATAH, die im Nahen Osten den Kampf gegen das Dritte Reich von Gestern und Heute und seine Folgen aufgenommen hat."[1] Und das bedeutete nichts anderes, als mit der *Fatah* zuvor offenbar abgestimmte terroristische Aktionen zu importieren, zuerst nach West-Berlin und bald darauf nach München. Gegen israelische wie jüdische Einrichtungen, gegen Jüdinnen und Juden in der Diaspora.

Dieses Bekenntnis zur Solidarisierung mit den Palästinensern und einer rückhaltlosen Bekämpfung Israels könnte von heute sein. Es stammte aber von einem im fränkischen Bamberg geborenen Antiautoritären, der lange Zeit in München, genauer in der Schwabinger Bauerstraße, gelebt hatte und erst im damaligen West-Berlin im Zuge der Studentenrevolte bekannt geworden war. Der damals 30-jährige Dieter Kunzelmann war nicht nur der Begründer der *Kommune I*, die so etwas wie die Herzkammer der 68er-Bewegung gewesen ist. Er war auch verantwortlich für einen Bombenanschlag, der ausgerechnet am 9. November 1969 auf das Jüdische Gemeindehaus in der Charlottenburger Fasanenstraße bei einer Gedenkfeier für die Opfer der sogenannten „Reichskristallnacht"

1 Dieter Kunzelmann, Brief aus Amman, *Agit* 883 vom 27. November 1969, 1. Jg., Nr. 42, S. 5.

versucht worden war, wegen eines technischen Defektes jedoch schiefging. Und was seine Kontakte anbetraf, konnte er sich auf seine Kampfgefährtin Ingrid „Ina“ Siepmann verlassen. Sie war als Residentin seiner Gruppe gleich in Amman geblieben und konnte die weiteren Aktivitäten vor Ort koordinieren. Weil die Kommunikation streng vertraulich ablaufen musste, wurde sie über Diplomatenpost abgewickelt.

Kunzelmann, späteres Mitglied in Berlins *Alternativer Liste*, die in der Partei der Grünen aufging, hatte für einen regelrechten Dammbruch gesorgt. In seiner Agenda gab es zwei *catchwords*, das eine lautete „Judenknax“ und das andere „Heilige Kuh Israel“. Damit meinte er eine als zwingend unterstellte Verbindung zwischen der Ablösung der radikalen Linken von ihrer angeblichen Fixierung auf NS-Vergangenheit und Judenvernichtung sowie ihrer als notwendig unterstellten Fokussierung auf die Bekämpfung des zionistischen Staates herstellen zu können.

Für ihn hatten alle Linken einen „Knax“, weil sie sich ständig mit der Vergangenheitsbewältigung befassten. Er fasste deren Einstellung schlicht in drei Sätzen zusammen. Sie lauteten: „Wir haben 6 Millionen Juden vergast. Die Juden heißen heute Israelis. Wer den Faschismus bekämpft, ist für Israel.“[2] Aber genau das, wandte er ein, würde hinten und vorne nicht stimmen.

Ein paar Monate später, inzwischen hatte es mehrere palästinensische Anschläge auf Flugzeuge, in München, Frankfurt und Zürich, gegeben und einen Brandanschlag auf das Israelitische Gemeindehaus in München, wobei sieben Holocaust-Überlebende starben,[3] verfasste er einen zweiten „Brief aus Amman“. Darin hieß es nun noch weitaus fordernder: „Von Amman aus frage ich mich: wann endlich beginnt bei Euch der organisierte Kampf gegen die heilige Kuh Israel? Wann entlasten wir das kämpfende palästinensische Volk

2 Ebenda.

3 Vgl. Wolfgang Kraushaar, „Wann endlich beginnt bei Euch …“, ebenda, S. 86–96.

durch praktischen Internationalismus? Die Granaten auf dem Flughafen Riem lassen doch nur eine Kritik zu: die verzweifelten Todeskommandos durch besser organisierte zielgerichtetere Kommandos zu ersetzen, die von uns selbst durchgeführt werden und damit besser vermittelt werden können. Befreiung der verhafteten Palästinenser, Agitation unter den deutschen Juden, Kampf gegen die Reintegration nach Israel, Verhinderung jeglicher Unterstützung (Waffen, Waren, Kapital) – noch nie hatten wir eine solche Chance durch direkte Unterstützung eines Volksbefreiungskrieges die Revolution im eigenen Land voranzutreiben."[4]

Eine „heilige Kuh", die angeblich aus falschen Gründen für unantastbar gehalten wurde, sollte also „geschlachtet" werden. Und wenn es sich bei dieser „heiligen Kuh" um Israel handelte, dann sollte nun also Israel „geschlachtet" werden. Das jedenfalls schien Kunzelmann durch den Gebrauch seiner Rindvieh-Metaphorik nahelegen zu wollen. Deutsche Stadtguerilleros, so seine unmissverständliche Aufforderung, sollten palästinensische Kommandos möglichst durch eigene ersetzen. Damit rief er die „Genossen an der Heimatfront" dazu auf, den Kampf gegen israelische und jüdische Einrichtungen nun selbst in die Hand zu nehmen und diesen durch den Einsatz gezielter Gewaltmittel zugleich auch effektivier zu machen.

Wenn es in Deutschland eine Vaterfigur dieser durch und durch antisemitisch vergifteten Sprache, ihren Aufregern, ihren affektiven Aufputschmitteln und ihren Codes, gegeben hat, dann war er es, der Rebell und Provokateur Dieter Kunzelmann. Würde der 2018 im Alter von 78 Jahren verstorbene Antisemit von links heute noch leben, dann würde er sich wegen all der pro-palästinensischen und mehr als nur insgeheim anti-israelischen Demonstrationen wohl bestätigt fühlen. Was ihm vor 54 Jahren nicht geglückt war, eine regelrechte Bewegung dieser Art zu initiieren – und die Bildung der damals ge-

4 D. Kunzelmann, Brief aus Amman. Das palästinensische Volk wird in seinem bewaffneten Kampf siegen, *Agit* 883 vom 3. April 1970, 2. Jg., Nr. 55, S. 11.

gründeten Palästina-Komitees war dafür sicher kein Ersatz –, hätte ihn bestimmt mit Stolz erfüllt. Seine Botschaft, so hätte er sich vermutlich getröstet, war endlich angekommen. Und das nicht nur auf rechter und islamischer Seite, sondern auch unter vielen seiner linksradikalen Enkelinnen und Enkeln.

Doch es käme einer Simplifizierung gleich, wenn man die Wurzel des linken Antisemitismus auf einen einzigen Vorreiter allein zurückführen und damit reduzieren wollte. In diesem Zusammenhang wären gewiss auch die einstige *Konkret*-Kolumnistin Ulrike Meinhof sowie der frühere Staranwalt der Berliner Linken, Horst Mahler, zu nennen. Beide hatten 1972 nach dem Überfall des *Schwarzen September* auf die israelische Olympiamannschaft in München nichts Besseres gewusst, als diesen als eine idealtypische antiimperialistische Aktion anzupreisen. Während sich Meinhof 1976 in Stammheim das Leben nahm, war Mahler später zur NPD übergewechselt, hatte den Holocaust geleugnet, das Verbot der Jüdischen Gemeinden gefordert und wegen antisemitischer Volksverhetzung im Wiederholungsfall mehr als ein Jahrzehnt hinter Gittern verbringen müssen. Auch ihm, dem hegelianisch geschulten Rechtsradikalen, der zeitweilig den Reichsbürgern angehörte, ging eine vergiftete Vokabel nach der anderen über die Lippen.

Doch es sind keineswegs nur „Rechte Leute von links" gewesen, die sich mit der antisemitischen wie antiisraelischen Umcodierung von Slogans und Catch-Wörtern hervorgetan haben, sondern einmal sogar auch ein Mann, den man trotz seiner unüberhörbaren nationalistischen Zwischen- und Obertöne für einen überzeugten Liberalen gehalten hatte. Auch der 2002 verstorbene, wortgewaltige *Spiegel*-Chef Rudolf Augstein, der sich zwischenzeitlich sogar, wenn auch vergeblich, als FDP-Politiker ausprobiert hatte, spielte in dieser Hinsicht die Rolle eines verbalen Vorreiters. In einer seiner Kolumnen hatte er 1981 mit der Überschrift „Keinen zweiten Holocaust, bitte!" aufgewartet und auf abenteuerliche Weise Israelis und Nationalsozialisten wie Juden und Araber, sprich Palästinenser, miteinander gleichgesetzt. Wörtlich hieß es darin: „Wie die Juden Opfer der deutschen Nazis waren, so sind die Araber nunmehr Opfer der Israelis."[5] Augstein zog vom Leder wie man das wohl weder zuvor noch danach im Hamburger Nachrichtenmagazin erlebt hatte. Er fühlte sich als Nachkriegsdeutscher offenbar selbst verletzt, gekränkt, in seiner Ehre angegriffen und spuckte deshalb Gift und Galle.

Auslöser für Augsteins Ausfälle waren Attacken des damaligen israelischen Ministerpräsidenten Menachem Begin und seines Außenministers, der ihm später noch in seinem Amt als Regierungschef folgen sollte, Jitzchak Schamir, auf den amtierenden Bundeskanzler Helmut Schmidt, den ehemaligen „Oberleutnant der großdeutschen Wehrmacht", und seinen Außenminister Hans-Dietrich Genscher. Diese Verbalattacken waren in der Tat eine Zumutung. Aber sie waren angesichts des von Deutschen begangenen Unrechts nicht ganz und gar unverständlich und hätten keinen Grund dafür bieten sollen, nun unbedingt mit dem „Sturmgeschütz der Demokratie", wie Augstein sein eigenes Blatt einmal apostrophierte, dagegenhalten zu müssen.

Aber Augstein scherte das alles nicht und er schlug wild um sich und nahm damit ebenfalls vieles von dem an vergiftetem Vokabular vorweg, was heute wieder in Umlauf ist. Seine Gleichsetzungsmanie war zugleich auch eine Neutralisierungsmanie. Zwar wollte er nicht abstreiten, dass sie – der Kanzler ebenso wie der Blattmacher – in der NS-Zeit keine in irgendeiner Weise des Widerstands verdächtigen Helden gewesen waren, aber er wollte sich deshalb aber auch nicht vorhalten lassen, dass sie 36 Jahre nach Kriegsende noch immer Seelenverwandte dieser nicht zu Unrecht verurteilten Vergangenheit wären. Doch kehren wir zurück in die Gegenwart.

Im digitalen Zeitalter herrscht erinnerungspolitisch bereits seit Längerem eine Mentalität vor, sich historisch möglichst dort zu bedienen, womit sich die eigenen Affekte am besten

5 Rudolf Augstein, Keinen zweiten Holocaust, bitte!, *Der Spiegel* vom 10. Mai 1981, Nr. 20, S. 24.

befeuern lassen. „Geschichte als Gemischtwarenladen“, brachte es eine Journalistin zuletzt auf den Punkt, „jeder nimmt sich, was er braucht, hat aber keine Ahnung, wovon er spricht.“[6] Selbst die amtierende Bundesinnenministerin Nancy Faeser verstieg sich in ihrer Rhetorik. Kurz nachdem ein Geheimtreffen von Rechtsradikalen in einem Potsdamer Hotel mit Mitgliedern der AfD und CDU samt interessierten Unternehmern aufgeflogen war, die sich unter dem Tarnwort „Remigration“ über Möglichkeiten zur millionenfachen Abschiebung von Deutschen mit Migrationshintergrund austauschten, nahm sie das zum Anlass, in einem solchen Zusammenhang an die „furchtbare Wannseekonferenz“ zu erinnern. Die räumliche Nähe des Landhauses Adlon mit der berüchtigten Villa am Großen Wannsee hatte ihr offenbar eine Gelegenheit geboten, um Rechtsradikale und Rechtspopulisten von heute in die Nähe von hochrangigen SS-Männern zu rücken, die über die „Endlösung“ berieten. Damit hatte sie jedoch mit einer Art rhetorischem Vorschlaghammer gedroht, um auf das von einem solchen Treffen unbestreitbar ausgehende Gefahrenpotential hinzuweisen. Ob eine solche Dämonisierung im Umgang mit AfD- und CDU-Leuten hilft, die Demokratie vor extremen Kräften von rechts zu schützen, ist mehr als fraglich.

6 Claudia Schwartz, Die Kulturszene treibt den Antisemitismus voran, *Neue Zürcher Zeitung* vom 30. Januar 2024.

Missbräuchliche Verwendung des Judensterns

An Versuchen, sich selbst als Angehörigen nicht einer, sondern der „Opfergruppe" schlechthin auszugeben und sich deshalb einen Judenstern anzuheften, hat es nicht gefehlt. Mir war das zum ersten Mal vor einem halben Jahrhundert auf der wohl größten Demonstration der 68er-Bewegung aufgefallen, dem „Sternmarsch auf Bonn", mit dem Zehntausende am 11. Mai 1968 vergeblich versucht hatten, die Verabschiedung der Notstandsgesetze zu verhindern. Der junge Mann, der sich einen solchen, offenbar selbst gebastelten Stern ans Revers steckte, hatte darauf in Großbuchstaben das Wort „Student" geschrieben. Ein derartig symbolisch aufgeladener Akt lag zwar in der Luft, dürfte dennoch aber eine Seltenheit geblieben sein.

Jahrzehnte später heißt es, dass der „Missbrauch des Judensterns" geradezu „inflationär" zu werden drohe.[7] Nun sind es etwa Impfgegner, die auf Corona-Demonstrationen einen Stern tragen, auf dem „ungeimpft" zu lesen ist, oder Autofahrer, die meinen damit auf Kundgebungen gegen Dieselfahrverbote protestieren zu müssen oder AfD-Mitglieder, die sich von Kritikern „angegriffen" oder gar „verfolgt" fühlen. Der in Moskau geborene, einer jüdischen Familie entstammende und mittlerweile in der Schweiz lebende Schriftsteller Alexander Estis hat diese Verkehrungen nicht nur beobachtet, sondern die illegitime Inanspruchnahme des Opfer-Symbols als Hinweis auf dessen Verwendung in einem antisemitischen Kontext interpretiert: „Die Sternträger inszenieren sich als die neuen, eigentlichen Juden, also als die wahren Opfer von heute, während die alten Juden in ihren Phantasmen umgekehrt als Strippenzieher der Krise und deren kapitalistische Profiteure fungieren."[8] Der Judenstern dient demnach also nicht nur der Selbstdarstellung als Opfer, son-

7 Vgl. Alexander Estis, Schoappropriation, *Frankfurter Allgemeine Zeitung* vom 18. November 2023.

8 Ebenda.

dern zugleich auch als verschwörungsideologisch gelenkter Fingerzeig auf angebliche Täter.

Auch wenn es sich dabei um einen Nachfahren von Holocaust-Überlebenden handeln sollte, so bedeutet das nicht, dass damit eine automatische Legitimität einhergeht, sich in der Gegenwart und vor allem auf einer freien Entscheidung basierend des Judensterns symbolisch bedienen zu können. Als sich mit Gilad Erdan etwa der ständige Vertreter Israels bei den Vereinten Nationen, in Reaktion auf den Hamas-Überfall im UN-Sicherheitsrat in New York den gelben Stern mit der Inschrift „Never Again" ans Revers heftete, stieß er selbst in Israel auf massive Kritik. Es war mit Dani Dayan kein Geringerer als der Vorstandsvorsitzende der Holocaust-Gedenkstätte Yad Vashem, der von einer „Schande" sprach und ihm Geschichtsklitterung vorwarf. Während die Juden im Nationalsozialismus völlig hilflos gewesen seien, so gelte das keineswegs mehr in und für Israel. „Heute haben wir einen unabhängigen Staat und eine starke Armee. Wir sind Herren unseres Schicksals. Heute tragen wir die blau-weiße Flagge an unserem Revers, keinen gelben Aufnäher."[9] Mit seiner Aktion setze Erdan die Holocaust-Opfer ebenso wie den israelischen Staat herab. Er fordere ihn deshalb auf, sich die Nationalfarben ans Jackett zu stecken.

9 Scharfe Kritik an Israels UN-Botschafter Erdan, *tagesschau.de* vom 31. Oktober 2023.

Flaggenverbrennungen

Ein anderes Thema ist das Verbrennen von Nationalflaggen. Beim Blick auf TV-Bilder aus aller Welt, kann man den Eindruck gewinnen, dies könnte eine Art Volkssport geworden sein. Aufnahmen von wütenden Demonstranten, die aus einer schier unüberschaubaren Menschenmenge heraus, die Nationalfahnen etwa der USA oder Israels anzünden, um anschließend, bevor die Flammen überhaupt erloschen sind, auch noch wie die Berserker darauf herumzutrampeln, sind Legion. In unseren Graden kommt das sehr viel seltener vor, aber im Anschluss an den 7. Oktober mehren sich auch in dieser Hinsicht die Vorfälle.

So passierte es am 13. Oktober etwa, dass ein 18-Jähriger am Augsburger Rathausplatz einen Mast erklomm und die dort angebrachte Israel-Fahne herunterriss und sie schließlich anzuzünden versuchte. Er hatte jedoch das Pech, dass es sich sein gleichaltriger Freund nicht nehmen lassen wollte, diesen beinahe halsbrecherischen Akt mit seinem Smartphone aufzunehmen. Das führte dazu, dass die beiden identifiziert und gegen sie ein Ermittlungsverfahren in Gang gebracht werden konnte.

Strafrechtlich betrachtet ist die Sache deshalb vergleichsweise einfach, weil es für ein solches Delikt einen eigenen Paragraphen gibt. Nach § 104 des Strafgesetzbuches gibt es die Möglichkeit, jemanden zur Rechenschaft zu ziehen, der öffentlich die Flagge eines ausländischen Staates zerstört oder beschädigt und auf diese Weise verunglimpft. Früher galt das nur für solche Flaggen, die offiziell an Staatsgebäuden gehisst worden waren. Seit 2020 ist dieser Paragraph so ausgeweitet worden, dass er auch ganz allgemein gilt.

Die Parolen

„Free Palestine“

Pro-palästinensische Parolen zirkulieren bereits seit Jahrzehnten bei Demonstrationen und auf Kundgebungen, bei denen von den Protestierenden als Bekenntnis zu ihrer Identifikation mit dem Kampf der Palästinenser häufig auch noch die *Kufiya*, das sogenannte Palästinensertuch, getragen wird. Nach dem 7. Oktober ist der Slogan „Free Palestine“ landesweit in der Öffentlichkeit zu sehen oder auch zu hören gewesen. Insbesondere in größeren Städten tauchte er an Straßen und Plätzen, aber auch an U-Bahnhöfen, Schulen und anderen besonders frequentierten Orten auf. In verschiedenen Berliner Bezirken etwa waren häufiger Aufkleber zu sehen, in denen der Spruch mit dem Aufruf „Boycott Israel“ und einer palästinensischen Flagge kombiniert wurde.

Doch selbst die simpelste Parole ist zuletzt unter dem Eindruck der von der Hamas verübten Gräueltaten auf Probleme gestoßen. Die Frage ist, ob die Forderung „Free Palestine“, wie etwa von der *Bild*-Zeitung am 28. Oktober behauptet, mit der Absicht gleichzusetzen ist, Israel auslöschen zu wollen. Das Boulevardblatt versuchte mit dieser Begründung jedenfalls eine Äußerung des ARD-Journalisten Georg Restle zu skandalisieren. Dieser hatte auf seinem X-Account (vormals Twitter) gepostet: „Nicht jeder der *#FreePalastine* postet, ist ein Hamas Terrorist. Nicht jeder, der sich mit Israel solidarisch erklärt, wünscht Palästinensern den Tod. Runterkommen bitte! Das nützt nur den Extremisten. Dem Frieden ganz sicher nicht.“[10] Um zu illustrieren, was es bedeuten würde, „Palästina“ zu befreien, wurden von *Bild* nach dem Vorher-Nachher-Prinzip zwei Karten nebeneinandergestellt. Die eine mit den aktuell gültigen Grenzen, auf der anderen gab es keine israeli-

10 Philip Fabian, „Free Palestine“ Warum die Parole die Auslöschung Israels bedeutet, *Bild*-Zeitung vom 28. Oktober 2024.

schen Staatsgrenzen mehr und das gesamte Territorium zwischen dem Jordan und dem Mittelmeer war mit „Free Palestine“ markiert. So sähe dann wohl die Landkarte aus, „wenn die Hass-Utopie“ laut *Bild* Wirklichkeit geworden wäre.

Das jedoch dürfte eine Überzeichnung im doppelten Sinne des Wortes sein. Denn rechtlich betrachtet sind einer derartigen Interpretation ziemlich enge Grenzen gesetzt. Obwohl bei solchen möglicherweise als Delikt behandelten Fällen die Rechtsprechung zwischen den einzelnen Bundesländern nicht selten voneinander abweicht, ist man sich einig, dass die Parole „Free Palestine“ erst in der Verbindung mit einem Aufruf zur Gewalt unter das Delikt der Volksverhetzung fiele und dadurch strafwürdig würde. Und um das zu klären, wäre es wiederum nötig eine Einzelfall-Überprüfung durchzuführen. Weder Polizei noch Staatsanwaltschaften machen es sich so einfach wie die *Bild*-Zeitung. Für sie zählt nur, was sich durch Ermittlungen auch konkret belegen lässt. Und wenn sich ein anfänglicher Verdacht, dass durch Graffiti, Plakate, Sticker oder irgendeine Schmiererei zu Gewalt aufgerufen wird, nicht weiter zu erhärten ist, dann wird er auch wieder fallengelassen.

„Free Gaza from Hamas“

Um einen Gegenpol zu besetzen, tauchte nun häufiger auch die Parole „Free Gaza from Hamas“ auf. Demnach sollte also nicht der Gaza-Streifen etwa von der israelischen Armee befreit werden, sondern von der terroristischen Hamas. Eine Umkehrung, die unter Israel-Unterstützern naheliegenderweise besonderen Anklang fand. Weniger bekannt ist jedoch, dass es diese Gegenparole auch schon vor dem 7. Oktober gegeben hat.

So hatte die *Deutsch-Israelische Gesellschaft* (DIG) etwa im Mai 2021 mit dem folgenden Text zu einer Solidaritätskundgebung auf dem Stuttgarter Schillerplatz aufgerufen: „Wir verurteilen den Raketenterror der Hamas, die Israel mit Tausenden von Raketen angreift. Ihre Raketen richten sich absichtlich gegen die Zivilbevölkerung in Israel, Tote und Verletzte gibt es unter jüdischen und arabischen Israelis. Auch die Toten im Gaza-Streifen verantwortet die Hamas, sie provozierte die israelischen Militärschläge, sie baute die Terrortunnel und Abschussrampen gezielt unter und neben zivilen Einrichtungen, ein Viertel ihrer Raketen stürzen auf eigenem Gebiet ab." Selbst die daraus als Forderungen gezogenen Konsequenzen treffen die aufgetretenen Probleme in einem nicht unerheblichen Umfang: „Wir fordern, dass Aufrufe zur Existenzvernichtung des demokratischen Staates Israels konsequent unterbunden und strafrechtlich verfolgt werden. Gelder aus EU- und deutschen Töpfen an die UNWRA, aber auch an die Terrorgruppe PFLP müssen gestoppt werden. Das iranische Regime, das die Hamas und andere Terrorgruppen unterstützt, muss von der Bundesregierung sanktioniert werden."

„From the River to the Sea – Palestine will be free"

In diesem Falle darf vermutet werden, dass manche pro-palästinensische Demonstranten vielleicht gar nicht so genau wissen, was sie mit diesem Slogan eigentlich fordern. Die geographische Konstellation in dieser Region hat schon immer einen Teil derjenigen, die mit ihrer Meinung nicht länger hinter den Berg halten wollten, tendenziell überfordert. Natürlich muss man als erstes wissen, dass mit „the River" der Jordan gemeint ist und mit „the Sea" das Mittelmeer. Ob deshalb aber auch jeder und jedem, die oder der diesen Spruch im Munde führt, bewusst ist, dass damit auf der Landkarte die Ausradierung Israels und damit möglicherweise oder sogar zwingend die Auslöschung des israelischen Volkes gefordert wird, ist nicht unbedingt klar. Auf jeden Fall aber könnte man sich Klarheit darüber verschafft haben und insofern auch wissen, dass die Hamas genau das fordert. Und sie ist als offen islamisch-terroristisch agierende Organisation keineswegs allein damit. Auch die BDS-Bewegung und das 2012 in den USA gegründete Netzwerk *Samidoun*, das sich für palästinensische

Häftlinge einsetzt und wegen seiner Nähe zur PFLP selbst als terroristisch eingeschätzt wird, gehören zu dieser Allianz.

Beschäftigt man sich näher mit der Geschichte der palästinensischen Widerstands- und Unabhängigkeitsbewegung, so wird einem klar, wie lange schon dieser antiisraelische Slogan in den Köpfen umherspukt. Denn er wurde bereits bei der 1964 in Kairo erfolgten Gründung der PLO benutzt, um damit die Schaffung eines eigenen, und zwar aus dieser Sicht einzig legitimierten Staates zu rechtfertigen.

Allerdings sollte hierzu nicht unerwähnt bleiben, dass umgekehrt auch Israel seit einer bestimmten Zeit eine solche Maximalposition vertritt. Das ist der Fall, seit mit Menachem Begin der erste Vorsitzende des 1973 gegründeten *Likud*-Blocks, der erst 1988 zu einer einheitlichen Partei zusammenwuchs, 1977 Ministerpräsident wurde. Seitdem sich in Israel die nationalkonservative Rechte durchgesetzt hat, wird ein „Groß-Israel" gefordert, das, ebenso wie im palästinensischen Fall vom Mittelmeer bis zum Jordan reichen und insofern keinen Platz für einen Palästinenser-Staat bieten soll. Dort würde, so hieß es, dann auch die vollständige israelische Souveränität herrschen. Dass diese Position auch zu Netanyahus Selbstverständnis gehört, kann nicht bezweifelt werden, auch wenn er sie angesichts der israelischen Abhängigkeit von den USA eher hinter vorgehaltener Hand als offen für sich zu beanspruchen wagt.

Hierzulande ist zuletzt auch der Profi-Sport nicht davor gefeit gewesen, von der Welle pro-palästinensischer und zuweilen verdeckten oder offenen anti-israelischen Slogans erfasst zu werden. Zu welchen Verwerfungen das mitunter führen kann, hat zuletzt das Beispiel eines Bundesligaspielers gezeigt, des für den FSV Mainz 05 angetretenen Anwar El Ghazi, einem Niederländer marokkanischer Herkunft. Er war Ende September von Ajax Amsterdam zu seinem deutschen Klub gewechselt und hatte hier gerade einmal drei Spiele bestritten.

Weil El Ghazi nun aber am 17. Oktober 2023 auf seinem *Instagram*-Account die Parole „From the River to the Sea – Palestine will be free" postete, wurde er mit sofortiger Wirkung freigestellt und am Ende des Monats arbeitsrechtlich abgemahnt. Sein Klub hatte gleich zu Beginn des Konflikts die Meldung verbreiten lassen, dass es durchaus „unterschiedliche Perspektiven auf den seit Jahrzehnten währenden komplexen Nahostkonflikt“ geben könne, dass aber die von ihrem Spieler vertretene Position nicht „mit den Werten unseres Vereins“ einhergehe.

Zunächst schien es so zu sein, als könne man sich – wie es in derartigen Fällen häufig heißt – gütlich einigen. Sein Verein verbreitete die Meldung, dass er sich von seinem Posting nicht nur distanziert, sondern auch Reue gezeigt habe. Das jedoch schien nicht unbedingt mit der von dem Spieler eingenommenen Haltung übereinzustimmen.

Denn nur wenige Tage später bestritt El Ghazi die Stellungnahme seines Vereins und erklärte, dass er keineswegs etwas bereue und sich immer auf die Seite der Unterdrückten stellen würde. Daraufhin wurde sein Vertrag am 3. November fristlos gekündigt. Möglicherweise war das aber auch eine Reaktion darauf, dass inzwischen ein staatsanwaltschaftliches Ermittlungsverfahren eingeleitet worden war. Die Generalstaatsanwaltschaft Koblenz hatte sich des Falls angenommen und gegen El Ghazi Ermittlungen wegen des Anfangsverdachts eingeleitet, dass er mit seinem Posting den öffentlichen Frieden „durch Billigen von Straftaten in Tateinheit mit Volksverhetzung“ verletzt habe.

Wenn man sich verschiedene Positionen von Juristen zu der sanktionierten Parole anschaut, dann wird vor allem eines klar, dass nämlich am Ende kaum etwas klar ist. Der nicht nur durch seine Kommentare zum Strafgesetzbuch, sondern auch seine Online-Kolumnen für *Die Zeit* und den *Spiegel* bekannt gewordene Strafrechtler Thomas Fischer vertritt die Einschätzung, dass der von El Ghazi und anderen verteidigte Slogan, sofern er im öffentlichen Raum wahrgenommen werden kann, nach dem sich auf die Billigung einer Straftat beziehenden § 140 StGB ein strafwürdiges Delikt darstellt. Zum gleichen Resultat, wenn auch mit einer anderen Begründung, gelangte eine

Polizeisprecherin, die der deutschen Presse-Agentur gegenüber Mitte Oktober erklärte, dass die Parole einen Anfangsverdacht auf Volksverhetzung erfülle, weil damit das Existenzrecht Israels in Frage gestellt werden könne. Sie berief sich dabei auf § 130 StGB, wonach jemand strafrechtlich zu verfolgen sei, der gegen „nationale, rassische, religiöse oder durch ihre ethnische Herkunft bestimmte Gruppen" zum Hass aufstachele oder zu Gewalt- bzw. Willkürmaßnahmen auffordere.

Das Verwaltungsgericht Berlin hingegen hatte erst im August 2023 entschieden, dass die Parole „From the River to the Sea – Palestine will be free" für sich genommen noch nicht strafwürdig sei. Weder werde mit ihr direkt zur Gewalt aufgerufen noch explizit das Existenzrecht Israels in Abrede gestellt. Und die Generalstaatsanwaltschaft in München hat sich, wie für die bayerische Justiz eher typisch, im November 2023 genau entgegengesetzt für eine harte Gangart ausgesprochen. Ihr zufolge sollen im Fall der genannten Parole in Zukunft automatisch Ermittlungen wegen der Verwendung von Kennzeichen terroristischer Organisationen in Gang gesetzt werden. Sie beruft sich dabei auf das gegenüber dem islamischen Gefangenen-Netzwerk *Samidoun* vom Bundesinnenministerium verhängte Betätigungsverbot. Vielleicht aber hätte sich das Berliner Verwaltungsgericht ähnlich entschieden, wenn es erst nach dem 7. Oktober hätte urteilen müssen.

Eine relativ gelassene Haltung solchen Fragen und Problemstellungen gegenüber nimmt der Jurist, Journalist und Autor Ronen Steinke, selbst jüdischer Herkunft, ein. Für ihn sei klar, so stellte er es in einem Gastkommentar für den *Deutschlandfunk* dar, dass man von den 200.000 in Deutschland lebenden Palästinenserinnen und Palästinensern nicht einfach erwarten könne, in Anbetracht der Bilder, die sie vom Gaza-Streifen aus erreichen, „... keine Gefühle zu haben."[11] Das sei menschlich und reiche auch aus, um deshalb auf die Straße gehen und

11 Natürlich darf man „Free Palestine" rufen, Gastkommentar von Ronen Steinke, *Deutschlandfunk* vom 28. Oktober 2023, abgerufen am 30. Januar 2024.

demonstrieren zu wollen. Und es sei im Übrigen auch durch die in Artikel 8 des Grundgesetzes verankerte Versammlungsfreiheit gedeckt. Und dieses Grundrecht stehe ja nicht nur solchen Bürgerinnen und Bürgern zu, die ihre Ansichten elaboriert vortragen könnten, sondern ungeteilt allen.

Die Grenze in der Wahrnehmung dieses Grundrechts sei erst dann erreicht, wenn mit einer Parole zur Gewalt aufgestachelt werde. Dies sei bei dem häufiger zu hörenden Spruch „Free Palestine" bestimmt nicht der Fall. Selbst bei der viel weitergehenden Parole „From the River to the Sea – Palestine will be free" bezweifelt er, ob die Haltung mancher Staatsanwaltschaft, darin gleich eine Volksverhetzung zu erblicken, auch wirklich angemessen sei. Denn nur ganz allgemein für Freiheit einzutreten, müsse ja nicht zwangsläufig so verstanden werden, dass dies mit Gewalt verbunden sein müsse. Eine solche Annahme kam in seinen Augen einer Unterstellung gleich.

Wenn es dagegen wirklich einen Punkt gebe, in dem sich der deutsche Staat hart zeigen müsse, dann seien das jene in letzter Zeit dramatisch zugenommenen antisemitischen Akte, bei denen Molotow-Cocktails gegen jüdische Einrichtungen geschleudert und Davidsterne an Haustüren geschmiert wurden, um sie zu markieren und die dort lebenden Jüdinnen und Juden einzuschüchtern. Dort gebe es eine rote Linie, die nicht überschritten werden dürfe und an der die Justiz auch entsprechend aktiv werden müsse.

„Free Palestine from German Guilt"

In die Schlagzeilen geraten war dieser Ausspruch vor nicht allzu langer Zeit, als die *documenta fifteen* wegen eines großformatigen Bildes der indonesischen Künstlergruppe *ruangrupa*, auf dem unübersehbar antisemitische Bildelemente verwendet worden waren, einen Skandal ausgelöst hatte. In Reaktion auf die an der Gruppe geübte Kritik hatten einige ihrer Mitglieder eine Reihe von Protestplakaten mit dem provokativen Schriftzug „Free Palestine from German Guilt" verbreitet. Damit sollten die gegen sie erhobenen Vorwürfe offenbar mit dem Verweis auf den Umgang mit der deutschen NS-Vergangenheit entweder neutralisiert oder ganz abgewehrt werden. Es stellte sich jedoch heraus, dass dieser als Entlastung gedachte Schachzug nach hinten losging. Denn die kritischen Stimmen nahmen eher weiter zu, als dass sie abgenommen hätten.

Die international agierende israelfeindliche und zumindest implizit antisemitische BDS-Gruppe, die im Zuge der zweiten Intifada als NGO zur Unterstützung des palästinensischen Aufstands gegen Israel entstanden war, stellte sich hinter *ruangrupa* und behauptete, dass die in der Öffentlichkeit erhobenen Antisemitismusvorwürfe nichts anderes als der Versuch seien, das Verständnis von „deutscher Schuld" und Antisemitismus auf die „antikolonialen Kämpfe" der Palästinenser und anderer zu übertragen.

Eine ihrer deutschen Unterstützergruppen griff nun im Herbst 2022 die besagte Parole in Berlin auf und feierte den 7. Oktober ganz offen als einen „revolutionären Tag, auf den man stolz sein" müsse. *Palästina spricht*, so ihr Name, organisierte in dem Zusammenhang verschiedene Solidaritätskundgebungen mit der Hamas und andere anti-israelische Aktivitäten. Der Slogan verbreitete sich in der in der Bundeshauptstadt besonders aufgeheizten Stimmung immer weiter.

Als sich am Abend des 18. Oktobers in Berlin mehrere hundert Menschen auf dem Platz vor dem Auswärtigen Amt zu einer Protestaktion auf den Boden setzten, unterstrichen sie ihr pro-palästinensisches Anliegen durch die genannte Parole. Sie skandierten mehrfach hintereinander im Chor „Free Palestine from German Guilt" und klatschten dazu mit ihren Händen. Damit wollten sie offenbar zu verstehen geben, dass man die nach wie vor drängenden Probleme zu einer Lösung der Palästina-Frage von der historischen Verantwortung Deutschlands entweder abkoppeln oder aber sie ganz unberücksichtigt lassen solle.

Da die Versammelten – wie Journalisten beobachtet haben wollen – ganz den Eindruck machten, als würden sie sich der

Linken zurechnen, darf allerdings bezweifelt werden, ob sie sich der Ursprünge ihrer Parole bewusst gewesen sind. Denn Palästina von deutscher Schuld „befreien" zu wollen, passt am ehesten zu dem seit der Nachkriegszeit von Alt-Nazis und anderen extremen Rechten vertretenen Schuldbefreiungs-Narrativ.

Der Berliner Journalist Harry Nutt schrieb in einer Kolumne dazu, dass die verwendete Parole „an geschichtsklitternder Obszönität nicht zu übertreffen" sei: „Aufgeladen mit postkolonialistischer Verve ist sie an eine alternde Kerngesellschaft adressiert, die sich, bitteschön, von ihrer historischen Last befreien möge: die deutsche Verpflichtung, sich zur Geschichte des Holocaust zu bekennen."[12] Für ihn war unverkennbar, dass der ein weiteres Mal dramatisch zugespitzte Nahostkonflikt nun im Rückbezug auch noch dazu missbraucht werden sollte, die Verantwortung der deutschen Gesellschaft gegenüber der NS-Vergangenheit abzuwehren und so die Erinnerungskultur zu beschädigen.

12 Harry Nutt, Palästina „von der deutschen Schuld befreien": Eine Botschaft von geschichtsklitternder Obszönität, *Frankfurter Rundschau* vom 25. Oktober 2023.

Die Schuldabwehr

Der sogenannte „Schuld-Kult“ ist ein politischer Kampfbegriff, der auf die unmittelbare Nachkriegszeit zurückverweist. Es ist naheliegend, dass sich nach 1945 ehemalige Nazis ihrer Verantwortung und insbesondere ihrer möglichen Strafverfolgung zu entziehen trachteten. Um sich dagegen zur Wehr zu setzen, von den Siegern, den drei West-Alliierten, vor Entnazifizierungskammern gestellt und möglicherweise verurteilt zu werden, versuchten sie derartige Verfahren möglichst zu diskreditieren. Sie behaupteten, dass die Siegermächte sie generell unter einen Schuldverdacht stellen wollten, um die durch ihre Niederlage ohnehin geschwächten Deutschen nun auch noch im Nachhinein klein zu halten. Das korrespondierte wiederum mit der in der deutschen Bevölkerung von einer großen Mehrheit vertretenen Weigerung, ihre eigene NS-Vergangenheit aufzuarbeiten. Auch die im Herbst 1949 unter Konrad Adenauer an die Macht gekommene erste Bundesregierung zeigte an einer solchen Aufarbeitung kein besonderes Interesse. Die von ihr verfolgten Ziele standen eher für die gegenläufige Tendenz: Die Kriegsverbrecher sollten begnadigt, die Entnazifizierung beendet und die Beamtenschaft so rasch wie möglich wieder für den Dienst im und am Staat zur Verfügung stehen. Diese Einstellung entsprach der verbreiteten Stimmung in der Bevölkerung, in der die übergroße Mehrheit nichts anderes wollte, als einen Schlussstrich zu ziehen.

Diese Haltung schlug sich auch in den damaligen Parteien nieder, und zwar weit über die der radikalen Rechten hinaus. Sie ließ sich auch in der CDU/CSU, in erheblichen Teilen der anfangs außerordentlich nationalistisch eingestellten FDP sowie in Teilen der SPD nachweisen. Eine besondere Rolle spielte der „Schuld-Kult“-Vorwurf naheliegender Weise unter den intellektuellen Protagonisten der Neuen Rechten. Armin Mohler, der einstige Privatsekretär Ernst Jüngers, hatte sich schon in seiner 1949 verfassten Dissertation zu der These verstiegen, dass jene, von ihm als Vorläufer seines eigenen Denkansatzes verstandenen Autoren der Weimarer Republik, die er als Protagonisten der sogenannten „Konservativen Revolution" betrachtete, keine Vordenker der NS-Bewegung gewesen seien, sondern deren Opfer.[13] Dieses sich Herausstehlen aus der Mitverantwortung am Aufstieg der Nazis, eine sich geistig manifestierende Schuldabwehr, machte in seinen Kreisen Schule. Mohlers Gedanken folgten Caspar von Schrenck-Notzing, der in seinem 1965 erschienenen Werk „Charakterwäsche" die amerikanische Besatzung und deren aus der Frankfurter Schule stammenden Berater des Verrats am deutschen Volk bezichtigte,[14] und als sein Schüler der ebenfalls rechtskonservative Publizist Marcel Hepp, der zum Vordenker der CSU avancierte und später auch seinem Parteivorsitzenden Franz Josef Strauß als persönlicher Referent zur Seite stand.

Und gerade diesem, dem ewig polternden und häufig rücksichtslos polemisierenden Strauß war der „Schuld-Kult"-Vorwurf wie wohl keinem Zweiten in die DNA eingeschrieben. Der Urvater des bundesdeutschen Rechtspopulismus ließ kaum einmal eine Gelegenheit aus, um seine Schlussstrich-Tiraden vor einem sich voller Begeisterung auf die Schenkel klopfenden Publikum zum Besten zu geben. So forderte er seine Zuhörerschaft 1969 dazu auf, „Schluss mit der ewigen Vergangenheitsbewältigung als gesellschaftlicher Dauerbüßeraufgabe" zu machen, 1977 empörte er sich darüber, dass man den Deutschen die „Allein- oder Hauptschuld an den beiden Weltkriegen" in die Schuhe zu schieben versuche, und erklärte mit dem Gestus eines schier überbordenden Selbstwertgefühls, dass man sich als Deutsche von niemandem mehr ständig an die Vergangenheit erinnern lassen wolle – „weder von Washington, noch von Moskau, von keinem europäischen Nachbarn, auch nicht von Tel Aviv". Für einen Politiker, der ansonsten keine Gelegenheit ausließ, um darauf hinzuweisen,

13 Armin Mohler, Die Konservative Revolution in Deutschland 1918–1932. Ein Handbuch, Darmstadt 1972.

14 Caspar von Schrenck-Notzing, Charakterwäsche. Die amerikanische Besatzung in Deutschland und ihre Folgen, Stuttgart 1968.

über welch glänzende Beziehungen zu Israel er verfüge, war das überraschend. Das klang nun ganz so, als hätte er damit ein für alle Mal feststellen wollen, dass man sich auch „von denen“ nichts sagen lassen müsse.

Noch zwei Jahre vor seinem Tod, ließ ihn diese, bei wechselnden Anlässen geradezu manisch eingenommene Schuldabwehrhaltung immer noch nicht in Ruhe. Auf einem von der CSU im November 1986 veranstalteten Wahlkongress geißelte er noch einmal die „ewige Vergangenheitsbewältigung als gesellschaftspolitische Dauerbüßeraufgabe“ und beklagte lautstark, dass sie ein Volk nur lähmen könne. Es sei falsch, dass sich die Deutschen als „Prügelknaben der Nation“ betrachteten. „Wir“, so hob er gegen dieses ihm misslich erscheinende Selbstbild an, „sind eine normale, tüchtige, leistungsfähige Nation, die das Unglück hatte, zweimal schlechte Politik an der Spitze ihres Landes zu haben.“[15] Ganz so, als wolle er sich rhetorisch selbst überbieten, forderte er, dass man die NS-Vergangenheit „in der Versenkung oder Versunkenheit“ verschwinden lassen solle. Mehr Schlussstrich ging kaum.

15 Franz Josef Strauß, Die Vergangenheit in der Versenkung verschwinden lassen …, Rede auf dem CSU-Wahlkongress in München, *Bayernkurier* vom 29. November 1986, S. 22.

9. Die Meta-Diskurse

Genozid

Angesichts der apokalyptischen Bilder, die vom Kampfgeschehen im Gaza-Streifen um die Welt gingen, war es naheliegend, dass von den stärksten Kategorien Gebrauch gemacht würde, um das Töten von Abertausenden möglichst objektivierend benennen zu können. So etwa hat die bereits ausführlich zitierte Judith Butler wiederholt davor gewarnt, dass es zu einer „zweiten Nakba" kommen würde, die zu Massenflucht und Vertreibung führe und in einen Genozid münde. In manchen Fällen war mit einer solchen Argumentation auch die Implikation verbunden, nach Möglichkeit Rechtsmittel einzulegen, um entweder ein weiteres Sterben umgehend zu verhindern oder aber die dafür Verantwortlichen im Nachhinein strafrechtlich verfolgen zu können.

Einer der am häufigsten verwendeten, aber zugleich auch umstrittensten Begriffe ist der des Genozids, der zumeist synonym mit dem des Völkermords verwendet wird. Der israelische Historiker Raz Segal ging sogar so weit, das Vorgehen der Streitkräfte seines Landes im Gaza-Streifen als „Lehrbuch-Beispiel für einen Genozid" zu bezeichnen. Und das Urteil dieses an einer US-Universität lehrenden Wissenschaftlers hat schon deshalb ein besonderes Gewicht, da er als ein renommierter Experte auf dem Gebiet der Holocaust- und Genozidforschung gilt und seine Ergebnisse auch von der Gedenkstätte Yad Vashem publiziert worden sind. Doch allein dieser Status sollte nicht dazu führen, ein bestimmtes Votum blindlings zu übernehmen. Schließlich existiert unter Historikern, Völkerrechtlern und Sozialwissenschaftlern in Bezug auf die Verwendbarkeit des Genozidbegriffs keineswegs Übereinstimmung. Nicht wenige warnen im Übrigen davor, den

Terminus zu rasch und unkritisch zu gebrauchen. Dabei spielt auch die Überlegung eine Rolle, ob seine Verwendung interessegeleitet sein könnte. Schließlich lassen sich politische Gegner kaum leichter als in solchen Fällen diskreditieren.

Der Kunstbegriff „Genozid“ war 1944 von dem polnischen Juristen Raphael Lemkin geprägt worden. Angesichts der etwa an den Armeniern während des Zweiten Weltkriegs im Osmanischen Reich begangenen Massaker hatte er sich zu Recht daran gestoßen, dass zwar ein einzelner Mensch wegen der Tötung eines anderen angeklagt und bestraft werden könne, aber die Tötung von Hunderttausenden oder gar Millionen häufig unbestraft geblieben war. Als der Völkerbund 1933 in Madrid tagte, unterbreitete er den dort Versammelten den Vorschlag, dass jene, die aus Hass gegen eine bestimmte soziale Gemeinschaft zum Zweck ihrer Ausrottung Handlungen „gegen Leben, Gesundheit, Freiheit, Würde oder wirtschaftliche Existenz“ begingen, wegen „Verbrechens der Barbarei“ bestraft werden sollten.

Als die Vereinten Nationen am 9. Dezember 1948 in Reaktion auf die während des Zweiten Weltkrieges begangenen Verbrechen und um ihrer ein Jahr zuvor selbst auferlegten Verpflichtung nachzukommen, die „Konvention über die Verhütung und Bestrafung des Völkermordes“ verabschiedeten, definierten sie dieses Makroverbrechen als „… eine Handlung, die in der Absicht begangen wird, eine nationale, ethnische, rassische oder religiöse Gruppe als solche ganz oder teilweise zu zerstören.“ Ein Genozid oder Völkermord wird seitdem häufig als „das Verbrechen der Verbrechen“ bezeichnet.

Im Falle der von Israel nach dem 7. Oktober angeordneten Angriffe auf die in Gaza untergetauchten Hamas-Terroristen werden zwei Dinge häufig kausal miteinander verbunden – die brachiale Rhetorik verschiedener Politiker der Regierung Netanyahu und die extrem hohe Anzahl an Opfern unter der palästinensischen Zivilbevölkerung. Doch diese Verknüpfung einer Aussage mit einer Folge ist nicht unbedingt gleichbedeutend damit, das eine auch als zwingende Konsequenz des anderen betrachten zu müssen.

Denn der entscheidende Punkt im Nachweis eines genozidalen Aktes besteht darin, seinen Urhebern eine entsprechende Absicht, einen solchen Akt auch konkret ausführen zu wollen, zweifelsfrei nachzuweisen. Dabei spielt die quantitative Dimension, selbst wenn die Opferzahl wie im Falle Gaza in die Tausende geht, eine eher untergeordnete Rolle. Stellte sich aber heraus, dass man bei der Verfolgung der Hamas-Mörder zugleich eine ethnische Säuberung hätte durchführen wollen, dann sähe die Sache schon anders aus. Denn dann wäre es naheliegend danach zu fragen, ob es sich dabei um ein Verbrechen gegen die Menschlichkeit gehandelt haben könnte. Und das wiederum würde den Verdacht eines Genozids erhärten, weil sich eine dafür nötige Absicht erkennen ließe.

Der an der Universität der Bundeswehr in München lehrende Völkerrechtler Daniel-Erasmus Khan etwa glaubt nicht, dass man den Israelis bei ihrem Vorgehen in Gaza einen Genozid unterstellen könne. Ihre Absicht habe nicht etwa darin bestanden, eine ethnische Gruppe zu vernichten, weder ganz noch teilweise, sondern die Hamas, die für die am 7. Oktober begangenen Verbrechen verantwortlich sei. Und dies sei „grundsätzlich ein legitimes Kriegsziel“.[1] Aber, so wäre einzuwerfen, können als legitim akzeptierte Ziele im gewaltsamen Akt ihrer Verfolgung nicht irgendwann doch in ein als genozidal einzustufendes Verbrechen umschlagen? Das scheint durchaus denkbar und kann allein durch die abstrakte Berufung auf die Legitimität nicht ganz ausgeschlossen werden.

Inzwischen hat ein Verfahren vor dem Internationalen Gerichtshof (IGH) in Den Haag stattgefunden. Südafrika hatte Klage gegenüber Israel erhoben und den zionistischen Staat beschuldigt, im Gaza-Streifen einen Genozid zu verüben, der umgehend gestoppt werden müsse. Da Israel, ebenso wie Südafrika, die Völkermordkonvention unterzeichnet hat, sah Israel sich veranlasst, vor dem IGH zu erscheinen und sich zu verteidigen.

1 Christoph Gunkel, Ist das Völkermord? Wie das „Verbrechen aller Verbrechen“ die Wissenschaft spaltet, *Spiegel-Online* vom 17. Dezember 2023.

Das Gericht nahm den Antrag wegen der sich in Gaza abspielenden humanitären Katastrophe sehr ernst, entschied sich aber für ein differenzierendes Urteil, einerseits abwägend, andererseits aber mangelte es ihm nicht an Entschiedenheit. Am 26. Januar verkündete die Gerichtspräsidentin Joan Donoghue vier Punkte. Erstens müsse Israel alles in seiner Macht stehende unternehmen, um jedwede Handlungen zu verhindern, die der Völkermordkonvention unterliegen. Zweitens müsse es sicherstellen, dass die Bevölkerung von Gaza ausreichend mit Lebensmitteln und Medikamenten versorgt werde. Drittens solle es dafür Sorge tragen, dass die Aufstachelung zum Völkermord in seinem Land unterbunden und bestraft werde. Und viertens solle es innerhalb eines Monats einen Bericht vorlegen, dem entnommen werden könne, ob und wie weit die vom IGH beschlossenen Maßnahmen auch getroffen worden seien. Diese sind zwar rechtlich bindend, das Gericht verfügt aber über keine Mittel, sie auch durchzusetzen. Und der UN-Sicherheitsrat wird wohl kaum Sanktionen verhängen, da die bei seiner Entscheidungsfindung notwendige Einstimmigkeit erfahrungsgemäß durch das Vetorecht der USA verhindert würde.

Obwohl der IGH den Vorwurf, dass Israel in Gaza bei seinem militärischen Vorgehen gegen die Hamas einen Genozid an der Bevölkerung verübe, zurückwies, kam er zugleich zu dem Schluss, dass einige der vom Kläger in dieser Hinsicht vorgebrachten Argumente nicht unplausibel seien. Während Südafrika anschließend meinte, von einem Erfolg sprechen zu können, reagierte Premierminister Netanyahu gespalten auf das Urteil. Zum einen begrüßte er, dass der IGH die Forderung nach einem Waffenstillstand zurückgewiesen habe, zum anderen beklagte er sich darüber, dass das Gericht überhaupt bereit gewesen sei, eine Klage wegen des Verdachts anzunehmen, dass Israel einen Völkermord an den Palästinensern begehe. Das sei „ein Zeichen der Schande“.

Warum wird eigentlich nicht anstelle Israels, so haben sich einige Kommentatoren gefragt, die Hamas auf die Anklagebank gesetzt? Mit Pnina Tamano-Shata hatte die israelische

Ministerin für Einwanderung und Integration schon vor einiger Zeit den Spieß umzudrehen versucht und voller Empörung erklärt: „Die Einzigen, die einen Genozid wollen, sind die Hamas."[2] Das war in der Tat zutreffend. Und das macht eine, vielleicht sogar die entscheidende Differenz gegenüber dem Vorgehen von israelischer Seite aus. Im Unterschied zu dem am 7. Oktober überfallenen Staat hat die Hamas genau das gemacht und einen genozidalen Akt verübt. Und dies nicht etwa aus irgendeiner Situationsdynamik heraus, sondern über Monate hinweg geplant und zudem – wie die Artikel ihrer Charta belegen – als Absicht bereits kurz nach ihrer Gründung angekündigt und öffentlich verbreitet. Die Hamas jedoch kann aus einem ganz einfachen Grund nicht vor dem IGH angeklagt werden – dort können nur Staaten als Kläger oder als Beklagte antreten.

2 „Hamas will einen Genozid, nicht Israel" Lucien Scherrer im Gespräch mit Pnina Tamano-Shata, *Neue Zürcher Zeitung* vom 19. Januar 2024.

Staatsräson

Wenn es darum geht, von deutscher Seite aus Israel zur Seite zu springen und dem bedrohten jüdischen Staat Unterstützung anzubieten, dann wird seit anderthalb Jahrzehnten zumeist der Begriff der Staatsräson ins Spiel gebracht. Bundeskanzler Olaf Scholz hat dieses Bekenntnis fünf Tage nach dem von der Hamas verübten Massaker noch einmal bekräftigt und am 12. Oktober erklärt: „Die Sicherheit Israels ist deutsche Staatsräson." Ins gleiche Horn stieß Vizekanzler Robert Habeck bei seiner in der Öffentlichkeit vielgelobten, am 1. November per Video gehaltenen Solidaritätsrede. Doch ausgerechnet der Rückbezug auf diesen Terminus dürfte zu den wenigen Schwachstellen seiner Ansprache gehört haben.

Er folgte damit der einstigen Bundeskanzlerin Angela Merkel, die am 18. März 2008 in Jerusalem anlässlich des 40. Jahrestags der Staatsgründung vor der Knesset ein Schutzversprechen für den israelischen Staat abgegeben hatte. Bereits damals, vor inzwischen anderthalb Jahrzehnten, war es um die Bedrohung durch die Hamas und den ihr den Rücken stärkenden Gottesstaat der Schiiten im Iran gegangen. „Jede Bundesregierung und jeder Bundeskanzler vor mir", so versuchte sich Merkel in eine proisraelische Kontinuitätslinie einzuordnen, „waren der besonderen historischen Verantwortung Deutschlands für die Sicherheit Israels verpflichtet. Diese historische Verantwortung Deutschlands ist Teil der Staatsräson meines Landes. Das heißt, die Sicherheit Israels ist für mich als deutsche Bundeskanzlerin niemals verhandelbar. Und wenn das so ist, dann dürfen das in der Stunde der Bewährung keine leeren Worte bleiben."[3] Was sie in ihrer nicht zu Unrecht als historisch angesehenen Rede damit meinte, war klar. Sie bekannte sich zur Zwei-Staaten-Lösung im Nahostkonflikt, die nicht auf einem militärischen, sondern nur auf einem di-

3 Verantwortung – Vertrauen – Solidarität. Rede von Bundeskanzlerin Dr. Angela Merkel vor der Knesset am 18. März 2008 in Jerusalem, Bulletin der Bundesregierung, 26-1, S. 15.

plomatischen Wege zu erreichen sei, und für den Fall, dass kein Einlenken zu erkennen sei, zu einem entschiedenen Einsatz von Sanktionen, etwa gegen den strikt israelfeindlich auftretenden Iran.

Doch es dauerte nicht lange, bis führende Politiker auf Distanz gingen. Am heftigsten fiel das Urteil von Ex-Bundeskanzler Helmut Schmidt aus. Der in den Herausgeberkreis der Wochenzeitung *Die Zeit* gewechselte Elder Statesman erklärte in der ihm eigenen Selbstgewissheit, dass die Bundeskanzlerin in der Knesset eine zwar „gefühlsmäßig verständliche, aber törichte Auffassung“ zum Ausdruck gebracht habe, und warnte davor, dass dies noch „sehr ernsthafte Konsequenzen“ nach sich ziehen könne. Der spätere Bundespräsident Frank-Walter Steinmeier, der in einem von Merkels Kabinetten das Amt des Außenministers bekleidet hatte, merkte weitaus vorsichtiger, dennoch aber ebenfalls kritisch an, er bezweifle, dass sich die Kanzlerin „der Tragweite dieses Satzes in jeder Hinsicht bewusst“ gewesen sei.

Auch Bundespräsident Joachim Gauck sah für sich offenbar keine andere Möglichkeit, als vorsichtig auf Distanz zu gehen. Er tat dies jedoch nicht irgendwo, sondern im Mai 2012 während seines zweiten Israel-Besuchs. Und dort, ausgerechnet im Präsidentenpalast während eines Banketts, zu dem ihn sein israelischer Amtskollege Shimon Peres eingeladen hatte, erklärte er im Zusammenhang mit den Auslandseinsätzen der Bundeswehr, er wolle sich nicht ausdenken, in welche „enorme Schwierigkeiten“ das Bekenntnis, dass die Sicherheit Israels zur deutschen Staatsräson gehöre, die Bundeskanzlerin noch bringen könne.[4]

Inzwischen ist Ernüchterung gegenüber dem Gehalt dieser Zusicherung eingetreten.[5] Und in Reaktion auf die neuerliche

4 Vgl. Gauck distanziert sich von Merkels Haltung zu Israel, *ZEIT-Online* vom 30. Mai 2012.

5 Vgl. Meron Mendel, Israels Sicherheit als deutsche Staatsraison: Was ist das Postulat wert? in: *Blätter für deutsche und internationale Politik,* Heft 4 / 2023, S. 57–64.

Inanspruchnahme dieses Schutzversprechens meint der Journalist Edo Reents, Israel könne sich für unsere Staatsräson „nichts kaufen“ und es handle sich dabei um nichts anderes als eine pathetische Hohlformel.[6]

So sehr diese Kritik sich im Ton vergreift und über ihr Ziel hinausschießt, so unbestreitbar enthält sie aber auch einen wahren Kern. Denn wenn jemand angesichts der für Israel momentan so bedrohlich zugespitzten Lage nachfragt und sich danach erkundigt, was denn mit der Inanspruchnahme der „Staatsräson“ unsererseits gemeint sei, muss er die Erfahrung machen, dass er wohl kaum eine zufriedenstellende Antwort enthält. Genau das, was die einstige Bundeskanzlerin vor den Abgeordneten der Knesset in Aussicht gestellt hatte, ist nicht eingelöst worden: dass das Sicherheitsversprechen „in der Stunde der Bewährung“ mehr als nur ein symbolisches Wort ist.

Grundsätzlich gilt noch immer: Den Begriff der Staatsräson im Kontext staatspolitischen Handelns für sich in Anspruch zu nehmen, wie das für einen sogenannten Realpolitiker wie den einstigen US-amerikanischen Außenminister Henry Kissinger mehr oder weniger selbstverständlich war, muss gleich aus mehreren Gründen bedenklich erscheinen:

Erstens. Seit Macchiavelli, also seit dem Übergang vom 15. zum 16. Jahrhundert, steht „Ragione di Stato“ für ein Handlungsprinzip, das dem Staat ohne Rücksicht auf geltendes Recht und herrschende Moral die nötigen Machtmittel zur Selbsterhaltung garantieren soll.[7] Macchiavelli hatte diesen Begriff zwar nicht unmittelbar gebraucht, aber eine ihm entsprechende Denkfigur entwickelt. Den expliziten Begriff hatte der Politiker und Historiker Francesco Guicciardini in seinen „Bemerkungen zu Macchiavellis Diskursen“ eingeführt und der politische Berater Giovanni Botero 1589 in seinem Werk

6 Edo Reents, Für unsere Staatsräson kann sich Israel nichts kaufen, *Frankfurter Allgemeine Zeitung* vom 28. Oktober 2023.

7 Zur Durchsetzung und Weiterentwicklung des Begriffs vgl. vor allem: Herfried Münkler, Im Namen des Staates: die Begründung der Staatsräson in der Frühen Neuzeit, Frankfurt am Main 1987.

„Della Ragione di Stato" schließlich zu etablieren vermocht; allerdings bereits in einem kritischen, Macchiavellis Ansichten über die politische Moral entgegenlaufenden Sinne.

Zweitens. Der Historiker Friedrich Meinecke hat vor genau hundert Jahren in seinem Buch „Die Idee der Staatsräson" ernüchtert festgestellt, dass es zu ihrem Wesen gehöre, sie „durch Verletzungen von Sitte und Recht", insbesondere wegen des ihr als unentbehrlich erscheinenden Instruments des Krieges, „immer wieder beschmutzen" zu müssen. Die Berufung auf die Staatsräson bedeute wohl, merkte er polemisch an, dass ein Staat „sündigen" müsse.[8]

Drittens. Immer dann, wenn ein Staat in jüngster Zeit wie etwa die USA nach 9/11 in Bedrängnis geriet, berief man sich auf die Staatsräson, um zur Bekämpfung des Terrorismus Formen und Mittel zu verwenden, die Recht, Gesetz und Moral außer Kraft zu setzen vermochten. Nun konnten Verdächtige – Abu Ghraib lässt grüßen[9] – nach Belieben entführt, gefoltert und an der eigenen Gerichtsbarkeit vorbei ohne irgendeine Kontrolle in Guantanamo Jahre, ja Jahrzehnte unter menschenunwürdigsten Bedingungen in Haft gehalten werden.

Viertens. In der immer weiter anwachsenden staatsrechtlichen und politikwissenschaftlichen Sekundärliteratur heißt es dazu, dass eine Handlung aus Gründen der Staatsräson immer auch „einen Verstoß gegen die Werte des Staates" im-

8 Hier zitiert nach der Meinecke-Gesamtausgabe: Friedrich Meinecke, Die Idee der Staatsräson in der neueren Geschichte, Werke, Bd. 1, München 1957, S. 14.

9 In der irakischen, westlich von Bagdad gelegenen Großstadt war es im Zuge der in Reaktion auf 9/11 erfolgten Besetzung des Landes durch die Vereinigten Staaten zu einem internationales Aufsehen erregenden Folterskandal gekommen. Das Wachpersonal hatte in dem gleichnamigen Gefängnis irakische Häftlinge gedemütigt, misshandelt, vergewaltigt, gefoltert und das nicht selten bis zum Eintreten ihres Todes. Ans Tageslicht gebracht hatte das ein von dem US-Sender CBS 2004 ausgestrahltes TV-Magazin.

pliziere und sich damit im Grunde selbst widerspreche.[10] Es ist deshalb auch alles andere als Zufall, dass man bei Gründung der Bundesrepublik mit dem im Grundgesetz verankerten Rechtsstaatsprinzip, das nach Artikel 20, Abs. 3 die vollziehende Gewalt an Recht und Gesetz bindet, die Staatsräson sowohl ihrem Begriff als auch ihrer Bedeutung nach ausgemustert hat.

Fünftens. Insofern stellt die Inanspruchnahme der Staatsräson durch die einstige Bundeskanzlerin ebenso wie ihrem Nachfolger Olaf Scholz und Vizekanzler Habeck verfassungs- ebenso wie staatsrechtlich betrachtet einen Rückfall in obrigkeitsstaatliche Zeiten, wenn nicht in einen vordemokratischen Autoritarismus dar.

Sechstens. Was in dem konkreten Fall den Adressaten Israel anbetrifft, ist nicht einmal geklärt, ob man überhaupt einem anderen Staat offerieren kann, in die eigene Staatsräson aufgenommen zu werden. Die entscheidende Frage, ob es in einer existenzgefährdenden Krise möglich ist, dem schutzbedürftigen Staat gegenüber eine militärische Beistandsverpflichtung abzuleiten, wird zumindest in der bundesdeutschen Politik tunlichst ausgeklammert.

10 So jedenfalls: Ronja von der Heydt, Wo liegen die Ursprünge des Begriffes Staatsräson, wie lässt er sich definieren und findet er heute noch eine korrekte Verwendung? Campus PUBLIK. Schriften zur politischen Bildung, Halle 2018, S. 37.

Völkerrecht, humanitäres

In der unüberschaubaren Geschichte von Kriegen und kriegerischen Auseinandersetzungen unterschiedlichster Form hat es außerordentlich lange gedauert, bis eine rechtliche Dimension überhaupt geltend zu machen versucht worden ist. Zwar gab es einige Vorläufer, die bis ins 14. Jahrhundert zurückreichen, in einem expliziten Sinne lässt sich aber erst seit der Mitte des 19. Jahrhunderts von einem Völkerrecht für den Kriegsfall sprechen.

Als historischer Durchbruch gilt in diesem Zusammenhang die Verabschiedung der Genfer Konvention von 1864, in deren 10 Artikeln es aber nur um Regeln zum Schutz von verwundeten Soldaten ging, also Personen, die nicht oder nicht mehr an Kampfhandlungen teilnahmen. Im Jahr zuvor war auf Initiative von Henry Dunant, ebenfalls in Genf, bereits das Internationale Rote Kreuz gegründet worden.

Der größte Sprung nach vorn erfolgte dann mit der Verabschiedung der Haager Konvention am Ende der Ersten Internationalen Friedenskonferenz im Sommer 1899. In der Haager Landkriegsordnung wurde als Grundsatz des humanitären Völkerrechts verankert, dass es auch im Krieg und bei anderen bewaffneten Konflikten keinen völlig rechtsfreien Raum mehr gibt. Hervorgehoben wurde dabei, dass zwischen militärischen und zivilen Zielen zu unterscheiden sei und Zivilpersonen ebenso wie zivile Gebäude möglichst verschont werden müssten.

Der Grundgedanke bestand also nicht darin, die Führung von Kriegen als solchen aus moralischen oder ethischen Gründen zu verwerfen, sondern sie in gewisser Weise einzuhegen, um bei der Verfolgung kriegerischer Strategien und Taktiken möglichst unnötiges Leid zu vermeiden. Um zumindest das zu erreichen, wurde zunächst einmal das Ziel verfolgt, gemessen am Kriegsziel militärisch als nicht notwendig angesehene Handlungen zu unterbinden. Und bei dem als legitim angesehenen Einsatz sollte auf solche Waffen, Munition und Material verzichtet werden, die als überflüssig zu betrachten waren.

Mit dem International Humanitarian Law (IHL), wie das humanitäre Völkerrecht im Englischen heißt, wird das Ziel verfolgt, beim Ausbrechen von Kriegen und anderen bewaffneten Konflikten einen Schutz von Menschen, Gebäuden und der Umwelt zu erreichen. Das humanitäre Völkerrecht bezieht sich zum einen auf das *ius in bello*, das Recht im Kriege, also auf das Kriegsführungsrecht und zum anderen auf das *ius ad bellum*, das Recht zum Kriege, bei dem es um die Klärung möglicher Rechtswidrigkeiten bei internationalen bewaffneten Konflikten geht.

Es existieren vier unterschiedliche Rechtsbereiche, in denen ein solches zur Anwendung kommt: Es geht um Bestimmungen zur Behandlung von Nicht-Kombattanten wie Verwundeten, Kriegsgefangenen und Zivilpersonen; um eine Festlegung, welche Mittel und Methoden zur Kriegführung zulässig sind; um den Schutz von Kulturgütern und anderen wichtigen Einrichtungen sowie die strafrechtliche Verfolgung von Kriegsverbrechen.

Angesichts der von Israel im Gaza-Streifen praktizierten Kriegführung war absehbar, dass es angesichts des Ausmaßes von Leid, Tod und Zerstörung zu einer Debatte über die Legitimität der Luft- und Bodenoperationen kommen würde und damit eng verbunden zu einer Kontroverse über das humanitäre Völkerrecht, in dessen Zentrum ja die Frage nach der Verhältnismäßigkeit der eingesetzten Mittel steht. Damit soll eine Abwägung zwischen der militärischen Zielführung auf der einen und den Folgen für die Unbeteiligten auf der anderen Seite herbeigeführt werden. Eines der dabei auftretenden Probleme besteht darin, dass es keine quantitative Limitierung der Opfer gibt. Wie viele Tote etwa unter den Zivilisten bei einem Angriff als hinnehmbar gelten, bleibt dem jeweiligen Staat im Grunde genommen selbst überlassen. Dafür existieren zwar Vorschriften, das aber dürfte nichts daran ändern, dass man die geforderte Vereinbarkeit mit dem Völkerrecht möglichst so flexibel handzuhaben gedenkt, dass sie den jeweiligen Gegebenheiten als angepasst erscheint.

Es ist vermutlich alles andere als Zufall, dass Israel die für seine Armee und deren Operationen geltenden Einsatzregeln nicht bekannt gibt. So versucht man offenbar, die angesichts inhuman erscheinender Vorfälle rasch aufkommenden Debatten möglichst zu verhindern. Das jedoch wird von Kritikern nicht unbedingt akzeptiert. So hat etwa der für die Tageszeitung *Haaretz* schreibende Kolumnist Gideon Levy gemeint, dass es unter dem Eindruck des von der Hamas angerichteten Gemetzels kaum noch rote Linien zu geben scheine. „Die meisten Israelis denken", schrieb er, „dass wir nachdem, was passiert ist, das Recht haben, zu tun, was wir wollen, und dass es keine Grenzen gibt. Kein internationales Recht, keine Moral – nichts."[11] Ob diese Einschätzung tatsächlich zutrifft, ist schwer zu überprüfen.

Womit er jedoch gewiss Recht haben dürfte, ist die Gültigkeit seiner Einschätzung für die im Westjordanland herrschende Situation. Man könne sich dorthin begeben, führte er an, eine Waffe zücken und einen Hirten erschießen, ohne dass das strafrechtliche Folgen für ihn hätte. Derartig verstörende Tötungsdelikte sind inzwischen tatsächlich mehrfach dokumentiert worden. Dabei ist immer wieder beobachtet worden, dass sich in der Nähe befindliche Soldaten oder Polizisten für solche Vorfälle nicht zuständig fühlen. Entweder haben sie Anweisung dies nicht zu tun oder aber sie sympathisieren selbst mit den Gewalttätern. Das wiederum wäre nicht verwunderlich, weil die Waffen, die dabei zum Einsatz kommen, zuvor vom Militär oder der Polizei an die Siedler ausgehändigt worden sind, angeblich zu deren Selbstschutz, versteht sich.

Schon bald nach dem 7. Oktober hatten gleich mehrere Nicht-Regierungs-Organisationen, sogenannte NGOs, Anzeige beim Internationalen Strafgerichtshof in Den Haag erstattet. Eine davon war *Amnesty International*. Die angesehene und seit 1961 existierende Menschenrechtsorganisation hatte

11 Publizist Levy über Nahostkrieg: „Es werden immer mehr israelische Soldaten sterben, und die Stimmung wird noch aggressiver werden", Interview von Fritz Schaap, *Spiegel-Online* vom 6. November 2023.

einen Angriff der israelischen Luftwaffe näher untersucht, bei dem eine in Gaza befindliche Kirche der griechisch-orthodoxen Gemeinde zerstört worden war. 18 darin befindliche Menschen, darunter eine Reihe von Kindern, hatten dabei den Tod gefunden.[12] Ihnen war offenbar zum Verhängnis geworden, dass sie glaubten, in einem bereits von Weitem als Kirche zu identifizierenden Gebäude vor Angriffen sicher zu sein.

Auf eine Anfrage hin bestätigte die israelische Armee (IDF) ihre Attacke, erklärte jedoch, dass mit ihrem Luftschlag „die Kommandozentrale eines Hamas-Terroristen" getroffen worden sei. Auf die Merkwürdigkeit, dass eine Zentrale angeblich von einem einzigen Mann der Hamas befehligt worden sei, ging man nicht näher ein. Es hieß lediglich, dass die getroffene Kirche nicht ihr direktes Ziel gewesen sei. *Amnesty* behauptete dagegen, dass der IDF hätte bekannt sein müssen, dass sich Schutzsuchende im Kirchenraum befanden. Der Angriff sei deshalb rücksichtslos gewesen und stelle in ihren Augen ein Kriegsverbrechen dar.

Israel beruft sich grundsätzlich auf sein Recht zur Selbstverteidigung und behauptet in derartigen Fällen fast immer, dass ein im Nachhinein angeprangerter Angriff nicht einer der dabei zu Schaden gekommenen Zivilpersonen gegolten habe, sondern einem oder mehreren Terroristen der Hamas. Ob das tatsächlich der Fall gewesen ist, kann jedoch kaum überprüft werden. Eine Verletzung des humanitären Völkerrechts lässt sich vermutlich nur in Ausnahmefällen nachweisen.

12 Vgl. Alexander Haneke, Ringen um das Recht in Gaza. Israel und das Völkerrecht, *Frankfurter Allgemeine Zeitung* vom 25. November 2023.

Zweistaatenlösung

Obwohl kaum noch jemand damit gerechnet hatte, wurde ausgerechnet nach dem 7. Oktober, also am bisherigen Tiefpunkt im palästinensisch-israelischen Verhältnis, ein Lösungsmodell für den weiter eskalierten Konflikt ins Spiel gebracht. Offenbar um ein Zeichen zu setzen, dass am Ende des Gaza-Krieges nur eine politische und keine weitere militärische Option mehr in Erwägung gezogen werden dürfe, griffen US-Präsident Joe Biden und sein Emissär, Außenminister Antony Blinken, auf die Zweistaatenlösung zurück. Wohl wissend, dass sie damit umgehend in Widerspruch zum israelischen Premierminister Netanyahu treten würden. Schließlich hatte dieser seine gesamte politische Karriere damit verbunden, die Durchsetzung einer solchen Lösung zu sabotieren und letztlich unter Aufbietung ständig neuer taktischer Finessen zu verhindern. Zuletzt hatte er sich noch damit gebrüstet, dass es sein Verdienst sei, dass es nicht zu einer Zweistaatenlösung und damit zur Gründung eines palästinensischen Staates gekommen sei.

Das Ringen um eine politische Lösung des palästinensisch-israelischen Konflikts weist ebenso wie sein sich immer wieder reproduzierendes Scheitern auf das Ende der britischen Mandatszeit zurück. Nachdem es mit der Peel-Kommission bereits 1937 einen mit einem über 400 Seiten unterfütterten Vorschlag gegeben hatte, Palästina in einen jüdischen und einen arabischen Staat aufzuteilen, war dessen Kerngedanke zehn Jahre später von den Vereinten Nationen aufgegriffen worden. Deren Generalversammlung beschloss am 29. November 1947, das britische Mandatsgebiet zwischen Arabern und Juden aufzuteilen. Doch die arabischen UN-Mitglieder wollten nicht auf einen Teil ihres Gebietes verzichten und sprachen sich deshalb gegen einen derartigen Kompromiss aus. Das hatte zur Konsequenz, dass am 14. Mai 1948 in Tel Aviv endlich der Staat Israel gegründet wurde, was den Zufluchtsort von Zehntausenden von Holocaust-Überlebenden bedeutete.

Dies wiederum führte jedoch dazu, dass dem gerade aus der Taufe gehobenen neuen Staat seitens sechs arabischer Staaten, die damit die Umsetzung des UN-Beschlusses unbedingt verhindern wollten, umgehend der Krieg erklärt worden war. Trotz deren militärischer Überlegenheit konnte sich Israel jedoch wider Erwarten durchsetzen. Der Preis für den Sieg zeigte sich jedoch in der Flucht und Vertreibung hunderttausender Palästinenser, was sich als dauerhafte Bürde erwies, welche die weitere Entwicklung Israels wie ein Schatten begleitete. Im Januar 1949 konnte zwar ein Waffenstillstandsabkommen beschlossen, jedoch kein Frieden vereinbart werden. Aller Anstrengungen zum Trotz, die später unternommen wurden, blieb man in dem 1948 sichtbar gewordenen Muster gefangen. Immer wieder kam es zu Spannungen, die zu Scharmützeln und Kriegen führten, die wiederum die Hoffnungen auf eine beiderseits akzeptable Perspektive für die Lösung des Nahostkonflikts zunichtemachten. Das war 1956 in der Suez-Krise so, 1967 im Sechstagekrieg, 1973 im Jom-Kippur-Krieg, 1982 nach dem (ersten) Libanonkrieg und so weiter und so fort. Manchem erschien es wie eine tragisch-selbstzerstörerische Variante von Nietzsches Wiederkehr des Immergleichen.

Um aus diesem Käfig auszubrechen, wurde im September 1978 das Camp-David-Abkommen unterzeichnet, das im darauffolgenden Jahr zu einem Friedensvertrag zwischen Israel und Ägypten führte. Damit schien jedoch der Bogen überspannt worden zu sein. Ägypten geriet mit seinem Separatfrieden im Verhältnis zu den anderen arabischen Staaten in eine immer größer werdende Isolation. Die Konsequenz war schließlich, dass der ägyptische Staatspräsident Anwar as-Sadat am 6. Oktober 1981 während einer Militärparade vor laufenden Kameras von Mitgliedern der Muslimbruderschaft erschossen wurde.

Um einen Ausweg aus der 1987 ausgebrochenen (ersten) Intifada zu finden, einem Volksaufstand, in dem sich vor allem palästinensische Jugendliche über Jahre hinweg immer wieder gegen das israelische Militär erhoben, kam erneut ein Friedensprozess in Gang, der 1993 zum (ersten) Oslo-Abkommen zwischen der PLO und Israel führte und ein Jahr später zum Gaza-Jericho-Abkommen, mit dem den Palästinensern zum ersten Mal ein selbstverwaltetes Gebiet zugesprochen wurde. Doch auch dieses Abkommen zog weitreichende Konsequenzen nach sich. Wie ein Spiegelbild dessen, was Ägyptens Staatspräsident Sadat 1981 widerfahren war, wurde nun am 4. November 1995 Premierminister Rabin, wie bereits erwähnt, aufgrund seiner Anbahnung einer Zweistaatenlösung von einem jüdischen Studenten erschossen. Dieser glaubte durch das Oslo-Abkommen die Existenz des Staates Israel bedroht und darin letzten Endes einen Verrat am jüdischen Volk insgesamt sehen zu müssen.

Das eine Attentat war in Kairo erfolgt, das andere in Tel Aviv. Beides waren Anschläge auf den Aussöhnungs- und Friedensprozess, verübt von religiös motivierten Radikalen. Im ersten Fall waren es Angehörige der Muslimbruderschaft, aus deren Schoß schließlich die Hamas hervorgehen sollte, und im zweiten Fall war es ein Ultra-Orthodoxer, der sich vor seiner Bluttat auch noch von dem Rabbiner Schlomo Aviner hatte beraten lassen. Dieser gilt heute noch als geistiger Führer der religiösen Zionisten und der Siedlerbewegung. So wurden die unter großen Mühen angebahnten Versuche, den seit Jahrzehnten zwischen Palästinensern und Israelis anhaltenden Konflikt politisch einzuhegen und einer Lösung entgegenzuführen, durch Mordanschläge auf ihre Führungsfiguren brutal gestoppt. Auffällig ist dabei, dass unterhalb der säkularen Ebene eine vor sich hin gärende religiöse existiert, für die es keine Verhandlungsbereitschaft, kein Ausgleichsinteresse und keine Kompromisse gibt. Die Zweistaatenlösung dürfte in letzter Instanz vor allem am religiösen Fudamentalismus gescheitert sein. Am islamischen ebenso wie am jüdischen. Beide Seiten könnten sich hier in ihrem blindwütigen Fanatismus die Hand reichen.

Wenn nun also wie aus größter Not geboren die Zweistaatenlösung ein weiteres Mal aus der Schublade geholt wird, um vielleicht doch mehr als ein bloßes Zeichen der Hoffnung zu setzen, wäre es ratsam, sich zunächst einmal um die Gefahrenherde zu kümmern, die sowohl in der religiös fundierten Siedlerbewegung als auch in Netanyahus Extremisten-Kabinett zu finden sind. Solange dieser Explosivstoff nicht entschärft ist, dürfte es wenig Aussicht darauf geben, dass sich die Tragödien der Vergangenheit nicht unablässig weiter wiederholen.

Dass nun mit Joseph Borell der spanische Außenbeauftragte der Europäischen Union die Initiative ergriffen hat, um im Gazakrieg neben den USA endlich auch die EU als Vermittlerin in Position zu bringen, ehrt ihn. Am 22. Januar hatte er zu einem Krisentreffen nach Brüssel eingeladen, zu dem 27 Außenminister und einige Spitzendiplomaten erschienen waren, darunter der Chefdiplomat der Palästinensischen Autonomiebehörde Riyad al-Maliki, der israelische Außenminister Israel Katz sowie dessen Kollegen aus Ägypten, Jordanien und Saudi-Arabien. Ihnen wurde von Borell ein 10-Punkte-Plan vorgelegt, in dem erste Schritte zur Befriedung des Gaza-Streifens, zur Anbahnung einer Zweistaatenlösung, zur damit verbundenen Gründung eines palästinensischen Staates, zu einer Normalisierung der Beziehungen zwischen Israel und den arabischen Staaten sowie zur Implementierung von Sicherheitsmechanismen in der betreffenden Region entwickelt worden waren.

An die versammelten Minister und Diplomaten appellierte Borell, dass genug über den Friedensprozess gesprochen worden sei und man nun endlich damit beginnen müsse, konkreter über den Prozess einer Zweistaatenlösung zu reden. Im Vordergrund müsse zunächst die Untersuchung der Hindernisse stehen, die eine Umsetzung des Modells bislang verhindert hätten. Als eines bezeichnete Borell die Hamas, nicht ohne zu erwähnen, dass es auch noch andere gebe.

Ob es jedoch möglich sein wird, diese Blockaden aufzubrechen, erscheint fraglich. Nicht nur, weil der israelische Premier per se einen derartigen Annäherungsprozess abzulehnen scheint, sondern auch weil sich die israelische Bevölkerung nach dem 7. Oktober aus Sicherheitsgründen mehr als je zuvor vor einem eigenen Staat der Palästinenser fürchtet.

Netanyahu hatte bereits ein paar Tage vor dem Brüsseler Treffen in einer Fernsehansprache unmissverständlich zu verstehen gegeben, dass er die nach einem Ende des Gazakrieges ins Auge gefasste Anbahnung einer Zweistaatenlösung ablehne. Seine Begründung lautete, dass Israel darauf bestehen müsse, „die Sicherheitskontrolle über das gesamte Gebiet westlich des Jordans" in seiner Hand zu behalten. Und das wiederum lasse einen souveränen Staat von palästinensischer Seite nicht zu. Im Übrigen werde er die Gaza-Offensive weiter vorantreiben und so lange nicht lockerlassen, bis ein „entscheidender Sieg über die Hamas" gelungen sei.

Der Antisemitismus

Kein Zweifel dürfte darüber bestehen, dass es sich beim Massaker der Hamas vom 7. Oktober um eine Form des eliminatorischen Antisemitismus handelt. Allerdings anders als den, für welchen der Begriff vor einem Vierteljahrhundert von Daniel Goldhagen geprägt worden ist. Er hatte diesen ja ausschließlich der deutschen Gesellschaft zugerechnet.[13] Im Falle des Angriffs der Hamas vom 7. Oktober jedoch erleben wir, dass der Auslöschungsantisemitismus von einer terroristischen Kampforganisation praktiziert wird, die zugleich die im Gaza-Streifen installierten Institutionen vertritt und die aus der vor einem Jahrhundert in Ägypten gegründeten Muslimbruderschaft hervorgegangen ist. Die Judenvernichtung als solche ist also auf einen Schlag wieder aktuell geworden. Nun aber unter muslimischen Vorzeichen. Und dies nicht etwa irgendwo sonst auf der Welt, sondern ausgerechnet auf israelischem Territorium.

Unter dem Eindruck des von der Hamas verübten Massakers erleben wir seit den ersten Tagen nach dem 7. Oktober eine Welle antisemitischer Aktionen, Übergriffe und auch Anschläge, die viele nicht mehr für möglich gehalten hätten. Das Bundeskriminalamt (BKA) hat Mitte Januar bekanntgegeben, dass es in den ersten 100 Tagen nach dem Massaker der Hamas 2.249 antisemitische Straftaten erfasst habe. Das seien annähernd so viele wie im gesamten Jahr 2022 gewesen, als man 2.847 gezählt hatte. Der Antisemitismusbeauftragte der Bundesregierung, Felix Klein, hob dazu auf einer Pressekonferenz in Berlin hervor, dass bemerkenswerterweise ein erheblicher Teil davon erst Wochen und Monate nach dem Massaker begangen worden sei.

Der Bundesverband der Recherche- und Informationsstellen Antisemitismus hatte schon zwei Monate zuvor gemeldet, dass sich in Deutschland die Anzahl antisemitischer Vorfälle und

13 Vgl. Daniel Goldhagen, Hitlers willige Vollstrecker. Ganz gewöhnliche Deutsche und der Holocaust, Berlin 1996.

Attacken zwischen dem 7. Oktober und dem 9. November im Vergleich zum Vorjahr um das Vierfache erhöht habe. Im Schnitt seien es nicht weniger als 29 Vorfälle täglich gewesen, gegenüber 7 Vorfällen pro Tag im Jahr 2022. Was sich hinter solchen Zahlen versteckt, sind mitunter Vorkommnisse, die es auch zuvor schon im öffentlichen Raum gab.[14] So hatten etwa Beteiligte auf einer pro-palästinensischen Demonstration in Gelsenkirchen wieder einmal skandiert: „Hamas, Hamas – Juden ins Gas!"[15] Damit haben sie zweierlei verraten: Zum einen eine Identifikation mit dem Vernichtungsantisemitismus des NS-Regimes und zum anderen offenbar die Aufforderung, dass es die Hamas den Nazis gleichtun und das jüdische Volk in seiner Gesamtheit ebenfalls auslöschen solle.

Dass sich nun unter jüdischen Familien und in jüdischen Einrichtungen zunehmend ein Gefühl der Einschüchterung und der Angst ausgebreitet hat, kann kaum verwundern. Das alles ist kein punktuelles oder nur akut zu betrachtendes Phänomen mehr. Es geht hier um ein Klima, das sich im jüdischen Alltagsleben ausgebreitet hat und sukzessive dominant geworden ist. Kaum jemand wagt es noch, sich mit seiner Kippa auf die Straße zu begeben, seinen jüdisch klingenden Namen zu nennen oder ihn auch nur als Absender auf Briefen zu verwenden. Insofern haben wir es seit dem 7. Oktober mit einer für die Bundesrepublik insgesamt neuen Dimension zu tun – mit der Gefährdung jüdischen Daseins insgesamt.

Latente Gewalt schlägt sich häufig in tätlichen Übergriffen nieder, die sich mitten im Alltagsleben abspielen und im ersten Moment wie zufällige, situativ bedingte Grenzüberschreitungen anmuten. Ein besonders bedrohlicher trug sich am 2. Fe-

14 Allerdings hatte es schon Jahre zuvor einen Bericht über die Verwendung der exakt selben Parole im niederländischen Fußball gegeben. Vgl. Tobias Müller, „Hamas, Hamas, Juden ins Gas" Im niederländischen Fußball häuft sich Antisemitismus, *Jüdische Allgemeine* vom 19. März 2009.

15 Solche extrem antisemitischen Parolen hatte es in Gelsenkirchen schon 2014, 2015 und 2021 gegeben.

bruar 2024 mitten in Berlin zu, als ein 23-jähriger muslimischer Student einen 30-jährigen jüdischen Kommilitonen in der Nähe einer am Rosenthaler Platz gelegenen Bar krankenhausreif schlug. Ausgelöst worden war die Attacke offenbar dadurch, dass der Angreifer meinte sein Opfer von einer sich an der Freien Universität wegen des Gaza-Krieges abspielenden Meinungsverschiedenheit her wiedererkannt zu haben. Er folgte ihm und seiner Begleiterin kurz vor Mitternacht auf die Straße, schleuderte ihm einige hasserfüllte Worte entgegen und schlug ihm dann, ohne dass es zu einer Diskussion gekommen wäre, unvermittelt ins Gesicht. Selbst als der Angegriffene daraufhin zu Boden stürzte, trat er mehrfach auf ihn ein.

Aufgrund der dabei erlittenen Verletzungen wurde das Opfer in eine Klinik gebracht, wo die Ärzte schwere Gesichtsverletzungen feststellten. Der 30-Jährige hatte mehrere Frakturen erlitten, eine am Nasenbein, eine an der Augenhöhle und eine weitere an seinem Wangenknochen. Die Polizei konnte den Tatverdächtigen wenig später in seiner Wohnung festnehmen.

Erst auf dem Umweg über israelische Medien wurde die Identität des Opfers in der bundesdeutschen Öffentlichkeit bekannt. Es handelte sich um den FU-Studenten Lahav Shapira. Er ist der jüngere Bruder des auch über Berlin hinaus bekannten Künstlers und Komikers Shahak Shapira. Zusammen mit ihrer Mutter waren die beiden 2002 nach Deutschland gezogen und hatten sich in der Kleinstadt Laucha (Sachsen-Anhalt) niedergelassen. Dort war der zu diesem Zeitpunkt erst 16-jährige Lahav im Jahr 2010 schon einmal Opfer eines gewaltsamen Übergriffs geworden. Ein junger Rechtsradikaler hatte ihn als „Judenschwein" beschimpft und zusammengeschlagen. Der antisemitische Schläger war angeklagt und vom Amtsgericht Naumburg zu einer achtmonatigen Haftstrafe auf Bewährung verurteilt worden.

Doch noch etwas anderes kommt hinzu. Die beiden Brüder sind die Enkelsöhne des ehemaligen israelischen Leichtathletiktrainers Amitzur Shapira, der die seinerzeit beste israelische Sprinterin Esther Shachamorov zu den Olympischen

Sommerspielen 1972 in München begleitet hatte. Dort war Shapira nach der Geiselnahme des *Schwarzen September* während des gescheiterten Befreiungsversuchs auf dem Flugplatz Fürstenfeldbruck ums Leben gekommen. Einer der palästinensischen Terroristen hatte in der Nacht vom 5. auf den 6. September 1972 eine Handgranate auf einen der beiden Helikopter geworfen, in dem sich der Großvater an Händen gefesselt zusammen mit seinen Schicksalsgenossen befand.

Am Beispiel von Shapiras Enkelsohn wird deutlich, wie gefährlich es für in Deutschland lebende Juden werden kann, sich als solche zu erkennen zu geben und öffentlich zu den von der Hamas begangenen Verbrechen Position zu beziehen. Dass es im Fall von Lahav Shapira erst zeitverzögert zum Hassausbruch gekommen war, ist wohl einer zufälligen Begegnung mit seinem muslimischen Angreifer geschuldet. Doch wie kann man sich einer diffusen Atmosphäre der Bedrohung erwehren und für mehr Schutz sorgen? Die Erfahrungen mit der sich seit dem 7. Oktober verschärften und zunehmend unberechenbarer gewordenen Sicherheitslage für Jüdinnen und Juden sind nicht ermutigend. Ein Aufbäumen gegen die antisemitische Gefahr hat es in der deutschen Gesellschaft jedenfalls nicht gegeben.

Dem Leiter der Bildungsstätte Anne Frank in Frankfurt, dem in Israel geborenen Meron Mendel, ist in seiner Einschätzung zuzustimmen, dass „der parteiübergreifende Konsens über die Verbundenheit mit Israel wenig Rückhalt in der Gesellschaft“ besitzt.[16] Den von den Parteien bekundeten Solidaritätsadressen scheint der Unterbau in der Gesellschaft zu fehlen, nicht völlig, aber bis zu einem gewissen Grad. Dies könnte auch ein Hinweis auf einen Mangel an Empathie sein. Auf jeden Fall sind die Teilnehmerzahlen an pro-israelischen Demonstrationen selbst in den meisten Großstädten eher mager gewesen. Dies scheint zumindest Ausdruck einer Reserviertheit zu sein. Gewiss ist dieser Umstand nicht mit Israel-

16 Vgl. Meron Mendel, Hamas-Terror vom 7. Oktober: Deutschland, wo bleibt das Mitgefühl? Ein Debattenbeitrag, *Der Spiegel* vom 11. November 2023, Nr. 46, S. 48/49.

Feindlichkeit oder gar Antisemitismus gleichzusetzen, dennoch aber wenig ermutigend, vielleicht sogar beunruhigend. So waren selbst zur großen Solidaritätsdemonstration mit Israel, zu der die Parteien, die Gewerkschaften und mit Bundespräsident Steinmeier auch das Staatsoberhaupt aufgerufen hatten, am 22. Oktober 2023 gerade mal 10.000 Menschen vor das Brandenburger Tor gekommen. Gemessen an dem, was sich dort sonst an Querdenkern oder, wenige Monate später, im Januar 2024 an protestierenden Bauern versammelt hat, war das eine erschreckend niedrige Teilnehmerzahl.

In unserer Gesellschaft werden 84 Prozent aller antisemitischen Straftaten von der extremen Rechten begangen. Kaum jemand spricht in der Öffentlichkeit allerdings von einem „rechten Antisemitismus". Das klingt beinahe nach einem weißen Schimmel, ganz so als würde eine antisemitische Einstellung automatisch „von rechts" kommen und als sei es deshalb überflüssig, die damit verbundene politische Richtung überhaupt zu erwähnen. Doch er, der „rechte Antisemitismus", ist es, der in unserer Gesellschaft am stärksten verbreitet ist, und er macht auch keineswegs Halt vor den Parteien der sogenannten politischen Mitte, obwohl diese gegenüber extremistischen Einstellungen ja angeblich sakrosankt sein sollen.

Aufgrund der Berichterstattung in den deutschen Medien hat sich zuletzt jedoch eher der Eindruck verstärkt, als sei der Antisemitismus, der von islamischer Seite ausgeht, am brisantesten. Es sind vor allem die verstörenden Bilder von den sich Abend für Abend wiederholenden Zusammenrottungen in der Neuköllner Sonnenallee gewesen, bei denen die Hamas jedes Mal wieder aufs Neue verteidigt worden ist. Da die Integration islamischer Mitbürgerinnen und Mitbürger nach Einschätzung von Fachleuten in einem nicht unerheblichen Maße misslungen ist,[17] stellt sich die Frage, ob wir es vielleicht etwa in Teilen

17 So etwa die Leiterin des Frankfurter Forschungszentrums Globaler Islam: Susanne Schröter, Nach dem Angriff der Hamas auf Israel zeigt sich: Die deutsche Islampolitik ist gescheitert, *Neue Zürcher Zeitung* vom 12. Oktober 2023.

mit einer Parallelgesellschaft zu tun haben, für die die Unantastbarkeit der Menschenwürde ein Fremdwort ist, die die allgemeinen Menschrechte nicht respektiert, die Werte unserer Verfassung nicht anerkennt, weil sie diese ohnehin nicht kennt, die dem israelischen Staat seine Existenzberechtigung abspricht und so eine Steilvorlage dafür schafft, dass jugendliche Aktivisten ihrem Judenhass freien Lauf lassen.

Für eine profunde Kennerin der Szene wie die in West-Berlin geborene, im Bezirk Neukölln arbeitende Integrationsbeauftragte Güner Yasemin Balcı, eine Alevitin, die als Kind türkischer Einwanderer aufgewachsen ist, hat der Antisemitismus seit jeher zum Alltag gehört. In einem Stadtteil, der von Migranten aus arabischsprachigen Ländern geprägt gewesen sei, habe man die Feindseligkeit gegenüber Juden, wie sie in einem Gastbeitrag für eine überregionale Tageszeitung verriet, allerorten erlebt: „… auf der Straße, in der Schule, in Vereinen und Organisationen, in Moscheen, im Alltag mit Freundinnen und Freunden."[18] Für Muslime sei «ein eingefleischter Antisemitismus ein nahezu selbstverständlicher Teil ihrer kulturellen Identität». Wer das nicht erkennen wolle, werde nie etwas verändern. «Gegen Juden zu hetzen, sie zu verhöhnen, ihnen zu drohen, in Einzelfällen auch physisch gewalttätig gegen sie zu werden, sind Markenzeichen dieser Identität.»[19] Dies sei ihr seit ihrer Jugend bewusst gewesen. Allein den Vornamen David zu tragen, habe ausgereicht, um stigmatisiert zu werden.

Eine falsche Rücksichtnahme gegenüber einer derartig grassierenden Judenfeindschaft sei fatal. Einige Migrationsexperten hätten mit dazu beigetragen, dass jegliche Kritik am islamischen Antisemitismus als „rassistisch" oder „islamophob" zurückgewiesen worden sei. Nur so habe ein Begriff wie der des „antimuslimischen Rassismus" im Integrationsdiskurs ver-

18 „Zu viele meist muslimische Einwandererkinder wachsen mit den Geboten der Unfreiheit auf." Aufruf der Integrationsbeauftragten von Berlin-Neukölln, Gastbeitrag von Güner Yasemin Balci, *Süddeutsche Zeitung* vom 9. Februar 2024.

19 Ebenda.

ankert und die Muslime zu den „neuen Juden“ erklärt werden können. Der 7. Oktober habe nun allen gezeigt, wer wessen Freund und wer wessen Feind ist.

Der Antisemitismus von links ist demgegenüber nicht so exponiert wie der von rechts oder der von islamischer Seite. Erstens tritt er weniger häufig auf und zweitens zumeist ummantelt, also nicht in seiner Unmittelbarkeit, sondern getarnt durch bestimmte Rechtfertigungsfloskeln. Man sollte insofern die Relationen wahren. Neu ist allerdings in welchem Maße ausgerechnet Universitäten wie etwa die Berliner Universität der Künste zum Hotspot eines israelbezogenen Antisemitismus geworden sind.

Wer früher den linken Antisemitismus zu thematisieren versuchte, der sah sich nur allzu rasch dem Vorwurf ausgesetzt, der Linken damit nur schaden zu wollen. Ein derartiges Phänomen, von ein paar Ausnahmen einmal abgesehen, gebe es eigentlich gar nicht. Damit beriefen sich die Betreffenden implizit oder explizit darauf, dass sich die Linke und die Feindschaft gegenüber dem Judentum insgesamt gegenseitig ausschließen würden. Entweder man war links, so dachte man, und damit projüdisch, oder aber man war antisemitisch und damit vor allem rechts eingestellt. Diese rein normative Sicht der Dinge ließ sich empirisch allerdings nicht aufrechterhalten.

Zunächst einmal gilt es festzustellen: Jegliche Beurteilung antisemitischer Vorfälle nach 1945 kann nicht davon abstrahieren, dass die von den Nazis zur Staatsräson erhobene Judenfeindschaft zuvor in die schlimmste aller nur denkbaren Konsequenzen geführt hat – in die praktische Umsetzung der von staatlicher Seite intendierten und dann systematisch, quasi-industriell betriebenen Vernichtung der europäischen Juden.

Angesichts der unleugbaren Faktizität dieses Makroverbrechens wurde der Post-Holocaust-Antisemitismus mit einem Tabu belegt. Wer in der Bundesrepublik antisemitisch auftrat, der musste damit rechnen, angeprangert und, womöglich wegen Volksverhetzung und anderem mehr, strafrechtlich verfolgt zu werden. Um sich dem zu entziehen, sind allerdings rasch Semantiken entwickelt worden, mit denen die judenfeindlichen Affekte implizit weiter betrieben werden konnten und – wie zuletzt die Aiwanger-Affäre aufgezeigt hat – noch immer können.

Dieser verbreiteten Praxis hat die Forschung mit dem Begriff des sekundären Antisemitismus Rechnung zu tragen versucht. Adorno sprach im selben Zusammenhang spezifischer noch von einem Schuldabwehrantisemitismus. Danach tritt die Judenfeindlichkeit häufig in Gestalt verschiedener Abwehrformen auf. Das gilt insbesondere für die Linke, zwar nicht in ihrer Gesamtheit, aber zumindest für bestimmte Teile von ihr.

Normativ betrachtet stellt die Rede vom linken Antisemitismus eigentlich eine Aporie dar. Schließlich setzt sich die Linke ihrer eigenen Tradition nach für Emanzipation, Glaubensfreiheit und Gleichberechtigung ein. Manche meinen deshalb sogar, dass es einen Antisemitismus von links a priori gar nicht geben könne. In empirischer Hinsicht jedoch muss man sich eines Besseren belehren lassen. Denn der Antisemitismus von links lauert, wie Jean Améry das bereits vor über einem halben Jahrhundert beklagt hat, im Antizionismus „wie das Gewitter in der Wolke".[20] Das heißt, dass er latent immer, wie in anderen gesellschaftspolitischen Strömungen auch, vorhanden gewesen ist und nur in bestimmten Situationen aus seiner Deckung hervorbricht, um sich mehr oder weniger unverbrämt zu erkennen zu geben.

Die am weitesten verbreiteten Varianten des linken Antisemitismus sind die Zionismus- und die Israelkritik, also das, was seit einigen Jahren im Jargon behördlicher Bürokratien zumeist als israelbezogener Antisemitismus bezeichnet wird. Eine solche Etikettierung bringt die Komplexität des damit gemeinten Phänomens nur höchst unzureichend zum Ausdruck. Denn die ihm zugrundeliegenden Verhältnisse scheinen nur auf den ersten Blick eindeutig zu sein. In Wirklichkeit aber haben wir es mit mehreren Ebenen und Interaktionen in

20 Jean Améry, Der ehrbare Antisemitismus, *Die Zeit* vom 25. Juli 1969.

den jeweiligen Zwischenbereichen zu tun. Zum einen setzt sich der israelische Staat keineswegs nur aus Bürgerinnen und Bürgern jüdischen Glaubens zusammen. Bei rund einem Drittel handelt es sich um solche, die arabischer Herkunft und damit zumeist islamischen Glaubens sind. Und zum anderen stellt Judenfeindschaft unter den Rahmenbedingungen des Staates Israel noch etwas anderes als für sich genommen dar. Wie durch einen Filter wird sie durch die von der jeweiligen israelischen Regierung praktizierte Politik hindurch zur Geltung gebracht wird, wird sie zusätzlich aufgeladen, was ihr einen besonders gefährlichen Drive verleiht.

Von Seiten der jüngeren Linken ist ein Kulturkampf im Gange, mit dem sich die Protagonisten einer Identitätspolitik an die Spitze propalästinensischer Solidarisierungen zu setzen versuchen, ganz so als gäbe es einen Konflikt zwischen „weißen", postkolonialistisch geprägten Israelis auf der einen und „indigenen", von einem „Apartheidstaat" unterdrückten Palästinensern auf der anderen Seite. Früher, zu den Zeiten eines August Bebel, war noch die Rede vom Antisemitismus als dem „Sozialismus der dummen Kerls", heute wäre es vielleicht angebracht vom Antisemitismus der schlauen Jungs zu sprechen, wobei auch „Mädels" wie Judith Butler, Angela Davis und Donatella della Porta unter Verdacht geraten sind.[21] All das kann kein Grund sein, den linken Antisemitismus etwa zu tabuisieren und außen vor zu lassen.

Wenn man über die Linke von heute sprechen will, kommt man also nicht umhin, über Identitätspolitik zu reden. Dass diese sich immer stärker in den Vordergrund gedrängt hat, kann nicht unbedingt überraschen. Denn unter den Vorzeichen einer neoliberalen Wirtschaftspolitik, die sich global durchgesetzt hat, ist eine soziale Fragmentierung eingetreten,

21 Die feministische und die kommunistische Philosophin gehören ebenso wie die italienische Bewegungsforscherin zu den prominentesten Unterzeichnerinnen des am 1. November 2023 von über 400 Wissenschaftlerinnen verbreiteten Manifests „Philosophy for Palestine".

die unter dem Dach eines falsch verstandenen Freiheitsbegriffs die Individualisierung feiert, ohne die damit einhergehende Bedrohung sozialer Identitäten in Rechnung zu stellen. Um diese Schwächung zu kompensieren, versuchen Betroffene den Spieß umzukehren, indem sie als Minderheiten ihre Identitätsfragmente kollektiv hervorkehren, um so eine objektive Depravierung in eine emotional grundierte Stärke umzuwandeln. Doch diese subjektivistische Wendung sitzt einer Illusion auf, die in eine Sackgasse führen muss.

Es waren zwei Protestbewegungen, die in den letzten Jahren in den USA tonangebend gewesen sind und sich in der Folge über verschiedene Kontinente ausgebreitet haben. Zum einen die *Me-Too*-Bewegung, welche betroffenen Frauen ein neues Selbstbewusstsein im Kampf gegen sexualisierte Gewalt vermittelt hat, und zum anderen die bereits erwähnte *Black-Lives-Matter*-Bewegung, die nicht nur Afroamerikanern, sondern auch anderen von Rassisten bedrohten ethnischen Minderheiten ein verlorengegangenes Selbstvertrauen zurückgegeben hat. Diese beiden, maßgeblich durch Social Media verbreiteten Strömungen haben die Reste einer bedeutungsloser gewordenen Linken insbesondere im akademischen Raum durch Wokeness, Gendern und Cancel Culture umformatiert und auf diese Weise aufgewertet. Indem sie sich jedoch im öffentlichen Diskurs zunehmend als Sprach- und Gedankenpolizei aufspielen, betreiben sie einen Kulturkampf, der in manchen Zügen dem von rechter Seite betriebenen ähnelt. Denn Identität als Formprinzip lässt sich nicht als Konstituens einer linken Bewegung begreifen. In Wahrheit verrät sich darin eine Formatierung von rechts, die auf eine vermeintlich erste Natur hinausläuft, hinter der sich nur zu rasch auch Biologistisches verbirgt. Im Lichte dieser Ausprägung setzt sich mehr und mehr die Erkenntnis durch, dass es sich bei den Varianten einer linken Identitätspolitik um entgleiste Emanzipationsbewegungen handeln muss.

Zu welchen antisemitisch aufgeladenen Verwerfungen das führen kann, verriet sich am 10. Februar 2024 bei einer Lesung im Berliner Kunstmuseum „Hamburger Bahnhof". Die kubanische Künstlerin Tania Bruguera hatte sich vorgenommen, unter dem Titel „Where Your Ideas Become Civic Actions" mehrere Tage lang, insgesamt hundert Stunden, aus Hannah Arendts Hauptwerk „The Origins of Totalitarianism" lesen zu wollen.[22] Damit sollte ein Zeichen gegen die Explosion der Gewalt am 7. Oktober gesetzt werden. Das ging bis zum letzten Tag der Lesung gut.

Dann jedoch tauchte eine Gruppe von etwa fünfzig jungen Leuten auf, die demonstrativ Zettel hochhielten, deren Buchstaben die Parole „Palestine set us free" ergaben. Einige Stunden später kam etwa die Hälfte von ihnen noch einmal zurück. Grund dafür war, dass mit Mirjam Wenzel die Direktorin des Frankfurter Jüdischen Museums aus Arendts Buch lesen wollte. Nun aber wurde die von den Aktivistinnen und Aktivisten durchgeführte und auf Instagram gepostete Störaktion erst richtig rabiat. Eine Viertelstunde lang schrien sie der Rednerin Parolen wie „Zionisten sind Faschisten" und „Zionismus ist Nazismus" entgegen. Alle Versuche, den Protestierenden entgegenzukommen, indem man ihnen anbot, in ein Gespräch über ihre Slogans einzutreten, stellten sich als vergeblich heraus. Für sie hatte es ausgereicht, dass Hannah Arendt Jüdin war, um die Lesung ihres epochalen antitotalitären Werks zu torpedieren. Die Kubanerin, die 2015 in Havanna schon einmal ähnliche Erfahrungen mit einer Arendt-Lesung hatte machen müssen, bei der es allerdings staatliche Behördenvertreter waren, die mit dem Lärm von Presslufthämmern dagegen vorgingen, sah keine Chancen mehr, ihre Berliner Performance zu Ende zu bringen, und brach diese schließlich ab.

22 Hannah Arendt, The Origins of Totalitarianism, New York 1951. Die deutsche Ausgabe erschien 1955 unter dem Titel „Elemente und Ursprünge totaler Herrschaft".

Der Anti-Zionismus

Kritik an einer Nation ebenso wie an der Gründungsidee zum Aufbau einer Nation mag legitim erscheinen, zumal dann, wenn dieser Prozess vor allem auf Kosten der dort ansässigen Bevölkerung – in diesem Fall der Palästinenser – gegangen ist und noch immer geht. Die Gegner- bzw. Feindschaft gegenüber Israel, den Juden inner- wie außerhalb Israels sowie dem Judentum in seiner Gesamtheit erfüllt dagegen die Kriterien für ein klassisches Feindbild. Entscheidend ist deshalb eine genauere Bestimmung des Verhältnisses von Antizionismus und Antisemitismus. Insbesondere ist zu fragen: Verbirgt sich im Antizionismus nur ein politisch ummantelter Antisemitismus? Und wenn ja: Wie deutlich tritt der Antisemitismus hervor, der sich im Antizionismus versteckt? Das Hauptaugenmerk muss deshalb darauf gelegt werden, diese Relation genauer auszuloten.

Die seitens verschiedener Strömungen der Linken immer wieder verwendete Verteidigungsformel lautet: Antizionismus als solcher sei legitimationsfähig und nicht, jedenfalls nicht umstandslos – wie das der Lyriker Erich Fried bereits vor einem halben Jahrhundert geäußert hat – mit Antisemitismus gleichzusetzen. Die sich als antiimperialistisch begreifende Linke dürfe sich, so wurde immer wieder betont, das Recht auf eine grundlegende Kritik am Staat Israel und dessen Wurzeln in der zionistischen Ideologie nicht nehmen lassen. Und wer dennoch behaupte, dass der Antizionismus mit dem Antisemitismus gleichgesetzt werden könne, der führe nichts anderes im Schilde, als die Linke zu diskriminieren.

Wie weit handelt es sich dabei nun aber um das Insistieren auf einer sachlichen Differenz oder aber nur um eine wortreich in Szene gesetzte Camouflage? Der 2011 im Alter von über hundert Jahren verstorbene niederländische Psychoanalytiker Hans Keilson hat dazu eine ganz eindeutige Haltung gehabt. Für ihn war die Unterscheidung zwischen Antisemitismus und Antizionismus nichts anderes als eine linguistische Finte, eine Argumentationsfalle, die vor allem dazu diente, Aggressionspotentiale bei Ausklammerung des tabuisierten Wortes „Jude“ bzw. „jüdisch“ politisch ausbeuten zu können. Ganz ähnlich lautete die Haltung, die der Publizist Jean Améry und der Literaturwissenschaftler Hans Maier gegenüber der Tarnvokabel Zionismuskritik seinerzeit vorgebracht haben. Für den einen gab es keinen Unterschied zum Antisemitismus, für den anderen war der Antizionismus lediglich ein Indiz dafür, dass damit der „Judenhass von einst und von jeher“ betrieben würde.

Die Tatsache, dass es so lange brauchte, bis überhaupt möglichen Zusammenhängen zwischen Antizionismus und Antisemitismus nachgegangen worden ist, liegt vermutlich darin begründet, dass die Linke lange Zeit glaubte, durch ihre antifaschistische Gesinnung vor antisemitischen Tendenzen per se gefeit zu sein. So gab der Soziologe und Antisemitismus-Theoretiker Detlev Claussen, den der Weg am Ausgang seiner 68er-Zeit selbst einmal an die Seite der Palästinenser geführt hatte, später zu bedenken: „Die Neue Linke versuchte, aus dem Haus des Henkers, in dem sie groß geworden war, auszubrechen, um im Haus der Revolution unterzuschlüpfen. So begann sie sich nur auf der Besucherterrasse des Revolutionshauses aufzuhalten – und einen Blick in den Keller zu vermeiden.“[23] Der einer anderen Generation angehörende, aber ebenfalls links eingestellte Schriftsteller Gerhard Zwerenz postulierte 1976 in der Wochenzeitung *Die Zeit*, er sei davon überzeugt, dass sich Antisemitismus und Linkssein kategorisch ausschließen würden. Der 68er Henryk M. Broder war übrigens einer der ersten, der auf diese politische Lebenslüge hingewiesen hat. Die gesellschaftliche Wirksamkeit antisemitischer Stereotypen beschränkt sich gerade nicht auf bestimmte politische Lager. Sie tauchen in der Rechten wie in der Linken und – wie nicht vergessen werden sollte – zuweilen auch in der Mitte auf. Auch die beiden Volksparteien sind nicht gänzlich davor gefeit.

23 Detlev Claussen, Im Hause des Henkers, in: Dietrich Wetzel (Hg.), Die Verlängerung von Geschichte. Deutsche, Juden und der Palästinakonflikt, Frankfurt am Main 1983, S. 113– 125; hier: S. 118.

Islamismus oder islamischer Fundamentalismus?

Nach 9/11 hatte es sich eingebürgert, die Unterscheidung zwischen Islam und Islamismus, die ja auf eine kategorische Trennung zwischen Religion und Terrorismus hinausläuft, mehr als nur zu betonen. Der Bezeichnung Islamismus wohnt in gewisser Weise eine Art Schutzbehauptung inne, wonach die islamische Religion nicht zu Gewalt, Mord und Krieg aufrufe und insofern mit den mörderischen Aktionen von Terroristen nichts oder nur sehr bedingt etwas zu tun habe. Die rigorose Trennung beider Begriffe zielt insofern auf einen Freispruch des Islams als solchen ab, ihn wegen der in seinem Namen begangenen Gräueltaten nicht auch zur Rechenschaft zu ziehen. Sie ist in den meisten westlichen Staaten zu einem Bekenntnis für die multikulturelle, die offene Gesellschaft, ja zu einer Art Mantra derselben geworden.

Wenn führende deutsche Politiker der Meinung sind, kategorisch erklären zu müssen, dass es keinerlei Zusammenhang zwischen Islam und Islamismus gebe, dann liegt nahe, warum diese Haltung mit einer solchen Kompromisslosigkeit an den Tag gelegt wird. Eine solche Erklärung soll offenbar verhindern, dass in Reaktion auf menschenverachtende Mordanschläge wie die der Hamas die Gesellschaft gespalten wird und es zu gewaltsamen Gegenreaktionen kommt, durch die nun Bürger muslimischen Glaubens in Mitleidenschaft gezogen werden könnten. Die weder aus theologischen noch aus politischen und schon gar nicht aus moralischen Gründen zu rechtfertigende Trennung zwischen Islam und Islamismus erweist sich jedoch spätestens im Licht des Massakers vom 7. Oktober als eine Lebenslüge der Nation.

Diese Feststellung sollte auch nicht in die Nähe von Rechtspopulisten wie etwa früherer *Pegida*-Demonstranten und ihrer Warnung vor einer angeblichen Islamisierung des Landes gerückt werden. Denn für sie ist das Stichwort „Islam“ nichts anderes als ein Popanz, um ihren Ethnozentrismus, ihre Fremdenfeindlichkeit und ihren Rassismus rechtfertigen zu können. In

Wirklichkeit besteht das Ziel zahlreicher Rechtspopulisten darin, eine ethnisch-völkische Homogenisierung des Nationalstaates zu erreichen. Der in Teilen der ehemaligen DDR besonders stark verankerte völkische Ethnozentrismus bietet rechtsextremen Strömungen ein Einfallstor bis hin zum Neonazismus.

Ganz gewiss kann es nicht darum gehen, den Islam als solchen anzugreifen und pauschal zu verurteilen. Worum es stattdessen jedoch gehen sollte, ist die grundsätzliche Ablehnung des politischen Islams, der meint mit seinen Regeln und Gesetzen eigene Organisationen, Institutionen, ja ganze Staaten aufbauen zu müssen. Der religiöse Absolutheitsanspruch nimmt hier totalitäre Formen an, dessen Exponenten in ihrem Macht- und Eroberungswahn kaum noch zu bremsen sind. Religionen jeglicher Couleur, die den Laizismus nicht respektieren, laufen Gefahr, sich als demokratieunfähig und tendenziell demokratiefeindlich zu erweisen. Sie müssen deshalb im Zweifelsfall vom Rechtsstaat in ihre Schranken gewiesen werden.

Als der Ex-Bundespräsident Christian Wulff postulierte, der Islam sei „ein Teil Deutschlands", stellte er eine problematische Weichenstellung her. Denn wenn der Islam zu Deutschland gehört, es aber keine Möglichkeit gibt ihn wie dargelegt vom sogenannten Islamismus klar abzugrenzen, dann wäre auch dieser eingemeindet. Ein derartiges Bekenntnis sollte sich verbieten, auch wenn es gut gemeint sein mag. Da die in unserer Verfassung verankerte Religionsfreiheit uneingeschränkt gilt, gibt es keine Veranlassung, für eine einzige, bestimmte Religion eine Art Bestands- und Schutzgarantie abzugeben, schon gar keine im Namen des Staates exklusiv versicherte Zugehörigkeitsgewähr zum Staatsvolk. Im gegebenen Falle, dem des Islams, hätte es zur Folge, auch all das zum Bestandteil von Demokratie und Rechtsstaat machen zu wollen, was sich längst als intolerant, demokratiefeindlich, gewaltaffin und in bestimmten Strömungen wie dem Salafismus und dem Wahhabismus etwa als terroristisch entlarvt hat.

Die Verachtung von Frauen, Juden, Homosexuellen und Intellektuellen etwa ist im Islam keineswegs ein Alleinstellungsmerkmal von Dschihadisten. Die damit verbundene Ablehnung und ihre Steigerung zum Hass wird bekanntlich in Koranschulen und Moscheen gepredigt und verbreitet sich auf diesem Wege unter den Gläubigen. Radikale Teile des Islams haben dem Westen einen Krieg erklärt, der untergründig herrscht, von dem wir in Europa, insbesondere in Deutschland, bislang nur entfernte Ausläufer zu spüren bekommen haben. Diesem latenten Krieg muss sich der Westen stellen. Mit einer von der Staatsspitze verkündeten Integrationsgeste darf jedoch nicht der Eindruck erweckt werden, als könne man den Kopf in den Sand stecken.

Einen besonderen Tiefpunkt markiert eine am 13. Januar 2015 vor dem Brandenburger Tor veranstaltete Mahnwache, mit der nach dem terroristischen Anschlag auf die Redakteure des Satire-Magazins *Charlie Hebdo* in Paris offenbar vor allem bewiesen werden sollte, dass sich die Spitze des bundesdeutschen Staates nicht vom Islam und dessen Repräsentanten distanzieren wollte. Der damalige Bundespräsident Joachim Gauck etwa dankte den Muslimen für ihr Eintreten gegen religiösen Fanatismus. Hätte es Fernsehzuschauer gegeben, die zufällig von den Geschehnissen in der französischen Hauptstadt nichts mitbekommen haben sollten, dann wären sie vermutlich zu dem Schluss gekommen, es handle sich um eine Trauerfeier für islamische Opfer.

Diejenigen, die als religiöse Minderheit in Paris aber tatsächlich angegriffen und ermordet worden waren, spielten bei der Zeremonie kaum eine Rolle. Zwar konnte der Vizepräsident des Zentralrats der Juden in Deutschland, Abraham Lehrer, die Muslime in Deutschland auffordern, gegen den Terrorismus vorzugehen, dieser Appell spielte jedoch nur eine völlig untergeordnete Rolle. Die Botschaft lautete: Wir stehen alle zusammen und lassen uns nicht spalten. Eine solche Haltung aber stellt angesichts der Tatsache, dass die Morde im Namen des Islams verübt worden waren, die Verhältnisse geradezu auf den Kopf. Die französischen Juden bilden mit einer halben Million Zugehöriger die größte Diaspora in Europa.

Wer in Frankreich als Jude lebt, der kann sich seit ein paar Jahren seines Lebens nicht mehr sicher sein. Die Anzahl der Übergriffe verdoppelte sich bereits innerhalb des Zeitraums von 2013 auf 2014. Was wiederum dazu führte, dass in Reaktion darauf aus Furcht um Leib und Leben über 7000 Menschen jüdischen Glaubens nach Israel ausgewandert waren. Dieser außerordentlichen Gefährdungslage war in Berlin keine Rechnung getragen worden.

Später wurde bekannt, wer die „Mahnwache für Toleranz und gegen Extremismus", wie die staatstragende Demonstration am Brandenburger Tor offiziell hieß, organisiert und finanziert hatte. Die Idee stammte von Gonca Türkeli-Dehnert, einer im Bundeskanzleramt tätigen Mitarbeiterin von Aydan Özoguz, der bis 2018 amtierenden Bundesministerin für Integration. Sie hatte die Kontakte geknüpft und dafür gesorgt, dass nicht nur die Repräsentanten verschiedener religiöser Verbände, sondern letztlich so gut wie die gesamte Staatsspitze dabei mitzumachen bereit war. Gemessen an dieser Bekundungseinigkeit fiel die Beteiligung jedoch ziemlich spärlich aus. Nach Angaben der Polizei sollen es ursprünglich nicht mehr als 3000 bis 4000 gewesen sein. Später wurde diese offenbar doch etwas zu gering erscheinende Anzahl auf 10.000 nach oben „korrigiert".

Noch beschämender war jedoch die Tatsache, dass sich unter den Teilnehmenden offenbar kaum Menschen muslimischen Glaubens befanden. Nach den Angaben einer überregionalen Sonntagszeitung sollen es stattdessen vor allem Mitglieder deutscher Parteien und Gewerkschaften gewesen sein, die sich dort im Herzen des politischen Berlins zusammengefunden hatten. Ein Umstand, der sich auch in der Kostenbegleichung niederschlug. Die SPD soll bei dem von Bundeskanzlerin Angela Merkel als „Mahnwache der muslimischen Verbände" bezeichneten Projekt, wie es hieß, in Vorkasse getreten und die Gesamtsumme letztlich fast ausschließlich „von deutschen Parteien getragen" worden sein.

Dafür gab es auch eine passende Erklärung. Da es die Islamverbände ihrem Selbstverständnis nach gewohnt seien, so jedenfalls der Präsident der säkularen Immigrantenverbände, Ali Ertan Toprak, aus dem Ausland finanziert zu werden, sei es in ihren Augen nur zu folgerichtig gewesen, dass der deutsche Staat eine von ihm in Auftrag gegebene Demonstration auch hätte finanzieren müssen. Toprak kam deshalb auch zu der ganz unmissverständlichen Schlussfolgerung, dass die Mahnwache keine Demonstration der Islamverbände gewesen sei, sondern eine staatliche Inszenierung. Und jenseits „dieser Show“ weigerten sich diese Verbände hartnäckig, sich mit der Gewalt im Namen des Islams auseinanderzusetzen. Die *Welt am Sonntag* bezeichnete diese aus dem Bundeskanzleramt heraus organisierte und von der Spitze des bundesdeutschen Staates durchgeführte Solidaritätsdemonstration schließlich als „Die deutsche Islam-Show“.[24] Die hier aufgeführten Aspekte dürften in ihrer Gesamtheit genau das dementieren, als was sie ausgegeben wurden – als eine von muslimischen Organisationen auf eigene Initiative hin und aus eigenem Antrieb in der deutschen Öffentlichkeit abgegebene Solidaritätsbekundung für die Opfer der 2015 verübten Pariser Mordanschläge.

Bemerkenswert ist, dass der Begriff Islamismus vor dreißig Jahren noch so gut wie ungebräuchlich war. Wer einen gewalttätigen Islam brandmarken wollte, der bediente sich damals zumeist des Begriffs Fundamentalismus. Dieser Terminus, der ja im Sinne einer Steigerung zu verstehen ist und insofern keine Grenzziehung von einer Weltanschauung als Ganzer, in diesem Fall dem islamischen Glauben, vornimmt und nach der Gründung des sogenannten Gottesstaates im Iran verwendet wurde, kam irgendwann außer Gebrauch.

Nach Angaben des Informationsdienstes *LexisNexis*, der systematisch Presseerzeugnisse auswertet, erfolgte die erste, in einem deutschsprachigen Organ gedruckte Nennung des Ausdrucks „Islamismus“ am 15. Februar 1993 im Nachrichtenmagazin *Focus*. Dennoch dauerte es einige Zeit, bis sich dieses

24 Robin Alexander, Die deutsche Islam-Show, *Welt am Sonntag* vom 26. Juli 2015.

Kunstwort schließlich etablieren konnte. Kaum mehr als 250 Nennungen, die sich mit Hilfe von *LexisNexis* nachweisen lassen, waren es bis 2001. Das änderte sich schlagartig mit dem infernalischen Terroranschlag vom 11. September 2001. Quantitativ schienen die Grenzen der Zählbarkeit geradezu gesprengt worden zu sein.

Aufgrund der zahlreichen Verwendungen weigert sich der Informationsdienst, mehr als 3000 Nennungen gleichzeitig anzuzeigen. Seitdem ist der Kanal dort hoffnungslos verstopft. Seit 9/11, so scheint es, besteht ein großes Bedürfnis nach Verwendung dieses Pseudologismus, in der Folge vorangetrieben durch jeden einzelnen weiteren islamisch gerechtfertigten Terroranschlag. Wer künftig Wert darauf legt, nicht Teil einer hierzulande besonders weit verbreiteten Appeasement-Haltung sein zu wollen, der sollte das Wort „Islamismus“ entweder ganz vermeiden oder aber es in Anführungszeichen setzen. Denn die Hoffnung, dass man durch seine Verwendung eine Art terminologischer Brandmauer zwischen einer Religion und einem menschenverachtenden Terrorismus errichtet habe, ist illusionär.

Staatsterrorismus?

Die Frage, inwieweit in Entsprechung zum nicht-staatlichen auch von einem staatlichen Terrorismus gesprochen werden kann, ist umstritten. Damit wird offenbar immer noch an einem Tabu gerührt, das bis tief in die wissenschaftlichen Debatten hineinreicht. Wenn schon Uneinigkeit darüber herrscht, sich über einen Terrorismusbegriff im Allgemeinen zu verständigen, dann umso mehr im Falle der Annahme, dass es ein Phänomen gibt, welches man als Staatsterrorismus definieren muss. Hier scheint sich der jeweilige Standort des- oder derjenigen, die einen solchen Begriff überhaupt akzeptieren und nicht von vornherein als ideologisches Konstrukt zur Delegitimation staatlichen Handelns abzuqualifizieren versuchen, mit besonderer Schärfe niederzuschlagen. Allerdings ist die Gefahr nicht von der Hand zu weisen, dass mit Verweis auf den Staatsterrorismus die Möglichkeit einer impliziten Rechtfertigung substaatlichen Terrorismus einhergehen kann.

Wer andererseits jedoch meint, staatlichen Terrorismus a priori aus dem Spektrum seiner Terminologie und damit zugleich auch aus dem Feld möglicher Analysen fernhalten zu können, der unterliegt einem Trugschluss. Denn bei jeglicher Form von totalitärer Herrschaft geht es zugleich auch immer um staatlichen Terror. Doch darüber hinaus kann die Möglichkeit, dass sich auch Rechtsstaaten unter Verletzung der von ihnen selbst deklarierten Normen terroristischer Mittel bedienen, nicht von vornherein ausgeschlossen werden. Gravierende Verletzungen rechtstaatlicher Normen und Gesetze durch militärisches oder paramilitärisches Handeln werfen nicht nur die Frage nach dem Verhältnis von Legalität und Legitimität auf, sondern auch die nach möglichen Indizien für terroristisches Handeln.

Terrorismus war in seiner ursprünglichen Form nichts anderes als Staatsterrorismus. Denn was 1793/94 von den Jakobinern praktiziert wurde, war bereits eine Form staatlichen

Terrors.[25] Zudem war der *terreur* untrennbar mit dem Begriff der Tugend verknüpft. Für Robespierre war Terror ohne Tugend ein Übel und Tugend ohne Terror hilflos. In einem „Tugendstaat“, so verkündete er am 5. Februar 1794 vor dem Konvent, seien „das Volk durch Vernunft“ zu leiten und „die Feinde des Volkes durch terreur“ zu beherrschen. In friedlichen Zeiten wird das Volk mittels der Tugend regiert, in revolutionären bedürfe es dagegen des Zwanges und damit im Zweifelsfall des Terrors.

Die Revolutionskomitees wurden einem eigenen Sicherheitsausschuss unterstellt, der einerseits „Bescheinigungen der Staatsbürgertreue“ ausgab und andererseits die Listen von Verdächtigen zusammenstellte, die unter der Guillotine landeten. Die Opfer der Jakobiner waren sogenannte Volksfeinde, vermeintliche oder tatsächliche Konterrevolutionäre, und andere Verräter an den revolutionären Idealen. Am Ende landeten die Verfechter der Tugendherrschaft bekanntlich selbst unter der Guillotine. Dennoch hat der revolutionäre Staat, die Republik, mit seinem zwischenzeitlichen *régime de la terreur* allen Anfeindungen gegenüber Bestand erwiesen und die Herrschaft des Ancien Régimes endgültig besiegt. Die Etablierung der ersten Französischen Republik mit demokratischen Errungenschaften ist seitdem jedoch mit einem terroristischen Makel behaftet.

Doch erst das 20. Jahrhundert hat gezeigt, dass der Terror eines der zentralen Handlungsinstrumente totalitärer Staaten ist. „Das Wesen totalitärer Herrschaft“, so Hannah Arendt, „ist der Terror.“[26] Entscheidend ist dabei allerdings nicht, dass ein totalitäres Regime fortwährend unter Inanspruchnahme terroristischer Mittel wie Folter oder Mord handelt, entscheidend ist nur, dass es im Zweifel darauf zurückgreifen kann. Der Terror gehört zur unverzichtbaren Ressource totalitärer

25 Vgl. François Furet, Schreckensherrschaft, in: François Furet/Mona Ozouf (Hg.), Kritisches Wörterbuch der Französischen Revolution, Bd. I: Ereignisse und Akteure, Frankfurt am Main 1996, S. 193–215.

26 Hannah Arendt, Elemente und Ursprünge totalitärer Herrschaft, Frankfurt am Main 1975, S. 733.

Herrschaft. Das galt für den Nationalsozialismus ebenso wie den Sowjetkommunismus. Es ist im Übrigen kein Widerspruch, dass es in totalitären Staaten so gut wie keinen „Terrorismus“ gegeben hat, jedenfalls keinen, der nicht von den Regimen selbst hervorgebracht worden wäre.[27]

Unter Staatsterrorismus soll hier die Verübung terroristischer Gewaltakte durch Einrichtungen der Staatsgewalt wie Militär, Polizei, Geheimdienst, Justiz und eigener, verdeckt operierender paramilitärischer Gruppierungen verstanden werden, die sich direkt gegen Zivilpersonen richtet oder die Opfer Unschuldiger bewusst in Kauf nimmt. Dabei ist keineswegs nur an Einzelstaaten zu denken, die sich terroristischer Praktiken bedienen, sondern auch an Zusammenschlüsse verschiedener Staaten, regelrechte Bündnisse, die rechtsstaatlich inakzeptable Mittel einsetzen, um ihre Ziele zu verfolgen. Vom Staatsterrorismus zu trennen sind jedoch Varianten, in denen Staaten nur indirekt ihre Ziele verfolgen und sich solcher Strategien durch die Indienstnahme bestimmter terroristischer Organisationen oder Kommandos bedienen. Die Rede ist hier von einem instrumentellen Terrorismus, der entweder staatlich geduldet, unterstützt oder in Auftrag gegeben wird.

Im Falle Israels, dessen Staatsgründung mit einem Krieg durch die arabischen Anrainerstaaten beantwortet worden war, scheint es Indizien für den Einsatz staatsterroristischer Gewaltformen durchgängig gegeben zu haben. Zunächst einmal ist unbestreitbar, dass es mit der *Irgun Zwai Leumi* (zu deutsch: Nationale Militärorganisation) bereits zu Beginn der dreißiger Jahre eine aktive terroristische Untergrundgruppierung gegeben hat, die insbesondere – wie bereits erwähnt – unter der Leitung des späteren Ministerpräsidenten Menachem Begin für Aufsehen und auch Wirkung gesorgt hat. Während der Mandatszeit bekämpfte sie vor allem die britische Besatzungsherrschaft. Der spektakulärste von der *Irgun* verübte Anschlag

27 Vgl. Walter Laqueur, Terrorismus. Die globale Herausforderung, Frankfurt am Main/West-Berlin 1987, S. 96.

war der am 22. Juli 1946 auf das in Jerusalem befindliche King David Hotel, dem 91 Menschen zum Opfer fielen. Darunter neben Arabern und Briten auch 17 Juden. Dabei spielte auch die Hagana (zu deutsch: Verteidigung), eine andere paramilitärische Organisation, aus der später die israelische Armee hervorging, eine Rolle. Wegen deren Beteiligung an dem Anschlag hatte sich der britische Premierminister Winston Churchill vom Zionismus abgewandt und diesem weitere Unterstützung versagt.

Auf lange Sicht dürfte allerdings von größerer Bedeutung gewesen sein, dass man terroristische Praktiken mit der Gründung des israelischen Staates in dessen Handlungsrepertoire integrierte. Und zwar nicht etwa nur für Ausnahmefälle, sondern formell institutionalisiert und damit auf Dauer und bis auf den heutigen Tag wirksam. Gründe dafür gab es gewiss eine ganze Reihe. Die Verteidigung des jüdischen Staates angesichts einer schier übermächtigen Phalanx arabischer Staaten, die wachsende Bedrohung durch den Nachbarstaat Ägypten und vor allem die bittere Erfahrung mit der von den Nazis staatlich organisierten Judenvernichtung, dem Holocaust. Aber wie sollte dieses terroristische Handlungsrepertoire mit den Prinzipien eines Rechtsstaates in Einklang gebracht werden? Was nicht bedeutet, dass der zionistische Staat, dem ja nach wie vor zugerechnet wird, er sei die einzige Demokratie im Nahen Osten, als solcher terroristischer Natur ist. Man wird jedoch kaum in Abrede stellen können, dass er sich immer wieder solcher Handlungselemente bedient hat, um zum eigenen Schutze unliebsame Personen aus dem Weg zu räumen. Seien es vermeintliche oder tatsächliche Terroristen, vornehmlich palästinensische, seien es iranische Atomphysiker oder aber andere als gefährlich eingeschätzte Individuen – ein ums andere Mal schlägt der Mossad mit einem seiner berüchtigten Hit-Teams zu.

Dabei werden auch Unschuldige zu Opfern. Wie etwa im Juli 1973, als in der norwegischen Kleinstadt Lillehammer die von Mike Harari befehligte Killer-Gruppe versehentlich auf offener Straße einen marokkanischen Koch hinrichtete, im Beisein seiner hochschwangeren Ehefrau. Gerichtet hatte sich der Mordanschlag gegen Ali Hassan Salameh, den als Strippenzieher des im Jahr zuvor verübten Münchner Olympia-Anschlags verdächtigten Chef von Arafats Sicherheitstruppe Force 17, den der Mossad dann sechs Jahre später durch eine Autobombe in Beirut ermordete.

Es war kein Geringerer als Staatsgründer David Ben-Gurion selbst, der im Juni 1948 anordnete, mächtige Geheimdienste aufzubauen, die jeglicher Kontrolle entzogen waren. Sie sammelten nicht nur wie für Nachrichtendienste sonst üblich Informationen über gegnerische Staaten oder Feinde im Inneren, sondern sie bedienten sich terroristischer Mittel wie Sabotage- und Liquidierungsaktionen, um Gefahrenherde zu beseitigen oder gezielt Gegner aus dem Weg zu räumen. Erst im Jahr 2002 entschied man sich, den Inlandsgeheimdienst Schin Bet durch einen Rechtsrahmen an die Kandare zu nehmen. Für den Mossad existiert ein solch rechtsstaatlicher Einbindungsversuch bis auf den heutigen Tag nicht. In den ersten Jahrzehnten lief sogar derjenige, der die Existenz des Mossad öffentlich ansprach, Gefahr, deshalb zur Rechenschaft gezogen zu werden. Man tat so, als würde dieser Geheimdienst gar nicht existieren, als sei er lediglich ein Gerücht, ins Spiel gebracht von Leuten, die dem zionistischen Staat schaden wollten.

Besonderes Aufsehen erregte eine Liquidierungsserie, mit der der israelische Staat 1972, nach der Ermordung von elf ihrer Olympiateilnehmer, führende Mitglieder des *Schwarzen September* zur Strecke bringen wollte, um deren Tod zu rächen. Zu diesem Zweck hatte der Mossad kurz nach der Münchner Katastrophe eine Sondereinheit unter dem Namen *Caesarea* zusammengestellt. Als ihr erster Kommandant fungierte der spätere Ministerpräsident Ehud Barak. Im Kern soll es sich um eine Gruppe von ca. 15 Agenten gehandelt haben, die wiederum in fünf Einzelteams unterteilt waren. Nach den Buchstaben des hebräischen Alphabets trugen sie die Namen „Aleph“, „Bet“, „Heth“, „Ayin“ und „Ooph“. Das erste bestand aus zwei Killern, das zweite aus zwei Agenten, die jeweils die Aufgabe hatten, die beiden Vollstrecker zu decken. Das dritte Team bestand wiederum aus zwei Personen, die für die Logistik zuständig waren, das vierte aus Organisatoren und das fünfte aus zwei Funk- und Kommunikationsexperten.

Sowohl die Aufstellung der Kommandos als auch die einzelnen Entscheidungen über die jeweilige Zielperson, die Einsatzorte und die konkrete Durchführung der Einsätze wurden vom Sicherheitskabinett getroffen und von der damaligen Ministerpräsidentin Golda Meir autorisiert. In der Öffentlichkeit waren die *Caesarea*-Operationen unter den Bezeichnungen „Zorn Gottes“ und „Bajonett“ bekannt geworden; wobei diese Namensgebungen jedoch nicht vom Mossad selbst stammen sollen. Gerechtfertigt wurden die Liquidierungsaktionen als Sühnemaßnahmen für die Hinterbliebenen. Darüber hinaus dienten sie vermutlich auch der Abschreckung, um den *Schwarzen September* von weiteren Folgetaten abzuhalten.

Es hatte damit begonnen, dass exakt an jenem Tag, dem 16. Oktober 1972, an dem Golda Meir vor die Knesset getreten war, ein Kommando in Rom mit zwölf Schüssen Abdel Wael Zwaiter, den PLO-Vertreter in Italien (und zugleich den Cousin des PLO-Vorsitzenden Arafat), hinrichtete. Danach gab es im Abstand von jeweils einigen Wochen weitere Anschläge:

Am 8. Dezember 1972 wurde in Paris der Vertreter der PLO in Frankreich, Dr. Mahmoud Hamshari, durch eine unter seinem Telefon installierte Bombe getötet;

am 24. Januar 1973 der Repräsentant der *Fatah* auf der Insel Zypern, Hussein Al Bashir, in seinem Hotelzimmer durch eine ferngesteuerte Bombe ermordet;

am 6. April 1973 mit Dr. Basil Al-Kubaissi ein an der Amerikanischen Universität in Beirut lehrender Juraprofessor nach einem Restaurantbesuch in Paris durch zwölf Schüsse hingerichtet;

drei Tage später begann die Operation „Frühling der Jugend“, mit der in Beirut in einer koordinierten Aktion von

Fallschirmjägern, Kampfschwimmern und einer Sondereinheit des israelischen Generalstabs mehrere hochrangige PLO- und *Fatah*-Mitglieder umgebracht wurden;

weitere zwei Tage später brachte man Hamsharis *Fatah*-Nachfolger Zaiad Muchasi in seinem Athener Hotelzimmer um, und in Rom wurden mit Abdel Hamid Shibi und Abdel Hadi Nakaa zwei mutmaßliche Mitglieder des *Schwarzen September* zwar nicht getötet, jedoch schwer verletzt. Bei dieser *Caesarea*-Operation kam auch eine 70-jährige Italienerin ums Leben, die mit alledem nichts zu tun hatte.

Nachdem zuvor international kaum Kritik an der Praxis der israelischen Hinrichtungskommandos geübt worden war, machte sich insbesondere nach der sogenannten „Lillehammer-Affäre" auch in jenen westlichen Ländern Empörung breit, die dem israelischen Staat bis dahin wohlgesonnen gewesen waren. Ministerpräsidentin Golda Meir kam angesichts des Mossad-Debakels in Norwegen nicht umhin, die Durchführung weiterer *Caesarea*-Operationen zumindest vorübergehend auszusetzen.

Dazu passt, dass der Urheber der Operationen, selbst wenn offenkundig war, dass sie von niemanden anders als ihm verübt worden waren, strikt geheim gehalten wurde. Selbst bei einem seiner größten Desaster, als sich das Mossad-Team, das im Januar 2010 in Dubai im Flughafenhotel Al Bustan Rotana den Mitbegründer der Kassam-Brigaden Mahmud al-Mabhuh zunächst betäubte und dann mit einem Kissen erstickte, von einer Überwachungskamera hatte filmen lassen, blieb der Staat Israel seiner Linie treu und gab trotz erdrückender Indizien nichts zu.

Der israelische Geheimdienstexperte und Investigativjournalist Ronen Bergman hat diese gezielten Liquidierungsaktionen als „Schattenkrieg" bezeichnet und sie mit der zynischen Formel charakterisiert, man hätte auf diese Weise „Treffen mit Gott" arrangiert. [28] Im Laufe eines Zeitraums von weit

28 Ronen Bergman, Der Schattenkrieg. Israel und die geheimen Tötungsaktionen des Mossad, München 2018.

über einem halben Jahrhundert hätten derartige Hit-Teams mindestens 3000 Zielpersonen umgebracht, darunter zahlreiche Unschuldige, die nur zur falschen Zeit am falschen Ort gewesen seien. Zur höchsten Frequenz derartiger Mordaktionen im Staatsauftrag sei es während der zweiten Intifada, der al-Aqsa-Intifada, zwischen 2000 und 2005 gekommen, als an manchen Tagen vier bis fünf Hamas-Aktivisten zur Strecke gebracht worden waren.

Bergman räumte in einem *Spiegel*-Interview ein, dass die weltweit gefürchteten, von manchen aber insgeheim auch bewunderten israelischen Geheimdienste einiger gravierender Fehlschläge zum Trotz letzten Endes von äußerster Effizienz gewesen seien. Aber genau das sei für sein Land „die wahre Katastrophe". Als einer der beiden Interviewer nachfragte, was er damit gemeint habe, antwortete er: „Weil die politische Führung in dem Glauben bestärkt wurde, die Geheimdienste könnten mit Gewalt alle Probleme lösen."[29] Dieser Irrglaube habe den Weg für politische und diplomatische Lösungen verstellt. Dabei habe auch eine gewisse Hybris eine Rolle gespielt. Man glaubte, sich auf den Mossad und auf Schin Bet absolut verlassen zu können. Mit dem Ergebnis, dass man sich für unfehlbar und für unverwundbar hielt. Dies wiederum sei die Wurzel für folgenreiche strategische Fehleinschätzungen gewesen. Weder die Hamas noch die Hisbollah habe man in den neunziger Jahren ins Visier genommen. Das habe Hunderten von Israelis das Leben gekostet, da diese deshalb über eine lange Zeit hinweg nicht ausreichend vor Selbstmordattentätern hätten geschützt werden können. Diese Einschätzung scheint die Klage über das Versagen vom 7. Oktober 2023 bereits vorweggenommen zu haben.

29 SPIEGEL-Gespräch: „Sie arrangieren Treffen mit Gott", *Spiegel-Online* vom 21. Januar 2018.

10. Die Essentials

In Deutschland lautet eine immer noch stark verbreitete Ansicht, man solle sich in israelische Belange nicht einmischen und insbesondere die politischen Entscheidungen der israelischen Regierung keiner Kritik unterziehen. Zur Begründung heißt es in der Regel, man habe aufgrund der vom NS-Regime, der Wehrmacht, ihren Einsatzgruppen, der SS und der Gestapo im Namen des deutschen Volkes begangenen Verbrechen das Recht dazu verwirkt. Schließlich stelle die Ermordung der Juden das größte all dieser Verbrechen dar. Doch vielleicht ist in Bezug auf dieses Nichteinmischungsgebot exakt das Gegenteil richtig.[1]

Angesichts der Hilflosigkeit, mit der Europäer oder gar Deutsche auf den nicht enden wollenden und am 7. Oktober des vergangenen Jahres noch einmal auf dramatische Art zugespitzten Konflikt im Nahen Ost blicken, gilt es, sich darauf zu besinnen, welche Essentials aus der hier vorgelegten Darstellung zu ziehen sind. Dabei ist es von einer nicht zu unterschätzenden Bedeutung, auf historische Letztbegründungen möglichst zu verzichten. Denn wer auf der Suche nach Alternativen in die Falle des Historismus tappt, der findet keinen wirklichen Halt.

Selbst für einen Staat, der auch nach 75 Jahren immer noch keine Ruhe gefunden hat, stellt der 7. Oktober eine historische Zäsur sondergleichen dar. Das Massaker der Hamas hat an

1 Der an der New York School for Social Research lehrende Philosoph Omri Boehm hält die selbst auferlegte Urteilsbeschränkung für ein Indiz, das einer intellektuellen Kapitulation gleichkomme: „Ein Deutscher, der in Bezug auf die israelische Politik Selbstzensur übt […], weigert sich, den Standpunkt der Aufklärung einzunehmen, sobald er sich mit jüdischen Angelegenheiten beschäftigt. Er weigert sich buchstäblich, selbst zu denken." Omri Boehm, Israel – Eine Utopie, Berlin 2020, S. 13.

die Grundfesten Israels gerührt. Angesichts dieser Gefährdung ist nur schwer zu begreifen, warum der Westen immer noch nicht entschiedener auftritt. Auf der einen Seite um die Hamas zu isolieren und zu bekämpfen und auf der anderen, der israelischen Seite, um sich auch dort einzumischen, den Krieg zu stoppen und den Fortgang der sich vor den Augen der Weltöffentlichkeit im Gaza-Streifen abspielenden humanitären Katstrophe zu verhindern.

Was soll, so ist zu fragen, eigentlich aus Gaza werden? Jenem Streifen, der nur halb so groß wie Hamburg ist und auf dem über zwei Millionen Palästinenser ihr Dasein in höchster Gefahr fristen. Mehrfach waren die im Nordteil lebenden Einwohner aufgrund der anstehenden Bombardierungen aus der Luft vom israelischen Militär aufgefordert worden, sich weiter südlich in Sicherheit zu bringen: Zunächst in der Mitte und dann immer weiter bis ganz in den Süden. So flohen die Menschen mit ihren Familien und einigen eilends zusammengeklaubten Habseligkeiten, während ihre Wohnhäuser zumeist in Trümmer gelegt worden waren, in angeblich sicherere Gebiete: Von Beit Hanun nach Gaza-Stadt und von dort nach Chan Junis bis in das ganz im Süden gelegene Rafah, der letzten Station, direkt an der ägyptischen Grenze. Dort hat mit 1,2 Millionen Menschen bis zum Februar 2024 rund die Hälfte aller palästinensischen Einwohner Zuflucht gesucht.

Dieser vermeintliche „Zufluchtsort" erweist sich jedoch inzwischen als eine Falle. Denn Premierminister Netanyahu hat bereits angekündigt die Militäroffensive ausgerechnet an jenen Ort verlagern zu wollen, von dem aus die Bewohner des Gaza-Streifens nicht mehr weiter fliehen können: Endstation Rafah. Zur Begründung der unerbittlich weiter fortgesetzten Kriegshandlungen heißt es, man würde dort Verstecke von Geiseln vermuten. Genauso gut hätte man aber auch erklären können, dass sich dort eine Kommandostation der Hamas befinde. Überprüfen lässt sich weder das eine noch das andere.

Angesichts der im Jerusalemer Kongresszentrum feiernden Ben-Gvir-Anhänger drängt sich der Gedanke auf, dass hier seitens Israels vielleicht ein doppeltes Spiel getrieben wird und die Verfolgung der Hamas ebenso wie die Rettung der Geiseln nur die Legende für eine ganz andere Unternehmung darstellt. Eine Legende, die letztendlich zum Ziel hat, den Gaza-Streifen zu annektieren und ihn zur Beute der Siedlerbewegung zu machen. Dieses Szenario könnte so aussehen: Nach einer eventuellen vorübergehenden Feuerpause, in der ein Austausch der sich in den Händen der Hamas befindlichen Geiseln gegen sich in israelischen Gefängnissen befindenden Palästinensern stattfindet, dauert der Krieg weiter an. Die dann im Gaza-Streifen noch stehenden Gebäude werden weitestgehend zerstört und die geschundene und vom Tode bedrohte Bevölkerung wird soweit geschwächt sein, dass diese irgendwann – von einer Minderheit einmal abgesehen – nur noch nach einem Ausweg suchen dürfte, um nichts anderes mehr als ihre nackte Existenz zu retten. Und sei es vielleicht auch nur deshalb, um ihren Kindern ein Überleben zu ermöglichen, damit diese irgendwann und irgendwo eine Zukunft haben.

Umsiedlungspläne für die Überlebenden von Gaza sind jedenfalls schon bald nach dem 7. Oktober propagiert worden und nicht von irgendwem, sondern von Angehörigen des israelischen Ministeriums der Geheimdienste. In einem zehnseitigen, auf den 13. Oktober 2023 datierten Dokument, dessen Authentizität Pressemeldungen zufolge als bestätigt gilt,[2] soll der Regierung Netanyahu vorgeschlagen worden sein, die gesamte Bevölkerung des Gaza-Streifens dauerhaft umzusiedeln, und zwar auf die zu Ägypten gehörende Sinai-Halbinsel.[3] Zumindest für die israelischen Siedler, denen Gaza schon immer ein Dorn im Auge war, käme das der Erfüllung eines Wunschtraums gleich. Denn dann könnten sie ihre von Premierminister Scharon abgebrochenen Besiedlungsprojekte dort endlich wieder aufnehmen.

2 Yuval Abraham, Expel all Palestinians from Gaza, recommends Israeli gov't ministry, *+972 Magazine* vom 30. Oktober 2023.

3 Tadhg Nagel, Internes Dokument soll Israel Aussiedlung aus Gaza nahelegen, *Frankfurter Rundschau* vom 5. November 2023.

Diese überaus düstere Perspektive würde jeglichen Ansatz zu einer politischen Lösung verunmöglichen. Doch es kommt darauf an, sich vom übermächtigen Schattenwurf der Gaza-Tragödie nicht lähmen zu lassen. Der deutsch-israelische Historiker Dan Diner hat in Reaktion auf die Katastrophe des 7. Oktobers das für verfassungsrechtliche Begründungen elementare Verhältnis zwischen Legitimität und Legalität diskutiert. Aus der Gegenüberstellung von zwei Arten staatlicher Legitimation, der biblischen Verheißung auf der einen und der Erfahrung des Holocaust auf der anderen Seite, bringt er eine dritte ins Spiel. Seine daraus stammende Schlussfolgerung ist geeignet, als Maxime für das hier gezogene Fazit zu dienen.

Beide Konfliktparteien ermahnend schreibt er: „Die Israelis werden verstehen lernen, dass die Palästinenser zum Land gehören und auch nicht vorhaben, sich aus diesem zu verabschieden. Und die Palästinenser werden verstehen lernen, dass die jüdischen Israelis im Lande keine wildfremden Besucher sind, die irgendwann von dannen ziehen werden, sondern durch Gebürtigkeit, durch Natalität nobilierte Indigene.“[4] Im Begriff der Natalität, abgeleitet vom lateinischen Wort „natalis“, für zur Geburt gehörend, sieht er die Grundlage für „ein Anrecht sui generis auf ein kollektives Dasein im Lande“ gegeben.

Der Terminus stammt aus Hannah Arendts Handlungstheorie, in deren Zentrum nach antikem Vorbild die Grundtätigkeiten Arbeiten, Herstellen und Handeln stehen. In ihrem 1958 verfassten Werk „Vita activa oder vom tätigen Leben“ geht es um nichts weniger als die *Condition Humaine*, die Bedingung menschlicher Existenz.[5] Zu ihr zählen für Arendt Natalität und Mortalität, Gebürtigkeit und Sterblichkeit,

4 Dan Diner, Legitimität und Legalität, *Frankfurter Allgemeine Zeitung* vom 2. Februar 2024.

5 Hannah Arendt, Vita actica oder Vom tätigen Leben, Stuttgart 1960, S. 14–18. Arendts Werk, auf Vorlesungen basierend, erschien zunächst 1958 unter dem wohl angemesseneren Titel „The Human Condition“ in den USA. Die von ihr selbst übersetzte deutschsprachige Fassung kam 1960 heraus.

ebenso wie Weltlichkeit und Pluralität. Indem Arendt ihre Existentialien so formuliert, dass sie mit den Prinzipien einer liberalen Gesellschaft kompatibel sind, entgeht sie der Gefahr, in ihrem politischen Existentialismus der Denkart ihres Lehrmeisters Martin Heidegger zu folgen, in dessen Philosophie das menschliche Dasein auf den Tod ausgerichtet ist, und diese damit zu ontologisieren. So ist ihr handlungstheoretischer Ansatz geeignet, nicht in ein Freund-Feind-Denken zurückzufallen, sondern die Voraussetzungen für ein zivilgesellschaftliches Miteinander zu formulieren. Und das wäre im fortwährenden, sich in Eruptionen der Gewalt immer wieder aufs Neue zuspitzenden Nahostkonflikt eine gedankliche Brücke, um die Konfrontation zwischen Palästinensern und Israelis zu entschärfen und auf eine gemeinsame *Condition Humaine* bei der Lösung ihrer politischen Herausforderungen zu setzen.

Erstens:

Israel, dessen Bevölkerungsmehrheit jüdischen Glaubens oder aber jüdischer Herkunft ist, versteht sich als Nationalstaat des jüdischen Volkes. Nach dem Versuch des nationalsozialistischen Deutschen Reiches, die europäischen Juden ausnahmslos auszurotten, stellte der Staat, dessen zionistische Gründungsideologie freilich bereits seit dem Ende des 19. Jahrhunderts existierte, auch eine Zufluchtsstätte für die überlebenden Holocaust-Opfer dar. Seit seiner Gründung, die freilich nicht in einem monokausalen Sinne als eine Konsequenz aus der Judenvernichtung angesehen werden kann,[6] befindet sich Is-

6 So stellt etwa der Historiker Tom Segev in seinem Standardwerk über die britische Mandatszeit nachdrücklich fest: Die häufige Behauptung, die Staatsgründung sei eine Folge des Holocaust gewesen, entbehrt [...] jeder Grundlage, auch wenn natürlich der Schock, das Entsetzen und die Schuldgefühle, die viele empfanden, ein tiefes Mitgefühl für die Juden im Allgemeinen und die zionistische Bewegung im Besonderen erzeugten." Tom Segev, Es war einmal ein Palästina. Juden und Araber vor der Staatsgründung Israels, München 2005, S. 539.

rael entweder in einem offenen oder einem latenten Kriegszustand. Das hatte und hat noch immer massive Konsequenzen für Staat und Gesellschaft. Ein weiteres Mal zugespitzt durch das am 7. Oktober verübte Massaker.

Zweitens:

Die Gründung des Staates Israel ist aber auch mit einem Vertreibungsverbrechen einhergegangen. Die Vertreibung der Palästinenser stellt auch nach 75 Jahren wohl noch immer die größte Hypothek des Staates Israel dar. Sie ist das große Fragezeichen an der Wand. Solange der palästinensischen Bevölkerung kein eigenes Territorium eingeräumt wird, auf dem sie sich staatlich etablieren und mit den dafür nötigen Rechten ausgestattet ansiedeln kann, solange wird es – das jedenfalls scheint noch immer die bittere Erkenntnis zu sein – keinen Frieden in der Region geben.

Drittens:

Die Nakba ist allerdings nicht mit der Shoah gleichzusetzen. Obwohl sich beide Ausdrücke ihrem Wortgehalt nach, das eine in der arabischen, das andere in der hebräischen Sprache, auf ein- und dieselbe Bedeutung zurückführen lassen, die der Katastrophe, führt die semantische Übereinstimmung in die Irre. Die Vertreibung Hunderttausender von Einwohnern lässt sich weder von ihrer Form noch von ihrer Funktion her mit der von den Nazis ins Werk gesetzten Vernichtung der europäischen Juden gleichsetzen. So tragisch und bitter Vertreibung und Massenflucht für die Palästinenser unbestreitbar waren, so stellen sie doch keinen genozidalen Akt dar, der mit dem Holocaust bzw. der Shoah auf eine Stufe zu stellen wäre.

Viertens:

Seitdem die Hamas am 7. Oktober den israelischen Sicherheitskordon durchbrochen hat, steht die dortige Bevölkerung unter Schock. Das verübte Pogrom hat die existentielle Dimension des israelischen Staates ein weiteres Mal, vielleicht stärker als je zuvor sichtbar gemacht. Sein Recht auf Selbstverteidigung ist legitim und unverzichtbar zugleich. Aber nicht um jeden Preis. Wer die palästinensische Zivilbevölkerung monatelang bombardiert, um dem Terrorismus der Hamas das Handwerk zu legen, der läuft Gefahr, ein weiteres Vertreibungsverbrechen zu begehen, eine zweite Nakba.

Fünftens:

Die Existenzsicherung Israels gehört zu Recht zu den unhintergehbaren Positionen deutscher Politik. Es ist allerdings fraglich, ob der obrigkeitsstaatlich vorbelastete Begriff der Staatsräson dafür als Rechtfertigung geeignet ist. Die Solidarität mit dem Existenzrecht Israels ist nicht mit einer militärischen Beistandspflicht gleichzusetzen, wie sie etwa für Mitgliedsstaaten der NATO gilt. Sie bedeutet auch nicht, dass der bundesdeutsche Staat dazu verpflichtet ist, jede Form israelischer Sicherheitspolitik gutheißen oder ihr blindlings folgen zu müssen. Wäre das der Fall, dann müsste es sich die Bundesrepublik vielleicht sogar gefallen lassen, nach der Beendigung des Krieges für die weitgehende Ruinierung des Gazastreifens und die sich abzeichnende Vertreibung ihrer Bewohner selbst mit zur Verantwortung gezogen zu werden.

Sechstens:

Es kann keine Solidarität mit einem Besatzungsregime geben, das die Menschenrechte mit Füßen tritt. Und das nicht etwa nur in seinem Kampfmodus, sondern prinzipiell. Auch die deutsche Politik muss sich fragen lassen, ob sie in einer mit ihrer Zusicherung der Staatsräson versiegelten Haltung Verhältnisse mehr oder weniger stillschweigend akzeptieren will, in denen die Normen unserer eigenen Verfassung, insbesondere das normative Grundrecht auf Menschenwürde, keine Gültigkeit besitzen.

Siebtens:

Der Antisemitismusvorwurf stellt ohne Frage ein scharfes Schwert dar. Die davon Betroffenen laufen nicht nur Gefahr, persönlich diskreditiert, sondern zugleich auch moralisch ruiniert zu werden. Im Schatten des 7. Oktobers verwandelt sich all das, was wie Kontroverse und Kritik, Be- und Verurteilung zu den Selbstverständlichkeiten eines öffentlichen Diskurses gehört, nur zu rasch in eine Gratwanderung. Jegliche Form der Kritik an der Regierung Netanyahu und dem Vorgehen des israelischen Militärs jedoch automatisch als offen oder verdeckt antisemitisch zurückzuweisen, ist inakzeptabel. Wenn sie allerdings einseitig ausfällt und das von der Hamas verübte Massaker nicht zu verurteilen bereit ist, muss sie selbst einer entschiedenen Kritik unterzogen werden.

Achtens:

Eine Lösung des Nahostkonflikts auf einem bloß militärischen Wege ist nicht vorstellbar. Jede weitere Eskalation der Gegenschläge droht, andere Mächte in den Konflikt mit hineinzuziehen und zu einem Flächenbrand im Nahen und Mittleren Osten zu führen. Auch wenn derartige Befürchtungen im Hinblick auf die vom Libanon aus agierende Hisbollah bislang eine bestimmte Schwelle nicht überschritten haben, so stellt der am Roten Meer mit den vom Iran unterstützen Huthi-Rebellen ausgebrochene Konflikt, dem die USA militärisch zu begegnen versuchen, eine unmittelbare Folge des 7. Oktobers dar. Ob hier eine weitere Eskalation vermieden werden kann und ob es nicht auch noch in anderen Regionen zu ähnlichen Kampfhandlungen kommt, wird sich zeigen müssen.

Neuntens:

Eine politische Lösung des Konflikts ist nur durch säkulare Kräfte denkbar. Religiöse Kräfte unterminieren jeden Ausgleich zwischen israelischer und palästinensischer Seite. Der islamische Fundamentalismus und die national-religiöse Siedlerbewegung vergiften jeglichen Ansatz zu einer Erneuerung des vor drei Jahrzehnten schon einmal in Gang gekommenen Versöhnungsprozesses. Die politische Absolutheitsvorstellung religiöser Überzeugung ist mit demokratischen Prinzipien nicht kompatibel. Deshalb wird es darauf ankommen, religiöse Fundamentalisten auf beiden Seiten von der politischen Macht fernzuhalten. Und das würde zumindest zweierlei bedeuten: die Dschihadisten der Hamas so weit als möglich auszuschalten und die national-religiösen Kräfte in der israelischen Regierung so weit einzuhegen, bis sie politisch neutralisiert sind.

Zehntens:

Eine wirksame Deeskalation des mit militärischen bzw. terroristischen Mitteln ausgetragenen Dauerkonflikts kann nur auf einem politischen Wege gelingen. Das mag angesichts des bisherigen Scheiterns aller Annäherungsversuche utopisch erscheinen, es führt jedoch kein Weg daran vorbei. Die ausschlaggebende Rolle spielen dabei weder die Vereinten Nationen noch die Europäische Union und gewiss auch nicht Deutschland, sondern nach wie vor in erster Linie die Vereinigten Staaten. Denn allein sie sind mächtig genug, um auch in Zukunft Israel den Rücken freizuhalten. Ohne ihre Unterstützung wäre es fraglich, ob der zionistische Staat überhaupt noch existieren würde. US-Präsident Biden hat es also in der Hand, entsprechend zu intervenieren. Es gäbe verschiedene Möglichkeiten, um auf die Regierung Netanyahu den erforderlichen Druck auszuüben, insbesondere wegen ihrer militärischen Abhängigkeit von den USA.

Elftens:

Ob eine Wiederbelebung der Zweistaatenlösung möglich ist, scheint eher unwahrscheinlich zu sein. Vor allem deshalb nicht, weil es am politischen Willen mangelt, den in den neunziger Jahren eingeschlagenen Weg noch ein weiteres Mal anzusteuern. Die Rede davon erfüllt gegenwärtig wohl eher den Zweck, überhaupt noch eine Formel nennen zu können, mit der der vakante Punkt einer politischen Lösung besetzt und eine solche in Aussicht gestellt werden kann. Premier Netanyahu hat in seiner langen Amtszeit alles unternommen, um eine solche Option, die in ihrem Kern bereits durch die Ermordung Rabins zerstört war, möglichst totzuschweigen. Entscheidender noch ist allerdings, dass die von ihm vorangetriebene Siedlerbewegung zu einer schleichenden Annexion palästinensischen Territoriums geführt hat. Im Westjordanland haben sich mittlerweile mehr als eine halbe Million dieser Militanten, von denen ein Teil überzeugt ist, in einem messianischen Auftrag zu handeln, angesiedelt. Damit sind soziale Fakten geschaffen worden. Sie aus ihren Siedlungen zurück nach Israel zu schaffen, um damit der Palästinensischen Autonomiebehörde, einer politisch enorm geschwächten und zudem auch noch korrupten Einrichtung, die Voraussetzung für die Gründung eines eigenen Staates zu schaffen, kann sich kaum noch jemand vorstellen. Ein solches Ansinnen würde wohl eher zum Ausbruch eines Bürgerkriegs führen, der Israel dann auch noch in seinem Inneren eine existentielle Krise bescherte, als die Erfüllung einer Rahmenbedingung für eine Zwei-Staaten-Lösung zu sein.

Zwölftens:

Doch inzwischen ist am Horizont die Figur einer anderen politischen Lösung aufgetaucht, die einer Einstaatenlösung, die bereits lange Zeit vor der israelischen Staatsgründung eine Rolle gespielt hat. Es war kein Geringerer als der jüdische Religionsphilosoph Martin Buber, der sich schon seit den zwanziger Jahren für einen gemeinsamen jüdisch-arabischen Staat in Palästina eingesetzt hatte. In einem solch binationalen Staat sollten für alle Bewohner die gleichen Rechte gelten. Eine derartige Alternative gegenüber einem jüdischen Nationalstaat war im Mai 1948 auch von Hannah Arendt propagiert worden – in Gestalt einer Föderation mit jüdisch-arabischen Gemeinderäten.[7] Jahrzehnte später hatten sich auch Intellektuelle wie Edward Said[8] und Tony Judt[9] auf ganz ähnliche Modelle berufen. Ebenfalls für eine Föderation hat sich nun nach dem 7. Oktober auch der bereits mehrfach erwähnte Historiker Omer Bartov stark gemacht.[10] Das würde zwar, so räumt er ein, auch die Existenz zweier Staaten voraussetzen, allerdings erheblich anders als bislang in Erwägung gezogen. Denn hier müsste zwischen Staatsbürgerschaft und Wohnort unterschieden werden, um es den Bürgerinnen und Bürgern beider Seiten zu überlassen, in welchem der beiden Nachbarländer sie lieber leben wollten. Weiter hätte es den Effekt, dass der Konflikt um die Siedler durch eine solche Regelung maßgeblich entschärft werden könnte. Diese würden wie bisher weiter im Westjordanland leben können, jedoch als Wähler zugleich ins politische

7 Hannah Arendt, Es ist noch nicht zu spät, in: dies., Die Krise des Zionismus. Essays & Kommentare 2, hrsg. von Eike Geisel und Klaus Bittermann, West-Berlin 1989, S. 83–106; hier: S. 104.

8 Edward Said, Truth and Reconciliation, *Al-Ahram Weekly* vom 14. Januar 1999.

9 Tony Judt, Israel: The Alternative, *New York Review of Books* vom 23. Oktober 2003.

10 Vgl. Genozidforscher über Gaza: „Jeder Genozid ist anders“, *die tageszeitung* vom 20. Oktober 2023.

System Israels einbezogen bleiben. Umgekehrt könnten sich die Palästinenser in Israel ansiedeln und ebenfalls an ihrem eigenen politischen System partizipieren, indem sie an den von Ramallah aus durchgeführten Wahlen zum Parlament teilnehmen. Noch einen Schritt weiter ist der in New York lehrende deutsch-israelische Philosoph Omri Boehm gegangen, der jegliche Form einer Zweistaatenlösung als untauglich ablehnt. Stattdessen fordert er eine „binationale Einstaatenföderation". Wie diese genauer aussehen soll, hat er bereits in einem Programm zusammengefasst, welches von einer gemeinsamen Verfassung ausgeht und wechselseitige Freizügigkeit garantiert, in dem jedoch jeder der beiden Partner „für seine eigene innere Sicherheit verantwortlich" sein soll.[11] Wie realitätstauglich solche Modelle am Ende wären, würde sich aber erst zeigen müssen. Als Hoffnungsschimmer könnte allerdings angesehen werden, dass in Israel bereits eine Gruppe existiert, die sich vom Kerngedanken einer friedlichen Ko-Existenz zwischen Israel und den Palästinensern leiten lässt und sich deshalb den Namen *Two States / One Homeland* gegeben hat.

11 Omri Boehm, Israel – eine Utopie: Eine hoffnungsvolle Vision für den Nahen Osten, Berlin 2020, S. 222–225.

Danksagung

Mein Dank gilt Karin König für ihre Recherchen, insbesondere aber für ihre Einwände und Vorschläge, Marlies Renz-Weigt für ihre souveräne Durch- und Übersicht sowie Wolfgang Bock und Wolfram Wolfer-Melior für ihre Ideen und Anregungen. Nicht zu vergessen Sacha Hartgers in Amsterdam für das von ihm gestaltete Cover.

Hamburg, im Februar 2024.